北京师范大学学科交叉建设项目"互联网传播的大……构与应用"支持成果

2018 中国海外网络

传 播 力 报 告

THE REPORT OF CHINESE OVERSEAS NETWORK

COMMUNICATION IN 2018

张洪忠　方增泉 ◎ 编著

经济管理出版社

ECONOMY & MANAGEMENT PUBLISHING HOUSE

图书在版编目（CIP）数据

2018 中国海外网络传播力报告/张洪忠，方增泉编著 . —北京：经济管理出版社，2019.6
ISBN 978 - 7 - 5096 - 6510 - 7

Ⅰ . ①2… Ⅱ . ①张… ②方… Ⅲ . ①网络传播—研究报告—中国—2018 Ⅳ . ①G206. 2

中国版本图书馆 CIP 数据核字（2019）第 063719 号

组稿编辑：杜　菲
责任编辑：杜　菲
责任印制：梁植睿
责任校对：董杉珊

出版发行：经济管理出版社
　　　　　（北京市海淀区北蜂窝 8 号中雅大厦 A 座 11 层　100038）
网　　址：www. E - mp. com. cn
电　　话：（010）51915602
印　　刷：三河市延风印装有限公司
经　　销：新华书店
开　　本：787mm×1092mm/16
印　　张：14. 75
字　　数：331 千字
版　　次：2019 年 6 月第 1 版　　2019 年 6 月第 1 次印刷
书　　号：ISBN 978 - 7 - 5096 - 6510 - 7
定　　价：88. 00 元

序

  大约是在 2015 年春季，方增泉老师约我一起讨论合作研究的事情，希望共同推出一个有关传媒教育方面的研究报告。我们最终将选题聚焦到高校的海外网络传播力，认为中国高校的国际化，既是学术研究的国际化，也是社会影响力的国际化。对于后者，一为高校的社会影响力是建立在传播力基础之上的；二为当前互联网已经成为传播力建设的一个重要平台，是民众了解大学的重要渠道，对民众的大学形象认知影响显著。刚巧 2013 年中国网络视听节目服务协会委托我做过中国省级电视台的海外网络传播力报告，只是当时涉及方方面面的原因，这份报告没有对外发布，我们可以在这个模型的基础上进一步完善来评估中国高校的海外网络传播力。

  我们在 2015 年 7 月组建团队开展这项研究工作，在 2016 年 1 月发布了 112 所国内 211 大学的海外网络传播力，之后连续每年推出中国大学海外网络传播力的年度报告。研究团队逐渐将考察对象扩大到内地、港、澳、台的 184 所大学，包括内地全部双一流大学在内的 141 所高校，QS 排名前列的 43 所港澳台地区高校。同时，选择美国、韩国、日本的高校进行参照比较。

  2017 年研究团队增加发布了中央企业的海外网络传播力，2018 年又增加了中国 338 个城市的海外网络传播力，逐渐形成了海外网络传播力的系列年度报告。合作发布单位也由最初的北京师范大学传播效果实验室、北京师范大学教育新闻与传媒研究中心两家，变为了北京师范大学新媒体传播研究中心、北京师范大学教育新闻与传媒研究中心，以及光明日报智库发布与研究中心、中国日报网加入的 4 家。同时，研究团队逐年完善和优化指标、模型和算法，并针对不同考察对象设计出不同的指标体系和采集数据来源。

  本系列报告有两个核心概念。

  一是"海外"一词包含地理空间和虚拟空间的双重含义。地理空间维度是指考察对象数据来源于海外网站，是非国内注册成立的网络公司，包括 Google 新闻搜索、Wikipedia、Twitter、Facebook、Instagram、YouTube 6 个重要互联网平台。虚拟空间维度指网络空间的海外语言内容，限于可行性的要求，本报告选择英语来分析。两个空间有重叠部分，如虚拟空间的英语有可能是从我国境内发出的，只是将英语内容呈现在地理空间的境外网站上。

  二是将"网络传播力"概念理解为三个层次。第一个层次是"在场"，即衡量一个机构在互联网场域中出现的体量大小，这是传播力最基础部分。没有"在场"，就谈不上任何传播力。第二个层次是评价，即"在场"内容有没有得到网络空间的关注、得到的关注是正面还是负面的。第三个层次是承认，即互联网世界对一个机构传播内容的价值承认程度，虽然不同意但承认，这是国际传播应该努力达到的现实目标。这三个层次中，"在场"是基础，只有在"在场"前提下，才可能有后面的层次。本报告从第一层次的"在场"和第二层次的"评价"两个维度考察我国大学、企业、城市等在互联网英文世界中的传播力。

美国学者 D. B. Hindman 于 2009 年提出了"信念沟"的概念，用来描述不同社会群体在同一问题上存在观念差异的现象。互联网带来了沟通便利，将现实世界真正变为了一个"地球村"，也许观念差异的消除在短期内填平很难，但通过加大网络传播力，可以让海外民众有机会了解我们，取得"承认"的各美其美效果。

张洪忠

北京师范大学新闻传播学院教授

目 录

第一章 2018中国大学海外网络传播力报告

摘　要

　　党的十九大报告指出，要"推进国际传播能力建设，讲好中国故事，展现真实、立体、全面的中国，提高国家文化软实力"。中国高校是开展国际传播的重要载体，更是提升国家文化软实力的重要力量。由此，研究团队选取了141所我国内地高校（涵盖全部双一流大学和原"211"大学）和43所港澳台地区高校作为研究对象，试图对中国高校的海外网络传播力做全景分析，同时，选择了4所日韩高校和4所美国高校作为参照分析。基于Google、Wikipedia、Facebook、Twitter、Instagram、YouTube 6个平台数据，以"学术传播力"作为关键词开展分析。

　　结果显示：141所中国内地高校海外网络传播力排名前十位的高校依次为：北京大学、清华大学、中国美术学院、南京航空航天大学、南京大学、浙江大学、复旦大学、天津大学、北京航空航天大学、四川大学。

　　184所中国高校海外网络传播力排名前十的高校依次为：北京大学、清华大学、香港城市大学、香港大学、中国美术学院、香港理工大学、香港浸会大学、台湾师范大学、澳门大学、香港中文大学。

　　研究发现，我国内地高校Wikipedia海外网络传播力有如下特征：

　　（1）高校海外网络传播力排名与学术传播力排名、QS排名呈强相关关系。学术传播力排名越高，高校的海外网络传播力越强。依据第14届QS世界大学排名榜，排名前400的中国内地高校有14所，将这14所高校的海外网络传播力排名与QS世界排名做相关性分析发现，两者显著相关，说明QS世界排名越高，高校的海外传播力越强。

　　（2）北京、上海、南京、杭州四地高校海外网络传播力表现突出。北京大学、清华大学为北京高校得分最高，同时居我国内地高校排名前两位；复旦大学为上海高校得分最高，同时在我国内地高校中排名第七。排名第三的中国美术学院位于杭州，南京的南京航空航天大学、南京大学两所高校则位于第四、第五。中国内地高校海外网络传播力排名前十中有8所高校位于这4座城市。

　　（3）和我国港澳台地区高校相比，我国内地高校整体传播力得分较低。与日韩高校

　　［本章作者］张洪忠、方增泉、季晓旭、王者、郑伟、初雪晶、苏世兰。汪之岸、何林蔚、耿铭阳参与数据采集工作。

相比，我国高校得分也较低。高校间海外网络传播力差异大。但是北京大学、清华大学的海外网络传播力已经超过港澳台地区高校以及日韩参照高校，我国海外网络传播力排名第一的高校为北京大学（853494.08 分），是我国港澳台地区海外传播力排名第一的香港城市大学得分的 1.8 倍，约为日韩参照高校第一名日本东京大学得分的 2.66 倍，约为美国参照高校中得分最高的哈佛大学的 1/5。

（4）我国内地高校与港澳台地区高校以及我国高校与日韩参照高校、美国参照高校的网络传播力差距主要体现在海外社交平台网络传播力明显较弱。我国内地高校在 Twitter、Facebook、Instagram 三个社交平台上的平均得分均约为我国港澳台地区高校平均得分的 1/2。日韩参照高校的 Twitter、Facebook、Instagram 传播力平均得分都为我国高校平均得分的 5 倍以上。

（5）我国内地高校在 Twitter、Facebook、Instagram 三个社交平台显现的问题主要是活跃度低、粉丝量少。约 2/3 的内地高校忽视自身 Twitter 平台的建设，内地高校中只有北京大学、清华大学的 Facebook 主页获得官方认证，在 Instagram 平台上更是疏于粉丝运营与互动。

（6）我国内地高校 Niklpedin 词条建设尚需完善，参与词条编辑的用户数量与次数较低。184 所中国高校的 Wikipedia 词条普及率为 99.5%，词条完整的高校有 140 所，占 78.26%；平均词条编辑次数 14 次，平均参与编辑用户数量 5 人。

（7）我国内地高校整体的 YouTube 平台建设与我国港澳台地区高校以及我国高校与日韩参照高校、美国参照高校的差距均较大。我国港澳台地区高校 YouTube 传播力平均得分约为我国内地高校 YouTube 传播力平均得分的 2 倍。4 所美国参照高校的 YouTube 传播力平均得分为我国高校平均得分的 238 倍。4 所日韩参照高校的 YouTube 传播力平均得分为我国高校平均得分的 70 倍。

一、背景

2018 年 11 月 7 日，第五届世界互联网大会在乌镇召开，我国国家主席习近平在贺信中指出，当今世界，正在经历一场更大范围、更深层次的科技革命和产业变革。互联网、大数据、人工智能等现代信息技术不断取得突破，数字经济蓬勃发展。结合现今国内外互联网发展的趋势可以看出，网络成为国际传播的重要渠道，网络传播力作用显著。

随着信息技术的迅猛发展，搜索引擎和社交化媒体的日常化渗透，互联网成为中外民众获取信息的主要渠道。国际电信联盟发布的《2017 年信息通信技术事实与数字》① 表

---

① 国际电信联盟，http：//kjsh. people. cn/n1/2017/0801/c404389 - 29442253. html.

明，全球共有 8.3 亿青年上网，占 104 个国家青年人口的 80% 以上。数据还表明，宽带接入和签约用户增幅巨大。社交化媒体成为信息流通的重要场域，2018 年 9 月 27 日，Facebook 宣布公司旗下两款应用 Facebook 和 Messenger Stories 每天有 3 亿活跃用户，截至 2018 年 7 月 Twitter 在全球范围内已经拥有超过 3 亿的活跃用户，2018 年 9 月 Instagram 的月活跃用户突破 8 亿人次。顺应媒体社交化发展趋势，海外网络传播力日益成为拓展我国文化影响力、推进软实力建设的一个重要方面。

高校是我国国际传播力的重要载体之一。高校是国际文化交流的窗口，建设世界一流大学和一流学科是党中央、国务院作出的重大战略部署。传播力决定影响力，话语权决定主动权。推进高校海外传播力，不仅是高校向世界一流大学迈进的加速剂，也是大力加强国际传播能力建设、提升国家话语权影响力、增强国家文化软实力的重要一环。

通常传播力被分为三个层次。第一个层次是"在场"，衡量标准是一个国家在互联网场域中的出现频率，本书将其进行操作化定义为提及率；第二个层次是评价，即"在场"内容是正面的还是负面的，"在场"内容需要被关注和讨论，对其评价存在正负两个方面；第三个层次是承认，即互联网世界对一个国家传播内容的价值承认程度，虽不认可你的传播内容的价值，但认同你存在的必要性和影响力，这是国际传播应该努力达到的现实目标。这三个层次中，"在场"是基础，只有在"在场"这个前提下，才可能有后面的层次。多元文化背景下海外传播力更具操作性的最高目标是承认，而认同实现起来难度较大。

本报告从第一层次的"在场"维度考察我国高校在互联网络英文世界中的传播力，将 Google 新闻的提及率、社交媒体账号建设情况等作为测量"在场"传播力的维度。中国内地首批"双一流"建设高校和原"211"高校以及我国港澳台地区入选 QS 亚洲 200 强的高校代表了中国高等教育的领先水平，选取其作为中国高校的样本进行考察，对了解中国高校海外网络传播力的前沿水平和现状意义重大。

本报告共选取 184 所中国高校与 8 所海外高校作为研究样本，通过抓取国际搜索网站和大型社交平台数据，设定具体维度和指标进行对比分析，以了解我国高校海外网络传播力现状，完善我国海外网络传播体系建设，进而提升我国高校的国际传播力。

二、指标和算法

（一）指标

本书采用专家法设立指标和权重。首先，选取 Google、Wikipedia、Twitter、Facebook、Instagram、YouTube 6 个平台作为考察维度；其次，每个维度下设立具体指标，赋予各项指标不同权重以计算评估中国高校海外传播力度。与之前 4 年的《中国高校海外网络传播力度报告》相比，本报告有三点调整和完善：第一，Twitter、Facebook、Instagram 3 个维度的数据抓取只选取官方认证账号，若没有官方认证账号则选取其中粉丝量最大或活跃量最高的一个账号；第二，增加 YouTube 平台作为衡量指标，加入学术传播力作为参考指标；第三，加入斯坦福大学、耶鲁大学、哈佛大学、麻省理工学院 4 所美国高校作为研究参照对象。

我们所选取的 6 个维度共有二级指标 25 个，逐一赋予权重进行量化统计和分析，得出 184 所中国高校在海外网络传播力得分，各项指标权重如表 1 - 1 所示。

表 1 - 1　中国高校海外网络传播力指标维度及权重　　　　单位:%

维度	指标	权重	
Google	新闻数量	15	20
	Google Trends 指数	5	
Wikipedia	词条完整性	5	20
	1 年内词条被编辑的次数	5	
	1 年内参与词条编辑的用户数量	5	
	链接情况（What Links Here）	5	
Twitter	是否有官方认证账号	3	15
	粉丝数量	3	
	1 年内发布的内容数量	3	
	1 年内单条推文最高转发量	3	
	1 年内单条推文最多评论量	3	
Facebook	是否有官方认证账号	3	15
	好友数量	4	
	1 年内发布的内容数量	4	
	1 年内单条内容最高点赞数	4	
Instagram	是否有官方认证账号	2.5	15
	粉丝数量	2.5	
	1 年内发布的信息数量	2.5	
	1 年内单条信息最多回复数量	2.5	
	1 年内单条图文最高点赞量	2.5	
	1 年内单个视频最高点击量	2.5	

续表

维度	指标	权重	
YouTube	是否有官方认证账号	3	15
	订阅数量	4	
	1 年内发布的内容数量	4	
	1 年内最高点击量	4	

（二）算法

高校海外网络传播力的得分，是由各指标乘以按权重比例计算所得的相应系数后相加而得。具体算法如下：

首先，将定性数据转化成定量数据，定性数据如 Twitter 的"是否有官方账号"、Facebook 的"是否有官方账号"等；其次，按照表 1 - 1 所列指标权重计算每个指标的系数；最后，通过公式计算各高校海外网络传播力得分，计算公式如下：

$$Y = \sum_{i=1}^{6} \sum_{j} a_{ij} \frac{K_{ij} A}{a_j}$$

式中，Y 为任意高校的海外网络传播力得分；a 为 6 个维度化意指标的数值；K_{ij} 为任意指标的权重；a_j 为任意指标的均值；A 为所有指标的均值的和。其中，a_{1j} 为 Google 任意指标的数值，$j = 1$，2；a_{2j} 为 Wikipedia 任意指标的数值，$j = 1$，2，3，4；a_{3j} 为 Twitter 任意指标的数值，$j = 1$，2，3，4，5；a_{4j} 为 Facebook 任意指标的数值，$j = 1$，2，3，4；a_{5j} 为 Instagram 任意指标的数值，$i = 1$，2，3，4，5；a_{6j} 为 YouTube 任意指标的数值，$i = 1$，2，3，4。

（三）数据采集时间

本报告中各项指标的采集时间分别为：Google 新闻数量[①]、Google Trends、Wikipedia、Twitter、Facebook、Instagram、YouTube 的数据覆盖时间均为 2017 年 10 月 15 日至 2018 年 10 月 15 日。

（四）研究对象

本报告选取 184 所高校作为研究对象，包括 141 所内地高校（涵盖全部双一流大学和原"211"大学）以及 43 所港澳台地区高校，试图对中国高校的海外网络传播力做全景分析。同时选择了 4 所日韩高校、4 所美国高校作为参照分析。

2017 年 9 月 21 日，教育部、财政部、国家发展改革委联合发布了《关于公布世界一

---

① Google 英文搜索引擎新闻分类下检索出的新闻区分正面新闻和负面新闻，负面新闻指的是不利于学校形象建设的相关新闻，Google 新闻得分为正面新闻数量减去负面新闻数量。

流大学和一流学科建设高校及建设学科名单的通知》①，在既有"985"工程、"211"工程高校名单基础上，正式确认世界一流大学和一流学科建设高校及建设学科名单，首批双一流建设名单中的高校共计137所。本报告在以往高校海外网络传播力研究的基础上，在原"211"工程高校名单中加入新增"双一流"建设的高校，最终共计141所中国内地高校。这些高校建设较为成熟或发展优势突出，代表了我国内地高等教育的领先水平，对其研究能一窥我国内地高校海外网络传播力发展的前沿现状。

研究选取43所入选QS亚洲200强的港澳台地区高校作为探究我国香港、澳门、台湾三地高校网络传播力发展现状的研究样本，具体而言，香港7所、澳门1所、台湾35所。这43所高校在亚洲高校排名中均表现较好，能代表我国港澳台地区高等教育领先水平，选择其作为研究对象对了解我国港澳台地区高校海外网络传播力有重大意义。另外，为了与亚洲其他国家高校进行网络传播力对比，选取入选QS亚洲200强排名、在其国家高校排名靠前、在中国知名度高的4所高校作为参照对象，具体是日本东京大学、日本京都大学、韩国首尔大学、韩国高丽大学。同时选取了4所美国高校作为参照，这4所高校可以代表全球高等教育的最顶尖水平，选择其作为样本对于研究我国高校的海外传播力具有重要的参考价值，具体是哈佛大学、斯坦福大学、耶鲁大学、麻省理工学院。

三、海外网络传播力总得分

（一）海峡两岸暨港澳高校海外网络传播力全景得分

本报告经整理汇总中国141所内地高校、43所入选QS亚洲200强的港澳台地区高校，共184所高校在Google、Wikipedia、Twitter、Facebook、Instagram、YouTube 6个平台上的建设情况，利用这6个维度下的具体指标数据进行加权计算，得出184所高校的海外网络传播力排名。

中国高校海外网络传播力得分排名前十的依次是：北京大学、清华大学、香港城市大学、香港大学、中国美术学院、香港浸会大学、香港理工大学、台湾师范大学、澳门大学、香港中文大学。内地高校在本次海外传播力的评测中表现优异，在前五中占据三席，香港地区高校整体表现亮眼，在前十中占据一半，但相对排名没有内地高校得分高。

但内地高校间整体得分差异较大，内地141所高校海外网络传播力平均得分为46458.96，港澳台地区高校平均分为102615.03，约为内地高校总体平均分的2.2倍。具

---

① 中华人民共和国教育部，http：//www.moe.gov.cn/srcsite/A22/moe_ 843/201709/t20170921_ 314942.html.

体如表1-2所示。

表1-2 中国184所高校海外网终传播力得分及排名

排名	大学名称	传播力指数	排名	大学名称	传播力指数
1	北京大学	853494.08	34	中华大学 *	69702.79
2	清华大学	572480.99	35	吉林大学	68370.06
3	香港城市大学 *	466436.66	36	华东师范大学	68121.87
4	香港大学 *	398730.99	37	武汉大学	68019.12
5	中国美术学院	254817.44	38	上海交通大学	67952.40
6	香港浸会大学 *	250694.57	39	中国科学技术大学	66063.10
7	香港理工大学 *	247738.25	40	南开大学	65199.44
8	台湾师范大学 *	243156.40	41	中兴大学 *	63421.15
9	澳门大学 *	230795.80	42	中山大学	63302.28
10	香港中文大学 *	175969.30	43	海南大学	61378.63
11	香港科技大学 *	175564.44	44	哈尔滨工业大学	60557.21
12	台湾大学 *	167099.58	45	同济大学	59687.28
13	南京航空航天大学	149176.61	46	电子科技大学	59432.15
14	南京大学	133624.44	47	中国人民大学	58371.65
15	台北医学大学 *	129067.98	48	上海大学	57885.06
16	岭南大学 *	125882.93	49	东吴大学 *	56095.95
17	浙江大学	118640.12	50	北京师范大学	55224.56
18	辅仁大学 *	115704.61	51	中央大学 *	54585.55
19	元智大学 *	111160.83	52	中国传媒大学	53881.91
20	复旦大学	103160.37	53	华中科技大学	53679.18
21	政治大学 *	102669.95	54	逢甲大学 *	53181.60
22	交通大学 *	93372.94	55	郑州大学	52165.88
23	成功大学 *	90976.91	56	厦门大学	50109.14
24	台北大学 *	87648.46	57	宁波大学	49158.45
25	清华大学 *	85383.73	58	新疆大学	47540.11
26	中山大学	85257.48	59	山东大学	46928.69
27	天津大学	83238.93	60	东华大学 *	42353.79
28	东海大学 *	81565.07	61	石河子大学	41786.90
29	北京航空航天大学	81474.71	62	对外经济贸易大学	41173.87
30	亚洲大学 *	81154.55	63	华南理工大学	40632.14
31	四川大学	77987.64	64	北京协和医学院	40327.45
32	云林科技大学 *	75287.79	65	西安交通大学	40326.40
33	东华大学	70231.26	66	北京科技大学	40275.57

续表

排名	大学名称	传播力指数	排名	大学名称	传播力指数
67	大同大学 *	40193.88	102	北京工业大学	29258.51
68	西南财经大学	39937.93	103	江南大学	29105.48
69	阳明大学 *	39888.43	104	中国药科大学	29062.02
70	东南大学	39017.20	105	南京中医药大学	28938.84
71	中国科学院大学	38870.93	106	西南大学	28892.06
72	中国地质大学（北京）	38355.40	107	大连理工大学	28758.94
73	中正大学 *	38093.97	108	东北大学	28460.32
74	北京外国语大学	37928.71	109	中南大学	28059.11
75	湖南大学	37600.20	110	中南财经政法大学	27781.12
76	中国地质大学（武汉）	37285.01	111	彰化师范大学 *	27771.17
77	云南大学	37000.16	112	中国海洋大学	27680.28
78	台湾科技大学 *	36725.50	113	中原大学 *	27652.95
79	北京理工大学	36555.75	114	高雄医学大学 *	27432.75
80	台湾淡江大学 *	36149.97	115	成都中医药大学	27086.20
81	西藏大学	35542.09	116	暨南大学	26832.77
82	华中师范大学	35354.99	117	中国政法大学	26723.91
83	西安电子科技大学	35175.64	118	北京交通大学	26364.25
84	中央财经大学	34591.17	119	西北农林科技大学	26215.31
85	南京理工大学	34174.45	120	中国石油大学（华东）	26099.48
86	重庆大学	33946.82	121	西南交通大学	26059.62
87	西北工业大学	33515.53	122	北京邮电大学	26031.02
88	中国农业大学	33323.26	123	中国医药大学（台湾）*	25872.89
89	兰州大学	33168.50	124	国防科学技术大学	25800.62
90	上海外国语大学	33148.70	125	南京农业大学	25793.65
91	华南师范大学	32937.17	126	台北科技大学 *	25779.80
92	首都师范大学	32642.93	127	长庚大学 *	25738.40
93	暨南国际大学 *	32547.30	128	天津医科大学	25646.06
94	华东理工大学	32003.65	129	中央美术学院	25301.81
95	南昌大学	31856.65	130	台湾海洋大学 *	25285.19
96	中央戏剧学院	31685.98	131	河南大学	25085.92
97	南京师范大学	30987.69	132	上海体育学院	24786.17
98	上海财经大学	30669.41	133	外交学院	24733.80
99	武汉理工大学	30642.89	134	苏州大学	24378.76
100	广西大学	29558.04	135	中央音乐学院	24337.54
101	高雄第一科技大学 *	29317.68	136	贵州大学	24238.67

续表

排名	大学名称	传播力指数	排名	大学名称	传播力指数
137	太原理工大学	24141.29	161	东北农业大学	18940.26
138	安徽大学	24119.17	162	东北林业大学	18681.16
139	西北大学	23987.23	163	中国石油大学（北京）	18580.21
140	中央民族大学	23840.80	164	成都理工大学	18527.22
141	陕西师范大学	23229.51	165	北京化工大学	18198.79
142	河海大学	22978.49	166	上海海洋大学	17949.71
143	华中农业大学	22814.50	167	中国矿业大学（北京）	17892.64
144	内蒙古大学	22744.21	168	宁夏大学	17833.22
145	湖南师范大学	22566.93	169	中国矿业大学（徐州）	17824.78
146	大连海事大学	22312.18	170	北京体育大学	17248.57
147	辽宁大学	22219.97	171	北京中医药大学	17180.74
148	东北师范大学	21254.92	172	中国人民公安大学	17054.30
149	福州大学	21212.20	173	广州中医药大学	16881.67
150	河北工业大学	21156.39	174	天津工业大学	15602.42
151	西南石油大学	20439.34	175	中国音乐学院	13631.36
152	上海音乐学院	20332.62	176	南京邮电大学	13555.85
153	四川农业大学	20260.86	177	高雄应用科技大学 *	13336.43
154	合肥工业大学	19975.03	178	第二军医大学	12446.26
155	华北电力大学（保定）	19765.91	179	第四军医大学	12400.61
156	哈尔滨工程大学	19742.32	180	南京信息工程大学	11786.62
157	延边大学	19549.17	181	青海大学	10611.91
158	北京林业大学	19382.67	182	长安大学	10061.34
159	南京林业大学	19376.14	183	上海中医药大学	5380.27
160	华北电力大学（北京）	19326.30	184	天津中医药大学	4849.83

注：*为我国港澳台地区高校，下同。

（二）中国内地高校海外网络传播力得分

我国内地高校海外网络传播力排名前十的依次是：北京大学、清华大学、中国美术学院、南京航空航天大学、南京大学、浙江大学、复旦大学、天津大学、北京航空航天大学、四川大学。海外网络传播力得分低于内地高校平均得分 46458.96 的高校有 109 所，占比 77.3%，说明内地高校间的海外传播力差异较大。具体如表 1-3 所示。

表 1-3　中国 141 所内地高校海外传播力总得分

排名	大学名称	传播力指数	排名	大学名称	传播力指数
1	北京大学	853494.08	36	北京协和医学院	40327.45
2	清华大学	572480.99	37	西安交通大学	40326.40
3	中国美术学院	254817.44	38	北京科技大学	40275.57
4	南京航空航天大学	149176.61	39	西南财经大学	39937.93
5	南京大学	133624.44	40	东南大学	39017.20
6	浙江大学	118640.12	41	中国科学院大学	38870.93
7	复旦大学	103160.37	42	中国地质大学（北京）	38355.40
8	天津大学	83238.93	43	北京外国语大学	37928.71
9	北京航空航天大学	81474.71	44	湖南大学	37600.20
10	四川大学	77987.64	45	中国地质大学（武汉）	37285.01
11	东华大学	70231.26	46	云南大学	37000.16
12	吉林大学	68370.06	47	北京理工大学	36555.75
13	华东师范大学	68121.87	48	西藏大学	35542.09
14	武汉大学	68019.12	49	华中师范大学	35354.99
15	上海交通大学	67952.40	50	西安电子科技大学	35175.64
16	中国科学技术大学	66063.10	51	中央财经大学	34591.17
17	南开大学	65199.44	52	南京理工大学	34174.45
18	中山大学	63302.28	53	重庆大学	33946.82
19	海南大学	61378.63	54	西北工业大学	33515.53
20	哈尔滨工业大学	60557.21	55	中国农业大学	33323.26
21	同济大学	59687.28	56	兰州大学	33168.50
22	电子科技大学	59432.15	57	上海外国语大学	33148.70
23	中国人民大学	58371.65	58	华南师范大学	32937.17
24	上海大学	57885.06	59	首都师范大学	32642.93
25	北京师范大学	55224.56	60	华东理工大学	32003.65
26	中国传媒大学	53881.91	61	南昌大学	31856.65
27	华中科技大学	53679.18	62	中央戏剧学院	31685.98
28	郑州大学	52165.88	63	南京师范大学	30987.69
29	厦门大学	50109.14	64	上海财经大学	30669.41
30	宁波大学	49158.45	65	武汉理工大学	30642.89
31	新疆大学	47540.11	66	广西大学	29558.04
32	山东大学	46928.69	67	北京工业大学	29258.51
33	石河子大学	41786.90	68	江南大学	29105.48
34	对外经济贸易大学	41173.87	69	中国药科大学	29062.02
35	华南理工大学	40632.14	70	南京中医药大学	28938.84

续表

排名	大学名称	传播力指数	排名	大学名称	传播力指数
71	西南大学	28892.06	107	福州大学	21212.20
72	大连理工大学	28758.94	108	河北工业大学	21156.39
73	东北大学	28460.32	109	西南石油大学	20439.34
74	中南大学	28059.11	110	上海音乐学院	20332.62
75	中南财经政法大学	27781.12	111	四川农业大学	20260.86
76	中国海洋大学	27680.28	112	合肥工业大学	19975.03
77	成都中医药大学	27086.20	113	华北电力大学（保定）	19765.91
78	暨南大学	26832.77	114	哈尔滨工程大学	19742.32
79	中国政法大学	26723.91	115	延边大学	19549.17
80	北京交通大学	26364.25	116	北京林业大学	19382.67
81	西北农林科技大学	26215.31	117	南京林业大学	19376.14
82	中国石油大学（华东）	26099.48	118	华北电力大学（北京）	19326.30
83	西南交通大学	26059.62	119	东北农业大学	18940.26
84	北京邮电大学	26031.02	120	东北林业大学	18681.16
85	国防科学技术大学	25800.62	121	中国石油大学（北京）	18580.21
86	南京农业大学	25793.65	122	成都理工大学	18527.22
87	天津医科大学	25646.06	123	北京化工大学	18198.79
88	中央美术学院	25301.81	124	上海海洋大学	17949.71
89	河南大学	25085.92	125	中国矿业大学（北京）	17892.64
90	上海体育学院	24786.17	126	宁夏大学	17833.22
91	外交学院	24733.80	127	中国矿业大学（徐州）	17824.78
92	苏州大学	24378.76	128	北京体育大学	17248.57
93	中央音乐学院	24337.54	129	北京中医药大学	17180.74
94	贵州大学	24238.67	130	中国人民公安大学	17054.30
95	太原理工大学	24141.29	131	广州中医药大学	16881.67
96	安徽大学	24119.17	132	天津工业大学	15602.42
97	西北大学	23987.23	133	中国音乐学院	13631.36
98	中央民族大学	23840.80	134	南京邮电大学	13555.85
99	陕西师范大学	23229.51	135	第二军医大学	12446.26
100	河海大学	22978.49	136	第四军医大学	12400.61
101	华中农业大学	22814.50	137	南京信息工程大学	11786.62
102	内蒙古大学	22744.21	138	青海大学	10611.91
103	湖南师范大学	22566.93	139	长安大学	10061.34
104	大连海事大学	22312.18	140	上海中医药大学	5380.27
105	辽宁大学	22219.97	141	天津中医药大学	4849.83
106	东北师范大学	21254.92			

（三）参照分析

通过对 184 所中国高校和 8 所海外参照高校进行总分排名，发现相比于美日韩参照高校，我国高校与美国参照高校仍有较大差异，但略优于日韩参照高校。中国内地高校传播力指数最高的北京大学，得分仅为哈佛大学的 17%；但北京大学得分超过港澳台地区高校第一名的香港城市大学，约为其 1.82 倍；同时北京大学的海外网络传播力得分约为东京大学的 2.66 倍（见图 1-1）。

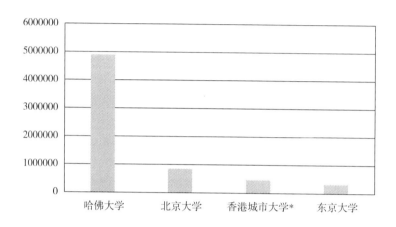

图 1-1　海外传播力总分参照分析

四、维度一：Google传播力

（一）海峡两岸暨港澳高校 Google 传播力全景得分

在 Google 英文搜索引擎的新闻分类下，采用输入带双引号的高校英文名称的方法，检索 1 年内中国内地高校和港澳台地区高校的新闻数量；通过 Google Trends 搜索高校英文名称以了解高校受关注程度。按权重计算指标对应数据，得到 184 所中国高校 Google 传播力得分排名。[1]

在 Google 传播力维度中，港澳台地区有 4 所高校进入前十位，且多位于前列，内地高校占 6 所。中国高校海外网络传播力 Google 维度平均得分为 13989.13，最高为香港大学 162770.76。Google 传播力得分在平均分以下的有 141 所，占比 76.63%。

---

① 通过人工抽样检测 Google News，按比例筛除负面报道。

Google 传播力排名前十位的高校依次为香港大学、香港城市大学、清华大学、北京大学、台湾师范大学、复旦大学、澳门大学、浙江大学、上海大学、武汉大学。具体如表 1-4 所示。

表 1-4　中国高校 Google 传播力得分

排名	大学名称	Google 传播力指数	排名	大学名称	Google 传播力指数
1	香港大学 *	162770.76	32	哈尔滨工业大学	16246.44
2	香港城市大学 *	116514.40	33	香港理工大学 *	16160.54
3	清华大学	104510.17	34	华东师范大学	16023.07
4	北京大学	96329.38	35	台湾大学 *	15834.25
5	台湾师范大学 *	80804.88	36	华南理工大学	15538.62
6	复旦大学	58921.38	37	北京航空航天大学	15478.80
7	澳门大学 *	53309.63	38	重庆大学	15472.47
8	浙江大学	39044.78	39	北京理工大学	14949.11
9	上海大学	34499.59	40	上海体育学院	14777.62
10	武汉大学	32703.24	41	中国医药大学（台湾）*	14737.35
11	中山大学	31303.80	42	台湾淡江大学 *	14733.62
12	新疆大学	30898.21	43	华中科技大学	14090.34
13	中国科学技术大学	30814.73	44	中国农业大学	13766.10
14	南京大学	29818.26	45	南京理工大学	13754.59
15	上海交通大学	28710.56	46	华南师范大学	13660.47
16	对外经济贸易大学	26956.13	47	北京工业大学	13589.07
17	香港浸会大学 *	26715.01	48	亚洲大学 *	13258.91
18	中国人民大学	25358.08	49	中国海洋大学	13028.19
19	天津大学	24636.54	50	北京外国语大学	12681.35
20	同济大学	24075.21	51	西安交通大学	12609.72
21	四川大学	23918.93	52	武汉理工大学	12557.80
22	北京协和医学院	22958.76	53	台北医学大学 *	12289.49
23	南开大学	22876.86	54	中国政法大学	12228.56
24	北京师范大学	22847.62	55	清华大学 *	12095.20
25	厦门大学	20407.20	56	郑州大学	12086.64
26	香港科技大学 *	20055.53	57	中国传媒大学	12009.70
27	中央大学 *	19865.72	58	交通大学 *	11994.01
28	中国科学院大学	18402.79	59	西北工业大学	11784.38
29	山东大学	17710.47	60	中南大学	11780.48
30	政治大学 *	16759.70	61	香港中文大学 *	11577.92
31	吉林大学	16379.70	62	天津医科大学	11559.64

排名	大学名称	Google 传播力指数	排名	大学名称	Google 传播力指数
63	台北大学 *	11527.66	98	江南大学	9085.72
64	湖南大学	11464.88	99	湖南师范大学	9075.60
65	西安电子科技大学	11416.82	100	上海外国语大学	9043.04
66	兰州大学	11402.47	101	电子科技大学	8992.00
67	南昌大学	11373.90	102	中央美术学院	8923.53
68	上海财经大学	11210.17	103	中国药科大学	8657.44
69	宁波大学	11067.30	104	外交学院	8651.70
70	中山大学 *	11046.91	105	北京邮电大学	8596.57
71	大连理工大学	11039.12	106	福州大学	8554.89
72	中正大学 *	11032.74	107	海南大学	8512.42
73	广西大学	10999.39	108	台北科技大学 *	8367.98
74	东华大学	10904.14	109	宁夏大学	8088.12
75	华中师范大学	10767.42	110	北京交通大学	8084.67
76	中国石油大学（华东）	10685.01	111	台湾海洋大学 *	7886.39
77	云南大学	10628.00	112	暨南大学	7854.02
78	元智大学 *	10379.26	113	南京航空航天大学	7846.74
79	西藏大学	10268.52	114	阳明大学 *	7835.40
80	中兴大学 *	10200.11	115	中南财经政法大学	7833.81
81	河南大学	10132.58	116	中央财经大学	7802.01
82	首都师范大学	10023.19	117	河海大学	7798.10
83	中国美术学院	9990.03	118	西南大学	7741.52
84	岭南大学 *	9975.07	119	安徽大学	7717.56
85	贵州大学	9831.57	120	国防科学技术大学	7686.05
86	西北大学	9764.32	121	北京中医药大学	7681.61
87	大连海事大学	9716.11	122	哈尔滨工程大学	7523.15
88	华东理工大学	9528.02	123	中原大学 *	7471.35
89	辅仁大学 *	9522.33	124	台湾科技大学 *	7449.31
90	东北师范大学	9378.91	125	南京师范大学	7408.67
91	辽宁大学	9364.60	126	陕西师范大学	7228.19
92	逢甲大学 *	9326.48	127	太原理工大学	7220.18
93	长庚大学 *	9171.86	128	河北工业大学	7111.04
94	高雄医学大学 *	9167.73	129	东北大学	7087.00
95	东海大学 *	9163.17	130	上海音乐学院	7075.48
96	成功大学 *	9141.03	131	内蒙古大学	7062.08
97	北京科技大学	9094.68	132	西南财经大学	6983.56

排名	大学名称	Google 传播力指数	排名	大学名称	Google 传播力指数
133	北京化工大学	6981.63	159	合肥工业大学	5280.55
134	华中农业大学	6978.86	160	东北林业大学	5099.03
135	东华大学 *	6958.33	161	南京邮电大学	4930.51
136	中央音乐学院	6957.96	162	中国矿业大学（徐州）	4715.59
137	西南交通大学	6737.56	163	中国矿业大学（北京）	4680.10
138	南京农业大学	6724.53	164	石河子大学	4666.27
139	西北农林科技大学	6548.08	165	东北农业大学	4573.30
140	上海海洋大学	6510.43	166	中国地质大学（北京）	4367.64
141	西南石油大学	6510.14	167	华北电力大学（保定）	4318.73
142	东南大学	6353.51	168	华北电力大学（北京）	4318.73
143	中央民族大学	6320.59	169	苏州大学	4233.18
144	南京中医药大学	6309.06	170	成都理工大学	4013.88
145	北京体育大学	6283.97	171	暨南国际大学 *	3813.28
146	中华大学 *	6208.18	172	中国地质大学（武汉）	3489.60
147	中央戏剧学院	6131.24	173	彰化师范大学 *	3482.93
148	云林科技大学 *	6037.82	174	高雄应用科技大学 *	2778.92
149	南京林业大学	5758.25	175	高雄第一科技大学 *	2715.26
150	广州中医药大学	5628.01	176	中国音乐学院	798.58
151	大同大学 *	5544.82	177	第四军医大学	354.92
152	东吴大学 *	5511.11	178	长安大学	354.92
153	北京林业大学	5443.83	179	中国人民公安大学	283.94
154	中国石油大学（北京）	5404.46	180	青海大学	177.46
155	天津工业大学	5403.33	181	第二军医大学	159.72
156	四川农业大学	5385.25	182	天津中医药大学	159.72
157	上海中医药大学	5318.81	183	南京信息工程大学	70.98
158	延边大学	5302.83	184	成都中医药大学	35.49

（二）中国内地高校 Google 传播力得分

我国内地高校 Google 传播力得分前十名的依次为清华大学、北京大学、复旦大学、浙江大学、上海大学、武汉大学、中山大学、新疆大学、中国科学技术大学、南京大学。我国内地高校 Google 传播力平均得分为 12431.26，在 141 所高校中，有 102 所高校的 Google 传播力得分在内地高校的平均值以下，说明内地高校间差距较大。具体如表 1 – 5 所示。

表 1－5 中国内地高校 Google 传播力得分

排名	大学名称	Google 传播力指数	排名	大学名称	Google 传播力指数
1	清华大学	104510.17	36	中国海洋大学	13028.19
2	北京大学	96329.38	37	北京外国语大学	12681.35
3	复旦大学	58921.38	38	西安交通大学	12609.72
4	浙江大学	39044.78	39	武汉理工大学	12557.80
5	上海大学	34499.59	40	中国政法大学	12228.56
6	武汉大学	32703.24	41	郑州大学	12086.64
7	中山大学	31303.80	42	中国传媒大学	12009.70
8	新疆大学	30898.21	43	西北工业大学	11784.38
9	中国科学技术大学	30814.73	44	中南大学	11780.48
10	南京大学	29818.26	45	天津医科大学	11559.64
11	上海交通大学	28710.56	46	湖南大学	11464.88
12	对外经济贸易大学	26956.13	47	西安电子科技大学	11416.82
13	中国人民大学	25358.08	48	兰州大学	11402.47
14	天津大学	24636.54	49	南昌大学	11373.90
15	同济大学	24075.21	50	上海财经大学	11210.17
16	四川大学	23918.93	51	宁波大学	11067.30
17	北京协和医学院	22958.76	52	大连理工大学	11039.12
18	南开大学	22876.86	53	广西大学	10999.39
19	北京师范大学	22847.62	54	东华大学	10904.14
20	厦门大学	20407.20	55	华中师范大学	10767.42
21	中国科学院大学	18402.79	56	中国石油大学（华东）	10685.01
22	山东大学	17710.47	57	云南大学	10628.00
23	吉林大学	16379.70	58	西藏大学	10268.52
24	哈尔滨工业大学	16246.44	59	河南大学	10132.58
25	华东师范大学	16023.07	60	首都师范大学	10023.19
26	华南理工大学	15538.62	61	中国美术学院	9990.03
27	北京航空航天大学	15478.80	62	贵州大学	9831.57
28	重庆大学	15472.47	63	西北大学	9764.32
29	北京理工大学	14949.11	64	大连海事大学	9716.11
30	上海体育学院	14777.62	65	华东理工大学	9528.02
31	华中科技大学	14090.34	66	东北师范大学	9378.91
32	中国农业大学	13766.10	67	辽宁大学	9364.60
33	南京理工大学	13754.59	68	北京科技大学	9094.68
34	华南师范大学	13660.47	69	江南大学	9085.72
35	北京工业大学	13589.07	70	湖南师范大学	9075.60

排名	大学名称	Google 传播力指数	排名	大学名称	Google 传播力指数
71	上海外国语大学	9043.04	107	东南大学	6353.51
72	电子科技大学	8992.00	108	中央民族大学	6320.59
73	中央美术学院	8923.53	109	南京中医药大学	6309.06
74	中国药科大学	8657.44	110	北京体育大学	6283.97
75	外交学院	8651.70	111	中央戏剧学院	6131.24
76	北京邮电大学	8596.57	112	南京林业大学	5758.25
77	福州大学	8554.89	113	广州中医药大学	5628.01
78	海南大学	8512.42	114	北京林业大学	5443.83
79	宁夏大学	8088.12	115	中国石油大学（北京）	5404.46
80	北京交通大学	8084.67	116	天津工业大学	5403.33
81	暨南大学	7854.02	117	四川农业大学	5385.25
82	南京航空航天大学	7846.74	118	上海中医药大学	5318.81
83	中南财经政法大学	7833.81	119	延边大学	5302.83
84	中央财经大学	7802.01	120	合肥工业大学	5280.55
85	河海大学	7798.10	121	东北林业大学	5099.03
86	西南大学	7741.52	122	南京邮电大学	4930.51
87	安徽大学	7717.56	123	中国矿业大学（徐州）	4715.59
88	国防科学技术大学	7686.05	124	中国矿业大学（北京）	4680.10
89	北京中医药大学	7681.61	125	石河子大学	4666.27
90	哈尔滨工程大学	7523.15	126	东北农业大学	4573.30
91	南京师范大学	7408.67	127	中国地质大学（北京）	4367.64
92	陕西师范大学	7228.19	128	华北电力大学（保定）	4318.73
93	太原理工大学	7220.18	129	华北电力大学（北京）	4318.73
94	河北工业大学	7111.04	130	苏州大学	4233.18
95	东北大学	7087.00	131	成都理工大学	4013.88
96	上海音乐学院	7075.48	132	中国地质大学（武汉）	3489.60
97	内蒙古大学	7062.08	133	中国音乐学院	798.58
98	西南财经大学	6983.56	134	第四军医大学	354.92
99	北京化工大学	6981.63	135	长安大学	354.92
100	华中农业大学	6978.86	136	中国人民公安大学	283.94
101	中央音乐学院	6957.96	137	青海大学	177.46
102	西南交通大学	6737.56	138	第二军医大学	159.72
103	南京农业大学	6724.53	139	天津中医药大学	159.72
104	西北农林科技大学	6548.08	140	南京信息工程大学	70.98
105	上海海洋大学	6510.43	141	成都中医药大学	35.49
106	西南石油大学	6510.14			

（三）Google 传播力具体指标分析

在 Google 传播力维度中，有 2 项指标，其权重如下：Google 新闻数量占 15%，Google Trends 指数占 5%，共在传播力测量中占比 20%。Google 新闻数量为 1 年内高校在 Google 英文搜索引擎新闻分类下检索出的新闻条数，并区分正面新闻和负面新闻，负面新闻指的是不利于学校形象建设的相关新闻，Google 新闻得分为正面新闻数量减去负面新闻数量。Google Trends 指数能更精确地把握高校的新闻搜索指数和受关注程度。

第一，在 Google 新闻搜索量方面，港澳台地区高校的 Google 新闻搜索平均数量约为我国内地高校的 2 倍，差异显著。内地高校 Google 新闻搜索平均数量为 300 条，港澳台地区高校 Google 新闻平均数量为 614 条（见图 1-2）。

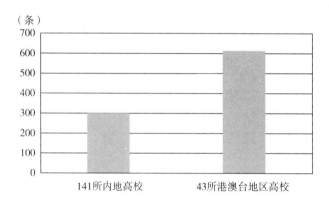

图 1-2　Google 新闻搜索量平均值

在 184 所中国高校中，Google 新闻搜索量超过 5000 条的有 3 所高校，在 1001~5000 条的有 11 所高校，70 所高校在 101~1000 条，100 所高校 Google 新闻数量不足 100 条（见图 1-3）。

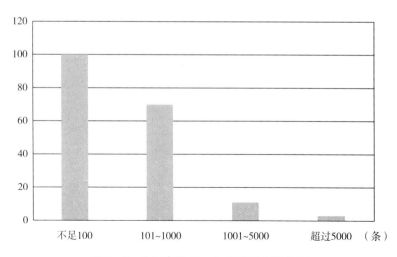

图 1-3　中国高校 Google 新闻搜索量分布

第二，在 Google Trends 指数方面，我国内地高校和港澳台地区高校有一定的差距。内地高校 Google Trends 指数平均值为 39.16，港澳台地区高校 Google Trends 指数平均值为 45.24，内地高校略低于港澳台地区高校。

第三，Google 传播力具体指标数据如表 1-6 所示（按 Google 传播力得分排名）。

表 1-6　中国 184 所高校 Google 传播力具体指标数据

排名	大学名称	Google 新闻	Google Trends 指数	Google 传播力指数
1	香港大学 *	8535.80	62.32	162770.76
2	香港城市大学 *	5940.80	61.19	116514.40
3	清华大学	5068.80	80.34	104510.17
4	北京大学	4782.56	63.23	96329.38
5	台湾师范大学 *	3980.00	56.15	80804.88
6	复旦大学	2580.20	72.47	58921.38
7	澳门大学 *	2334.30	65.58	53309.63
8	浙江大学	1479.80	70.55	39044.78
9	上海大学	1273.00	65.72	34499.59
10	武汉大学	1292.00	53.94	32703.24
11	中山大学	1174.80	57.70	31303.80
12	新疆大学	1318.41	41.40	30898.21
13	中国科学技术大学	1080.00	64.28	30814.73
14	南京大学	974.14	69.15	29818.26
15	上海交通大学	1020.00	58.55	28710.56
16	对外经济贸易大学	930.00	57.68	26956.13
17	香港浸会大学 *	958.80	53.53	26715.01
18	中国人民大学	949.00	47.00	25358.08
19	天津大学	870.00	50.75	24636.54
20	同济大学	739.53	60.43	24075.21
21	四川大学	755.00	58.06	23918.93
22	北京协和医学院	840.00	44.43	22958.76
23	南开大学	657.36	61.87	22876.86
24	北京师范大学	748.00	52.83	22847.62
25	厦门大学	568.48	56.94	20407.20
26	香港科技大学 *	624.96	49.47	20055.53
27	中央大学 *	432.00	67.32	19865.72
28	中国科学院大学	480.00	54.55	18402.79
29	山东大学	340.80	64.36	17710.47
30	政治大学 *	403.79	52.94	16759.70

排名	大学名称	Google 新闻	Google Trends 指数	Google 传播力指数
31	吉林大学	333.63	57.72	16379.70
32	哈尔滨工业大学	529.00	37.85	16246.44
33	香港理工大学 *	418.19	48.23	16160.54
34	华东师范大学	369.60	52.23	16023.07
35	台湾大学 *	155.31	72.17	15834.25
36	华南理工大学	387.00	47.85	15538.62
37	北京航空航天大学	324.48	53.64	15478.80
38	重庆大学	217.00	64.13	15472.47
39	北京理工大学	327.00	50.47	14949.11
40	上海体育学院	631.00	19.75	14777.62
41	中国医药大学（台湾） *	238.00	58.02	14737.35
42	台湾淡江大学 *	217.56	60.00	14733.62
43	华中科技大学	329.28	45.51	14090.34
44	中国农业大学	327.00	43.94	13766.10
45	南京理工大学	241.00	52.30	13754.59
46	华南师范大学	391.95	37.00	13660.47
47	北京工业大学	160.00	59.32	13589.07
48	亚洲大学 *	120.78	61.34	13258.91
49	中国海洋大学	131.67	59.00	13028.19
50	北京外国语大学	261.25	44.40	12681.35
51	西安交通大学	338.52	36.43	12609.72
52	武汉理工大学	109.98	58.53	12557.80
53	台北医学大学 *	149.00	53.23	12289.49
54	中国政法大学	219.74	45.96	12228.56
55	清华大学 *	213.00	45.89	12095.20
56	郑州大学	121.00	54.85	12086.64
57	中国传媒大学	255.00	41.30	12009.70
58	交通大学 *	135.24	52.94	11994.01
59	西北工业大学	152.52	50.09	11784.38
60	中南大学	146.52	50.66	11780.48
61	香港中文大学 *	88.48	55.23	11577.92
62	天津医科大学	73.00	56.64	11559.64
63	台北大学 *	108.38	53.00	11527.66
64	湖南大学	127.39	50.79	11464.88
65	西安电子科技大学	171.69	46.19	11416.82

续表

排名	大学名称	Google 新闻	Google Trends 指数	Google 传播力指数
66	兰州大学	152.00	48.04	11402.47
67	南昌大学	86.04	54.34	11373.90
68	上海财经大学	144.05	47.75	11210.17
69	宁波大学	52.00	55.98	11067.30
70	中山大学*	110.00	50.19	11046.91
71	大连理工大学	77.00	53.38	11039.12
72	中正大学*	125.00	48.64	11032.74
73	广西大学	79.00	52.96	10999.39
74	东华大学	85.00	51.85	10904.14
75	华中师范大学	140.11	45.70	10767.42
76	中国石油大学（华东）	81.90	50.94	10685.01
77	云南大学	108.36	48.04	10628.00
78	元智大学*	74.69	49.96	10379.26
79	西藏大学	75.00	49.32	10268.52
80	中兴大学*	117.00	44.83	10200.11
81	河南大学	50.00	51.02	10132.58
82	首都师范大学	117.24	43.83	10023.19
83	中国美术学院	183.00	37.21	9990.03
84	岭南大学*	7.60	54.30	9975.07
85	贵州大学	61.94	48.19	9831.57
86	西北大学	20.00	51.92	9764.32
87	大连海事大学	60.63	47.68	9716.11
88	华东理工大学	93.00	43.47	9528.02
89	辅仁大学*	79.00	44.81	9522.33
90	东北师范大学	53.00	46.57	9378.91
91	辽宁大学	31.00	48.64	9364.60
92	逢甲大学*	67.00	44.91	9326.48
93	长庚大学*	84.11	42.38	9171.86
94	高雄医学大学*	70.00	43.74	9167.73
95	东海大学*	63.00	44.40	9163.17
96	成功大学*	71.00	43.49	9141.03
97	北京科技大学	103.65	40.04	9094.68
98	江南大学	233.00	27.32	9085.72
99	湖南师范大学	38.99	46.26	9075.60
100	上海外国语大学	127.71	37.40	9043.04

续表

排名	大学名称	Google 新闻	Google Trends 指数	Google 传播力指数
101	电子科技大学	152.00	34.74	8992.00
102	中央美术学院	278.00	22.02	8923.53
103	中国药科大学	63.98	41.51	8657.44
104	外交学院	165.00	31.58	8651.70
105	北京邮电大学	96.00	38.04	8596.57
106	福州大学	74.00	39.96	8554.89
107	海南大学	35.00	43.55	8512.42
108	台北科技大学 *	81.00	38.25	8367.98
109	宁夏大学	45.00	40.23	8088.12
110	北京交通大学	87.00	36.09	8084.67
111	台湾海洋大学 *	45.00	39.11	7886.39
112	暨南大学	11.00	42.26	7854.02
113	南京航空航天大学	84.00	35.08	7846.74
114	阳明大学 *	98.00	33.64	7835.40
115	中南财经政法大学	69.78	36.40	7833.81
116	中央财经大学	120.78	31.23	7802.01
117	河海大学	109.00	32.36	7798.10
118	西南大学	1.00	42.62	7741.52
119	安徽大学	43.00	38.38	7717.56
120	国防科学技术大学	168.00	25.96	7686.05
121	北京中医药大学	35.00	38.96	7681.61
122	哈尔滨工程大学	49.00	36.72	7523.15
123	中原大学 *	85.00	32.91	7471.35
124	台湾科技大学 *	11.70	39.96	7449.31
125	南京师范大学	78.00	33.25	7408.67
126	陕西师范大学	130.25	27.13	7228.19
127	太原理工大学	9.00	38.96	7220.18
128	河北工业大学	83.00	31.11	7111.04
129	东北大学	4.00	38.72	7087.00
130	上海音乐学院	186.00	20.83	7075.48
131	内蒙古大学	13.00	37.70	7062.08
132	西南财经大学	43.06	34.32	6983.56
133	北京化工大学	47.00	33.92	6981.63
134	华中农业大学	48.00	33.81	6978.86
135	东华大学 *	69.00	31.64	6958.33

排名	大学名称	Google 新闻	Google Trends 指数	Google 传播力指数
136	中央音乐学院	142.00	24.49	6957.96
137	西南交通大学	66.00	30.72	6737.56
138	南京农业大学	67.00	30.55	6724.53
139	西北农林科技大学	6.00	35.55	6548.08
140	上海海洋大学	69.00	29.17	6510.43
141	西南石油大学	16.00	34.36	6510.14
142	东南大学	17.00	33.40	6353.51
143	中央民族大学	61.00	28.91	6320.59
144	南京中医药大学	17.00	33.15	6309.06
145	北京体育大学	52.00	29.58	6283.97
146	中华大学 *	25.38	31.77	6208.18
147	中央戏剧学院	59.00	28.06	6131.24
148	云林科技大学 *	10.00	32.34	6037.82
149	南京林业大学	27.00	29.13	5758.25
150	广州中医药大学	16.00	29.49	5628.01
151	大同大学 *	9.00	29.72	5544.82
152	东吴大学 *	15.00	28.94	5511.11
153	北京林业大学	64.00	23.77	5443.83
154	中国石油大学（北京）	35.00	26.40	5404.46
155	天津工业大学	7.00	29.13	5403.33
156	四川农业大学	16.00	28.15	5385.25
157	上海中医药大学	40.00	25.43	5318.81
158	延边大学	53.55	24.02	5302.83
159	合肥工业大学	39.00	25.32	5280.55
160	东北林业大学	7.00	27.45	5099.03
161	南京邮电大学	16.00	25.64	4930.51
162	中国矿业大学（徐州）	22.00	23.87	4715.59
163	中国矿业大学（北京）	20.00	23.87	4680.10
164	石河子大学	4.00	25.36	4666.27
165	东北农业大学	3.00	24.94	4573.30
166	中国地质大学（北京）	60.00	18.23	4367.64
167	华北电力大学（保定）	19.00	21.97	4318.73
168	华北电力大学（北京）	19.00	21.97	4318.73
169	苏州大学	11.00	22.28	4233.18
170	成都理工大学	10.01	21.17	4013.88

续表

排名	大学名称	Google 新闻	Google Trends 指数	Google 传播力指数
171	暨南国际大学*	12.00	19.87	3813.28
172	中国地质大学（武汉）	19.00	17.40	3489.60
173	彰化师范大学*	14.00	17.85	3482.93
174	高雄应用科技大学*	4.00	14.94	2778.92
175	高雄第一科技大学*	6.00	14.40	2715.26
176	中国音乐学院	45.00	0.00	798.58
177	第四军医大学	20.00	0.00	354.92
178	长安大学	20.00	0.00	354.92
179	中国人民公安大学	16.00	0.00	283.94
180	青海大学	10.00	0.00	177.46
181	第二军医大学	9.00	0.00	159.72
182	天津中医药大学	9.00	0.00	159.72
183	南京信息工程大学	4.00	0.00	70.98
184	成都中医药大学	2.00	0.00	35.49

（四）参照分析

在与海外高校进行得分比较后发现，我国高校 Google 传播力强于日韩参照高校，但与美国参照高校存在一定差距。我国内地高校 Google 英文媒体报道能力强，整体高于日韩4所参照高校。我国内地高校 Google 新闻数量最高为清华大学，5608条，日韩参照高校最高新闻数量为京都大学4136条，而美国参照高校斯坦福大学则高达52700条。Google 传播力参照分析如图1-4所示。

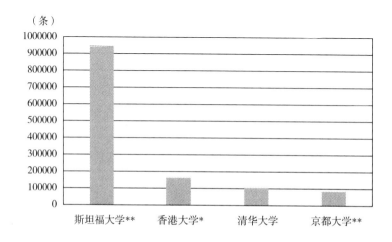

图1-4 Google 传播力参照分析

五、维度二：Wikipedia传播力

（一）海峡两岸暨港澳高校 Wikipedia 传播力全景得分

Wikipedia（维基百科）是网络百科全书项目，特点是自由内容、自由编辑，目前是全球网络最大的参考工具书。由于 Wikipedia 能迅速整理出最近发生事件的相关信息，并且任何人都能够深入整理数据内容，使其成为人们获取信息的一个重要来源。Wikipedia高校英文词条的建设在一定程度上反映了中国高校打造自身全球窗口的主动性和积极性。对 Wikipedia 词条的完整性、编辑次数、参与编辑用户数量、链接数量进行统计，按权重计算指标对应数据，得到 184 所中国高校 Wikipedia 传播力得分排名。具体如表 1－7所示。

表 1－7 中国 184 所高校 Wikipedia 传播力得分

排名	大学名称	Wikipedia 传播力指数	排名	大学名称	Wikipedia 传播力指数
1	南京大学	103352.75	20	澳门大学＊	37848.83
2	清华大学	96918.24	21	上海交通大学	37687.77
3	香港城市大学＊	85806.74	22	华中科技大学	36696.21
4	政治大学＊	75464.05	23	中国科学技术大学	35246.95
5	辅仁大学＊	75024.84	24	北京航空航天大学	33817.18
6	香港大学＊	70371.80	25	中国地质大学（北京）	33748.42
7	台湾大学＊	66695.87	26	中国地质大学（武汉）	33748.42
8	中山大学＊	60067.58	27	西南财经大学	32849.48
9	成功大学＊	50432.11	28	中国人民大学	32758.53
10	香港科技大学＊	48893.50	29	郑州大学	32175.85
11	吉林大学	48161.48	30	东南大学	32133.48
12	浙江大学	45184.34	31	同济大学	31794.71
13	北京大学	43885.97	32	香港理工大学＊	31356.50
14	哈尔滨工业大学	43491.46	33	北京科技大学	31178.16
15	台湾师范大学＊	43351.90	34	中山大学	30887.32
16	南开大学	42168.32	35	武汉大学	30151.74
17	中国传媒大学	41867.75	36	南京航空航天大学	29847.19
18	复旦大学	41223.78	37	华东师范大学	28626.80
19	香港中文大学＊	40767.64	38	厦门大学	28486.92

排名	大学名称	Wikipedia 传播力指数	排名	大学名称	Wikipedia 传播力指数
39	台湾科技大学 *	28138.04	74	上海外国语大学	21111.31
40	清华大学 *	28044.47	75	北京外国语大学	21040.23
41	东华大学	27862.75	76	西北工业大学	20974.37
42	中国美术学院	27432.48	77	西南大学	20711.57
43	中正大学 *	27027.18	78	南京理工大学	20404.41
44	亚洲大学 *	26938.41	79	苏州大学	20110.66
45	北京师范大学	26888.28	80	中央大学 *	20045.45
46	西安交通大学	26788.84	81	岭南大学 *	20038.93
47	交通大学 *	26703.09	82	中南财经政法大学	19944.70
48	中央财经大学	26592.23	83	上海大学	19724.29
49	云南大学	26364.66	84	湖南大学	19669.51
50	四川大学	26357.80	85	西北农林科技大学	19667.23
51	东华大学 *	26058.16	86	云林科技大学 *	19419.01
52	山东大学	26021.00	87	华南师范大学	19251.19
53	中央戏剧学院	25553.43	88	阳明大学 *	19042.52
54	西藏大学	25272.71	89	江南大学	18991.32
55	华南理工大学	25008.93	90	南京农业大学	18892.44
56	华中师范大学	24554.09	91	暨南大学	18889.60
57	东吴大学 *	24294.55	92	中国科学院大学	18874.28
58	彰化师范大学 *	24287.04	93	中国农业大学	18802.87
59	东海大学 *	24094.36	94	暨南国际大学 *	18709.62
60	天津大学	24080.66	95	广西大学	18558.65
61	西安电子科技大学	23570.62	96	重庆大学	18405.41
62	南京师范大学	23544.30	97	上海财经大学	18276.29
63	电子科技大学	23454.95	98	北京交通大学	18243.02
64	首都师范大学	22614.73	99	国防科学技术大学	18114.57
65	南京中医药大学	22604.43	100	武汉理工大学	17889.92
66	香港浸会大学 *	22573.97	101	中国药科大学	17789.83
67	华东理工大学	22471.93	102	中原大学 *	17641.80
68	中兴大学 *	22394.00	103	中央民族大学	17514.55
69	兰州大学	21755.59	104	北京邮电大学	17418.45
70	北京理工大学	21535.82	105	台北科技大学 *	17407.04
71	逢甲大学 *	21417.48	106	北京协和医学院	17365.54
72	台湾淡江大学 *	21350.96	107	中央音乐学院	17360.33
73	东北大学	21290.64	108	海南大学	17162.09

续表

排名	大学名称	Wikipedia 传播力指数	排名	大学名称	Wikipedia 传播力指数
109	台湾海洋大学 *	16819.82	144	大同大学 *	13948.20
110	太原理工大学	16813.30	145	北京林业大学	13927.42
111	中国人民公安大学	16573.24	146	西南石油大学	13894.49
112	安徽大学	16396.28	147	南昌大学	13863.84
113	中央美术学院	16370.34	148	贵州大学	13781.34
114	中南大学	16221.19	149	东北林业大学	13582.13
115	外交学院	16071.76	150	南京林业大学	13518.23
116	台北医学大学 *	15708.96	151	上海音乐学院	13174.24
117	内蒙古大学	15678.64	152	中国矿业大学（北京）	13077.31
118	北京工业大学	15644.40	153	中国矿业大学（徐州）	13077.31
119	新疆大学	15214.67	154	高雄第一科技大学 *	12943.40
120	陕西师范大学	15172.76	155	中国音乐学院	12825.60
121	河海大学	15017.73	156	辽宁大学	12694.53
122	宁波大学	14996.22	157	大连海事大学	12560.94
123	华中农业大学	14987.09	158	福州大学	12524.33
124	华北电力大学（保定）	14960.02	159	高雄医学大学 *	12322.27
125	华北电力大学（北京）	14960.02	160	第二军医大学	12286.55
126	河南大学	14927.42	161	第四军医大学	12045.68
127	台北大学 *	14859.93	162	哈尔滨工程大学	11946.66
128	四川农业大学	14848.19	163	东北师范大学	11873.62
129	中国石油大学（华东）	14841.25	164	南京信息工程大学	11715.63
130	成都中医药大学	14654.85	165	湖南师范大学	11508.68
131	合肥工业大学	14640.73	166	上海海洋大学	11215.00
132	中国海洋大学	14582.46	167	元智大学 *	11211.23
133	西南交通大学	14546.92	168	广州中医药大学	11190.13
134	成都理工大学	14513.01	169	中国医药大学（台湾） *	11134.13
135	长庚大学 *	14473.88	170	北京化工大学	10967.20
136	东北农业大学	14362.28	171	西北大学	10676.36
137	石河子大学	14326.74	172	高雄应用科技大学 *	10454.65
138	延边大学	14213.04	173	青海大学	10434.01
139	中国政法大学	14203.91	174	北京体育大学	10424.65
140	大连理工大学	14130.87	175	中华大学 *	10174.47
141	对外经济贸易大学	14057.19	176	上海体育学院	9970.69
142	河北工业大学	14036.97	177	宁夏大学	9715.39
143	天津医科大学	13980.56	178	长安大学	9699.89

排名	大学名称	Wikipedia 传播力指数	排名	大学名称	Wikipedia 传播力指数
179	天津工业大学	9531.41	182	中国石油大学（北京）	8496.20
180	北京中医药大学	9481.85	183	天津中医药大学	4591.55
181	南京邮电大学	8599.23	184	上海中医药大学	0.00

中国高校海外网络传播力 Wikipedia 维度得分最高的为南京大学 103352.75。台湾地区高校表现亮眼，有 5 所高校进入前十，而内地高校只有 2 所，分别为南京大学和清华大学。Wikipedia 传播力排名前十的高校依次为南京大学、清华大学、香港城市大学、政治大学、辅仁大学、香港大学、台湾大学、中山大学、成功大学、香港科技大学。

（二）中国内地高校 Wikipedia 传播力得分

我国内地高校 Wikipedia 传播力得分前十位的依次是南京大学、清华大学、吉林大学、浙江大学、北京大学、哈尔滨工业大学、南开大学、中国传媒大学、复旦大学、上海交通大学。我国内地高校 Wikipedia 传播力平均得分为 21104.15。具体如表 1-8 所示。

表 1-8　中国内地高校 Wikipedia 传播力得分

排名	大学名称	Wikipedia 传播力指数	排名	大学名称	Wikipedia 传播力指数
1	南京大学	103352.75	20	同济大学	31794.71
2	清华大学	96918.24	21	北京科技大学	31178.16
3	吉林大学	48161.48	22	中山大学	30887.32
4	浙江大学	45184.34	23	武汉大学	30151.74
5	北京大学	43885.97	24	南京航空航天大学	29847.19
6	哈尔滨工业大学	43491.46	25	华东师范大学	28626.80
7	南开大学	42168.32	26	厦门大学	28486.92
8	中国传媒大学	41867.75	27	东华大学	27862.75
9	复旦大学	41223.78	28	中国美术学院	27432.48
10	上海交通大学	37687.77	29	北京师范大学	26888.28
11	华中科技大学	36696.21	30	西安交通大学	26788.84
12	中国科学技术大学	35246.95	31	中央财经大学	26592.23
13	北京航空航天大学	33817.18	32	云南大学	26364.66
14	中国地质大学（北京）	33748.42	33	四川大学	26357.80
15	中国地质大学（武汉）	33748.42	34	山东大学	26021.00
16	西南财经大学	32849.48	35	中央戏剧学院	25553.43
17	中国人民大学	32758.53	36	西藏大学	25272.71
18	郑州大学	32175.85	37	华南理工大学	25008.93
19	东南大学	32133.48	38	华中师范大学	24554.09

排名	大学名称	Wikipedia 传播力指数	排名	大学名称	Wikipedia 传播力指数
39	天津大学	24080.66	74	北京协和医学院	17365.54
40	西安电子科技大学	23570.62	75	中央音乐学院	17360.33
41	南京师范大学	23544.30	76	海南大学	17162.09
42	电子科技大学	23454.95	77	太原理工大学	16813.30
43	首都师范大学	22614.73	78	中国人民公安大学	16573.24
44	南京中医药大学	22604.43	79	安徽大学	16396.28
45	华东理工大学	22471.93	80	中央美术学院	16370.34
46	兰州大学	21755.59	81	中南大学	16221.19
47	北京理工大学	21535.82	82	外交学院	16071.76
48	东北大学	21290.64	83	内蒙古大学	15678.64
49	上海外国语大学	21111.31	84	北京工业大学	15644.40
50	北京外国语大学	21040.23	85	新疆大学	15214.67
51	西北工业大学	20974.37	86	陕西师范大学	15172.76
52	西南大学	20711.57	87	河海大学	15017.73
53	南京理工大学	20404.41	88	宁波大学	14996.22
54	苏州大学	20110.66	89	华中农业大学	14987.09
55	中南财经政法大学	19944.70	90	华北电力大学（保定）	14960.02
56	上海大学	19724.29	91	华北电力大学（北京）	14960.02
57	湖南大学	19669.51	92	河南大学	14927.42
58	西北农林科技大学	19667.23	93	四川农业大学	14848.19
59	华南师范大学	19251.19	94	中国石油大学（华东）	14841.25
60	江南大学	18991.32	95	成都中医药大学	14654.85
61	南京农业大学	18892.44	96	合肥工业大学	14640.73
62	暨南大学	18889.60	97	中国海洋大学	14582.46
63	中国科学院大学	18874.28	98	西南交通大学	14546.92
64	中国农业大学	18802.87	99	成都理工大学	14513.01
65	广西大学	18558.65	100	东北农业大学	14362.28
66	重庆大学	18405.41	101	石河子大学	14326.74
67	上海财经大学	18276.29	102	延边大学	14213.04
68	北京交通大学	18243.02	103	中国政法大学	14203.91
69	国防科学技术大学	18114.57	104	大连理工大学	14130.87
70	武汉理工大学	17889.92	105	对外经济贸易大学	14057.19
71	中国药科大学	17789.83	106	河北工业大学	14036.97
72	中央民族大学	17514.55	107	天津医科大学	13980.56
73	北京邮电大学	17418.45	108	北京林业大学	13927.42

排名	大学名称	Wikipedia 传播力指数	排名	大学名称	Wikipedia 传播力指数
109	西南石油大学	13894.49	126	湖南师范大学	11508.68
110	南昌大学	13863.84	127	上海海洋大学	11215.00
111	贵州大学	13781.34	128	广州中医药大学	11190.13
112	东北林业大学	13582.13	129	北京化工大学	10967.20
113	南京林业大学	13518.23	130	西北大学	10676.36
114	上海音乐学院	13174.24	131	青海大学	10434.01
115	中国矿业大学（北京）	13077.31	132	北京体育大学	10424.65
116	中国矿业大学（徐州）	13077.31	133	上海体育学院	9970.69
117	中国音乐学院	12825.60	134	宁夏大学	9715.39
118	辽宁大学	12694.53	135	长安大学	9699.89
119	大连海事大学	12560.94	136	天津工业大学	9531.41
120	福州大学	12524.33	137	北京中医药大学	9481.85
121	第二军医大学	12286.55	138	南京邮电大学	8599.23
122	第四军医大学	12045.68	139	中国石油大学（北京）	8496.20
123	哈尔滨工程大学	11946.66	140	天津中医药大学	4591.55
124	东北师范大学	11873.62	141	上海中医药大学	0.00
125	南京信息工程大学	11715.63			

（三）Wikipedia 传播力具体指标分析

在 Wikipedia 传播力维度中，有 4 项指标，其权重如下：词条完整性占 5%，1 年内词条被编辑的次数占 5%，1 年内参与词条编辑的用户数量占 5%，链接（链入与链出）情况占 5%，总共在传播力测量中占 20% 的比重。

通过调研中国高校的 Wikipedia 词条，考察词条完整性，即是否包含官方定义、历史发展、地址、部门结构和外部链接 5 项指标；考察词条在最近 1 年的受关注程度，包括统计其被编辑次数、参与编辑的用户数量以及词条与其他词条的链接情况。

第一，词条完整性。184 所中国高校的 Wikipedia 词条普及率为 99.5%，只有上海中医药大学没有官方词条。词条完整的高校有 140 所，占 78.26%。词条完整，指词条同时包含高校官方定义、历史发展、地址、部门结构、外部链接 5 部分信息。词条中缺失最多的信息项是部门结构，25 所高校缺失；其次是历史发展，19 所高校缺失历史发展信息。其中，上海中医药大学、天津中医药大学 2 所高校的英文词条仅包含 1 项信息或没有上述任何信息。

第二，词条编辑。词条编辑次数总体不高，中国高校 1 年内平均词条被编辑次数为 24 次。各高校之间编辑次数差异大，被编辑次数最多的是南京大学，252 次；编辑次数在

10 次以下的有 55 所高校，此外，西北大学和上海中医药大学 2 所高校被编辑次数为 0。与我国港澳台地区高校相比，内地高校编辑次数和参与用户数量少。我国内地高校平均词条被编辑次数为 20 次、平均参与编辑用户数量为 10 人，58.9% 的内地高校参与编辑用户数量仅为个位数。而我国港澳台地区高校平均词条被编辑次数为 36 次、平均参与编辑用户数量为 16 人。

第三，词条链接。北京大学、清华大学、香港大学、台湾大学、复旦大学、香港中文大学词条链接在 184 所高校中位列前六，分别为 1890 条、1747 条、1559 条、1259 条、1148 条和 1104 条，均在 1000 条以上。500 条以上的还有浙江大学、南京大学、上海交通大学、政治大学、香港城市大学、中国人民大学、中山大学、南京师范大学、香港科技大学、香港理工大学、同济大学、武汉大学、辅仁大学、北京师范大学、华东师范大学共 15 所高校。链接少于 100 条的有 13 所高校，其中条数最少的为 28 条。

具体如表 1-9 所示。

表 1-9　中国高校 Wikipedia 传播力指标具体情况（按 Wikipedia 传播力得分排名）

排名	大学名称	是否有词条	官方定义	历史发展	地址	部门结构	外部链接	1 年内词条被编辑的次数（次）	1 年内参与词条编辑的用户数量（人）	链接情况（What Link Here）（条）
1	南京大学	1	1	1	1	1	1	252	35	882
2	清华大学	1	1	1	1	1	1	136	64	1747
3	香港城市大学*	1	1	1	1	1	1	149	58	657
4	政治大学*	1	1	1	1	0	1	134	46	665
5	辅仁大学*	1	1	1	1	1	1	148	41	521
6	香港大学*	1	1	1	1	1	1	80	46	1559
7	台湾大学*	1	1	1	1	1	1	102	34	1259
8	中山大学*	1	1	1	1	1	1	109	36	342
9	成功大学*	1	1	1	1	1	1	91	26	392
10	香港科技大学*	1	1	1	1	1	1	65	33	551
11	吉林大学	1	1	1	1	1	1	88	23	405
12	浙江大学	1	1	1	1	1	1	48	28	887
13	北京大学	1	1	1	1	1	1	32	14	1890
14	哈尔滨工业大学	1	1	1	1	1	1	68	24	418
15	台湾师范大学*	1	1	1	1	1	1	76	20	405
16	南开大学	1	1	1	1	1	1	81	15	420
17	中国传媒大学	1	1	1	1	1	1	54	30	313
18	复旦大学	1	1	1	1	1	1	39	20	1148
19	香港中文大学*	1	1	1	1	1	1	33	23	1104
20	澳门大学*	1	1	1	1	1	1	57	23	210

排名	大学名称	是否有词条	官方定义	历史发展	地址	部门结构	外部链接	1 年内词条被编辑的次数（次）	1 年内参与词条编辑的用户数量（人）	链接情况（What Link Here）（条）
21	上海交通大学	1	1	1	1	1	1	31	23	860
22	华中科技大学	1	1	1	1	1	1	66	13	382
23	中国科学技术大学	1	1	1	1	1	1	34	24	498
24	北京航空航天大学	1	1	1	1	1	1	62	11	311
25	中国地质大学（北京）	1	1	1	1	1	1	38	24	252
26	中国地质大学（武汉）	1	1	1	1	1	1	38	24	252
27	西南财经大学	1	1	1	1	1	1	49	18	192
28	中国人民大学	1	1	1	1	1	1	24	22	618
29	郑州大学	1	1	1	1	1	1	49	16	230
30	东南大学	1	1	1	1	1	1	34	19	456
31	同济大学	1	1	1	1	1	1	32	18	526
32	香港理工大学 *	1	1	1	1	1	1	26	20	535
33	北京科技大学	1	1	1	1	1	1	29	24	236
34	中山大学	1	1	1	1	1	1	21	20	618
35	武汉大学	1	1	1	1	1	1	24	19	522
36	南京航空航天大学	1	1	1	1	1	1	46	11	340
37	华东师范大学	1	1	1	1	1	1	23	17	504
38	厦门大学	1	1	1	1	1	1	30	15	414
39	东华大学	1	1	1	1	0	1	44	14	203
40	台湾科技大学 *	1	1	1	1	1	1	36	15	227
41	清华大学 *	1	1	1	1	1	1	25	17	397
42	中国美术学院	1	1	1	1	1	1	28	19	159
43	亚洲大学 *	1	1	1	1	1	1	37	16	191
44	中正大学 *	1	1	1	1	1	1	34	14	223
45	北京师范大学	1	1	1	1	1	1	26	12	517
46	西安交通大学	1	1	1	1	1	1	28	13	405
47	交通大学 *	1	1	1	1	1	1	25	15	371
48	中央财经大学	1	1	1	1	1	1	35	13	207
49	云南大学	1	1	1	1	1	1	25	17	236
50	四川大学	1	1	1	1	1	1	27	14	338
51	东华大学 *	1	1	1	1	1	1	33	13	207
52	山东大学	1	1	1	1	1	1	21	15	408
53	中央戏剧学院	1	1	1	1	1	1	29	13	261
54	西藏大学	1	1	1	1	1	1	27	14	234

排名	大学名称	是否有词条	官方定义	历史发展	地址	部门结构	外部链接	1年内词条被编辑的次数(次)	1年内参与词条编辑的用户数量(人)	链接情况(What Link Here)(条)
55	华南理工大学	1	1	1	1	1	1	21	15	311
56	华中师范大学	1	1	1	1	1	1	26	13	242
57	东吴大学*	1	1	1	1	1	1	19	14	345
58	彰化师范大学*	1	1	1	1	1	1	31	11	191
59	东海大学*	1	1	1	1	1	1	17	14	377
60	天津大学	1	1	1	1	1	1	22	13	299
61	西安电子科技大学	1	1	1	1	1	0	33	11	227
62	南京师范大学	1	1	1	1	1	1	16	10	555
63	电子科技大学	1	1	1	1	1	1	35	7	214
64	南京中医药大学	1	0	1	1	1	0	44	10	60
65	首都师范大学	1	1	1	1	1	1	25	12	133
66	香港浸会大学*	1	1	1	1	1	1	16	10	462
67	华东理工大学	1	1	1	1	1	1	20	13	196
68	中兴大学*	1	1	1	1	1	1	18	12	291
69	兰州大学	1	1	1	1	1	1	16	12	281
70	北京理工大学	1	1	1	1	1	1	19	9	337
71	逢甲大学*	1	1	1	1	1	1	17	12	223
72	台湾淡江大学*	1	1	1	1	1	1	13	12	319
73	东北大学	1	1	1	1	1	1	16	10	339
74	上海外国语大学	1	1	1	1	1	1	14	10	373
75	北京外国语大学	1	1	1	1	1	1	16	10	315
76	西北工业大学	1	1	1	1	1	1	15	11	283
77	西南大学	1	1	1	1	1	1	19	9	258
78	南京理工大学	1	1	1	1	1	1	24	4	357
79	苏州大学	1	1	1	1	1	1	12	11	277
80	中央大学*	1	1	1	1	1	1	13	8	399
81	岭南大学*	1	1	1	1	1	1	11	10	347
82	中南财经政法大学	1	1	1	1	1	1	16	10	210
83	云林科技大学*	1	1	1	1	1	1	18	11	213
84	上海大学	1	1	1	1	1	1	10	8	445
85	湖南大学	1	1	1	1	1	1	12	10	286
86	西北农林科技大学	1	1	1	1	1	1	15	10	209
87	南京农业大学	1	1	0	1	1	1	16	10	265
88	华南师范大学	1	1	1	1	1	1	14	9	246

排名	大学名称	是否有词条	官方定义	历史发展	地址	部门结构	外部链接	1年内词条被编辑的次数（次）	1年内参与词条编辑的用户数量（人）	链接情况（What Link Here）（条）
89	阳明大学 *	1	1	1	1	1	1	14	9	226
90	江南大学	1	1	1	1	1	1	18	8	170
91	暨南大学	1	1	1	1	1	1	10	8	365
92	中国科学院大学	1	1	1	1	1	1	15	10	133
93	中国农业大学	1	1	1	1	1	1	9	9	331
94	暨南国际大学 *	1	1	1	1	1	1	12	10	194
95	广西大学	1	1	1	1	1	1	16	7	231
96	重庆大学	1	1	1	1	1	1	11	8	293
97	上海财经大学	1	1	1	1	1	1	13	6	332
98	北京交通大学	1	1	1	1	1	1	17	4	329
99	国防科学技术大学	1	1	1	1	1	1	10	7	342
100	中央民族大学	1	1	1	1	0	1	13	9	261
101	武汉理工大学	1	1	1	1	1	1	12	8	218
102	中国药科大学	1	1	1	1	1	1	11	8	234
103	北京协和医学院	1	1	1	1	0	1	13	8	298
104	中央音乐学院	1	1	0	1	1	1	10	9	323
105	中原大学 *	1	1	0	1	0	1	9	8	271
106	海南大学	1	1	1	1	0	1	10	9	304
107	北京邮电大学	1	1	1	1	1	1	10	8	224
108	台北科技大学 *	1	1	1	1	1	1	12	7	223
109	中央美术学院	1	1	0	1	0	1	15	9	256
110	中国人民公安大学	1	1	1	1	0	1	16	9	94
111	台湾海洋大学 *	1	1	1	1	1	1	12	6	218
112	太原理工大学	1	1	1	1	1	1	10	8	166
113	外交学院	1	1	1	1	0	1	19	6	123
114	安徽大学	1	1	1	1	1	1	11	6	203
115	中南大学	1	1	1	1	1	1	8	6	263
116	陕西师范大学	1	1	0	0	1	1	12	9	218
117	石河子大学	1	1	0	1	1	1	8	7	186
118	台北医学大学 *	1	1	1	1	1	1	10	5	214
119	内蒙古大学	1	1	1	1	1	1	8	6	211
120	北京工业大学	1	1	1	1	1	1	14	3	208
121	中国石油大学（华东）	1	1	1	1	0	1	9	6	261
122	新疆大学	1	1	1	1	1	1	6	5	269

续表

排名	大学名称	是否有词条	官方定义	历史发展	地址	部门结构	外部链接	1年内词条被编辑的次数(次)	1年内参与词条编辑的用户数量(人)	链接情况（What Link Here）（条）
123	合肥工业大学	1	1	0	1	1	1	12	6	165
124	河海大学	1	1	1	1	1	1	5	4	327
125	宁波大学	1	1	1	1	1	1	9	6	120
126	华中农业大学	1	1	1	1	1	1	8	5	196
127	华北电力大学(保定)	1	1	1	1	1	1	7	5	219
128	华北电力大学(北京)	1	1	1	1	1	1	7	5	219
129	河南大学	1	1	1	1	1	1	8	6	139
130	台北大学 *	1	1	1	1	1	1	6	5	235
131	四川农业大学	1	1	1	1	1	1	7	6	157
132	东北农业大学	1	1	1	1	0	1	7	7	215
133	成都中医药大学	1	1	1	1	1	1	9	7	36
134	中国海洋大学	1	1	1	1	1	1	5	5	234
135	西南交通大学	1	1	1	1	1	1	6	5	205
136	成都理工大学	1	1	1	1	1	1	8	7	48
137	长庚大学 *	1	1	1	1	1	1	6	5	198
138	大同大学 *	1	1	1	1	1	0	8	6	201
139	延边大学	1	1	1	1	1	1	6	5	173
140	中国政法大学	1	1	1	1	1	1	5	4	249
141	大连理工大学	1	1	1	1	1	1	5	4	242
142	对外经济贸易大学	1	1	1	1	1	1	9	6	30
143	河北工业大学	1	1	1	1	1	1	5	4	233
144	天津医科大学	1	1	1	1	1	1	6	4	202
145	北京林业大学	1	1	1	1	1	1	8	3	197
146	西南石油大学	1	1	1	1	1	1	8	6	40
147	南昌大学	1	1	1	1	1	1	4	4	242
148	贵州大学	1	1	1	1	1	1	8	3	183
149	东北林业大学	1	1	1	1	1	1	4	4	215
150	南京林业大学	1	1	1	1	1	1	5	5	132
151	中国矿业大学(北京)	1	1	1	1	0	1	6	5	220
152	中国矿业大学(徐州)	1	1	1	1	0	1	6	5	220
153	中国音乐学院	1	1	1	1	0	1	7	6	119
154	上海音乐学院	1	1	1	1	1	1	6	3	176
155	辽宁大学	1	1	0	1	1	1	7	4	209
156	第二军医大学	1	1	0	1	0	1	9	6	172

续表

排名	大学名称	是否有词条	官方定义	历史发展	地址	部门结构	外部链接	1年内词条被编辑的次数（次）	1年内参与词条编辑的用户数量（人）	链接情况（What Link Here）（条）
157	高雄第一科技大学 *	1	1	1	1	1	1	7	4	77
158	福州大学	1	1	0	1	1	1	6	5	167
159	大连海事大学	1	1	1	1	1	1	3	3	194
160	南京信息工程大学	1	0	0	1	1	1	9	7	66
161	第四军医大学	1	1	1	1	0	1	5	4	198
162	高雄医学大学 *	1	1	1	1	1	1	2	2	248
163	元智大学 *	1	1	1	1	1	1	6	5	197
164	哈尔滨工程大学	1	1	1	1	1	1	2	2	212
165	湖南师范大学	1	1	0	1	1	1	3	3	249
166	东北师范大学	1	1	1	1	1	1	2	2	205
167	广州中医药大学	1	1	1	1	0	1	5	4	116
168	上海海洋大学	1	1	1	1	1	1	3	3	65
169	中国医药大学（台湾）*	1	1	1	1	1	1	1	1	211
170	北京化工大学	1	1	1	1	1	1	1	1	195
171	长安大学	1	0	0	1	1	1	6	5	208
172	青海大学	1	0	1	1	1	1	3	3	146
173	西北大学	1	1	1	1	1	1	0	0	244
174	中华大学 *	1	1	1	1	1	0	2	2	198
175	高雄应用科技大学 *	1	1	1	1	1	1	2	2	69
176	北京体育大学	1	1	1	1	1	1	1	1	143
177	上海体育学院	1	1	1	1	0	1	4	3	76
178	天津工业大学	1	1	0	1	0	1	6	5	36
179	北京中医药大学	1	1	1	0	0	1	4	3	185
180	宁夏大学	1	1	1	1	0	1	2	2	154
181	南京邮电大学	1	1	0	1	1	0	3	3	126
182	中国石油大学(北京)	1	1	1	1	0	1	2	2	193
183	天津中医药大学	1	1	0	0	0	0	4	3	28
184	上海中医药大学	0	0	0	0	0	0	0	0	0

注："1"表示高校含有此项，"0"表示高校此项指标缺失，下同。

（四）参照分析

将我国内地高校与国外参照高校对比，与 4 所美国高校相比，还有不小差距，但对比日韩高校，我国高校在 Wikipedia 的传播力表现亮眼。我国内地高校 Wikipedia 传播力有 2

所高校得分超过日韩参照高校最高分 62334.28（东京大学），分别是南京大学 103352.40 和清华大学 96918.24。我国内地高校词条完整性和被编辑次数、参与编辑用户量上不如日韩参照高校。虽然我国内地高校英文词条普及率为 99.5%，只有 1 所高校没有官方词条，但在词条完整性上低于日韩参照高校。日韩参照高校英文词条均含有高校官方定义、历史发展、地址、部门结构、外部链接 5 部分信息，而我国内地高校只有 74.47% 的高校词条完整。在词条被编辑次数和参与编辑用户数量上，我国内地高校平均词条被编辑次数为 20 次、平均参与编辑用户数量为 10 人，日韩参照高校平均词条被编辑次数为 42 次、平均参与编辑用户数量为 25 人。日韩参照高校 Wikipedia 英文词条的编辑频率和参与编辑人数高于我国内地高校。

　　我国内地高校 Wikipedia 传播力整体上弱于港澳台地区高校。我国港澳台地区高校 Wikipedia 传播力排名第一为香港城市大学，85806.45，低于内地高校排名第一的南京大学；我国内地高校 Wikipedia 传播力平均得分 21104.15，港澳台地区高校 Wikipedia 传播力平均得分为 29901.36，约为我国内地高校的 1.5 倍。Wiki pedia 传播力参照分析如图 1-5。

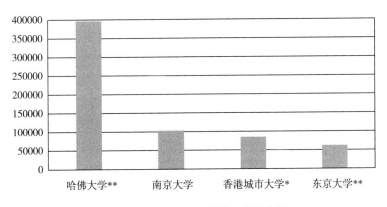

图 1-5　Wikipedia 传播力参照分析

六、维度三：Twitter传播力

（一）海峡两岸暨港澳高校 Twitter 传播力全景得分

　　通过在 Twitter 官网上搜索各高校英文名称和英文简称，筛选出高校 Twitter 账号，查看其是否有官方认证账号，收集其粉丝数量、1 年内发布的内容数量、1 年内单条推文最高转发量、1 年内单条推文最多评论量的数据。按权重计算指标对应数据，得到 184 所中国高校 Twitter 传播力得分排名。

在 Twitter 传播力维度中，两极分化现象严重。184 所高校中仅 31.49% 的高校有 Twitter 账号，内地高校中仅北京大学、清华大学、中国美术学院 3 所高校拥有 Twitter 官方认证账号。Twitter 传播力最高的为中国美术学院，188756.52，得分最低的高校为 0，差距极大。

中国高校 Twitter 传播力平均得分为 4237.69。排名前十位的高校依次为中国美术学院、清华大学、香港理工大学、北京大学、台北医学大学、香港浸会大学、香港大学、北京航空航天大学、香港中文大学、华东师范大学。具体如表 1 - 10 所示。

表 1 - 10　中国高校 Twitter 传播力排名

排名	大学名称	Twitter 传播力得分	排名	大学名称	Twitter 传播力得分
1	中国美术学院	188756.52	28	辽宁大学	38.24
2	清华大学	145507.96	29	西安电子科技大学	33.95
3	香港理工大学 *	143024.82	30	合肥工业大学	29.65
4	北京大学	100545.08	31	成功大学 *	29.26
5	台北医学大学 *	43081.10	32	西安交通大学	27.31
6	香港浸会大学 *	30750.69	33	北京师范大学	23.80
7	香港大学 *	28764.74	34	云林科技大学 *	23.80
8	北京航空航天大学	21117.70	35	上海财经大学	23.41
9	香港中文大学 *	15186.27	36	华南理工大学	22.24
10	华东师范大学	13117.25	37	北京外国语大学	16.00
11	石河子大学	10296.14	38	南京大学	13.66
12	浙江大学	7852.66	39	重庆大学	13.66
13	岭南大学 *	6951.32	40	河南大学	12.10
14	香港城市大学 *	5493.39	41	华中农业大学	9.75
15	湖南大学	2637.95	42	河海大学	7.41
16	武汉大学	2565.26	43	对外经济贸易大学	5.85
17	澳门大学 *	2479.39	44	华中师范大学	5.85
18	上海外国语大学	1473.61	45	同济大学	5.46
19	宁波大学	1461.14	46	西南交通大学	5.46
20	南京航空航天大学	1336.10	47	哈尔滨工业大学	4.29
21	陕西师范大学	736.53	48	华南师范大学	4.29
22	复旦大学	605.17	49	天津大学	3.12
23	香港科技大学 *	597.76	50	东南大学	2.34
24	山东大学	381.51	51	南京理工大学	1.95
25	上海交通大学	243.86	52	暨南国际大学 *	1.95
26	福州大学	101.21	53	大同大学 *	0.39
27	四川大学	67.50			

注：未列出学校得分为 0。

（二）中国内地高校 Twitter 传播力得分

在我国内地 141 所高校的 Twitter 传播力中，仅有 40 所高校有得分，即仅 28% 的内地高校拥有 Twitter 账号。排名第一位的中国美术学院得分 188756.52，第二位是清华大学，得分 145507.96，第三位是北京大学，得分 100545.08。

我国内地高校 Twitter 传播力平均得分为 3539.81，排名前十位的高校依次为中国美术学院、清华大学、北京大学、北京航空航天大学、华东师范大学、石河子大学、浙江大学、湖南大学、武汉大学、上海外国语大学。具体如表 1－11 所示。

表 1－11　中国内地高校 Twitter 传播力得分

排名	大学名称	Twitter 传播力得分	排名	大学名称	Twitter 传播力得分
1	中国美术学院	188756.52	21	合肥工业大学	29.65
2	清华大学	145507.96	22	西安交通大学	27.31
3	北京大学	100545.08	23	北京师范大学	23.80
4	北京航空航天大学	21117.70	24	上海财经大学	23.41
5	华东师范大学	13117.25	25	华南理工大学	22.24
6	石河子大学	10296.14	26	北京外国语大学	16.00
7	浙江大学	7852.66	27	南京大学	13.66
8	湖南大学	2637.95	28	重庆大学	13.66
9	武汉大学	2565.26	29	河南大学	12.10
10	上海外国语大学	1473.61	30	华中农业大学	9.75
11	宁波大学	1461.14	31	河海大学	7.41
12	南京航空航天大学	1336.10	32	对外经济贸易大学	5.85
13	陕西师范大学	736.53	33	华中师范大学	5.85
14	复旦大学	605.17	34	同济大学	5.46
15	山东大学	381.51	35	西南交通大学	5.46
16	上海交通大学	243.86	36	哈尔滨工业大学	4.29
17	福州大学	101.21	37	华南师范大学	4.29
18	四川大学	67.50	38	天津大学	3.12
19	辽宁大学	38.24	39	东南大学	2.34
20	西安电子科技大学	33.95	40	南京理工大学	1.95

注：未列出高校得分为 0。

（三）Twitter 传播力具体指标分析

在 Twitter 传播力维度中，有 5 项指标，其权重如下：是否拥有官方账号占 3%，粉丝数量占 3%，1 年内发布的内容数量占 3%，1 年内单条推文最高转发量占 3%，1 年内单条推文最多评论量占3%，共在传播力测量中占比15%。从粉丝数量、发布的内容数量、转发量、评论量等综合考察高校在 Twitter 平台上的建设情况。其中，中国美术学院在 Twitter 平台上综合建设最好，其粉丝数量为4213的内容、1年内发布的内容数量为644条、最高转发量为106条、最多评论量为891条。

第一，在 Twitter 账号方面。184 所高校只有 53 所高校有 Twitter 账号（见图 1-6），且其中只有香港理工大学、北京大学、清华大学和中国美术学院拥有官方认证账号。

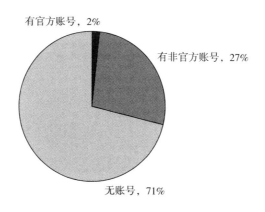

图 1-6　Twitter 账号建设情况

第二，在粉丝数量方面。中国高校的 Twitter 账号平均粉丝数量为 369 人次；拥有 5000 个粉丝以上的高校有香港理工大学、清华大学、香港大学 3 所大学，约占总数的 9%。

第三，在发布内容数量方面。中国高校 1 年内平均发布的内容量为 22 条；共有 23 所高校在 1 年内发布过信息，发布最多的是香港理工大学，共 797 条，其次为清华大学，共 700 条。1 年内发布的内容数量在 100 条以上的还有北京大学、华东师范大学、清华大学、石河子大学、中国美术学院、台北医学大学、香港大学、香港浸会大学、香港中文大学、香港理工大学 10 所高校。

第四，在 1 年内单条推文的最高转发量和最多评论量方面。1 年内单条推文最高转发量的是中国美术学院，达 106 次，1 年内单条推文最多评论量的也是中国美术学院，达 891 次。既有转发量又有评论量的高校有中国美术学院、香港理工大学、北京大学、清华大学、台北医学大学、香港浸会大学、香港大学、北京航空航天大学、香港中文大学、华东师范大学、浙江大学、岭南大学、香港城市大学、湖南大学、武汉大学、澳门大学、宁波大学、上海外国语大学、南京航空航天大学 19 所高校。具体如表 1-12 所示。

表 1 – 12　Twitter 传播力 5 项指标具体情况（按 Twitter 传播力得分排名）

排名	大学名称	是否有官方认证账号	粉丝数量（人次）	一年内发布的内容数量（人次）	1 年内单条推文最高转发量（次）	1 年内单条推文最多评论量（次）	Twitter 传播力得分
1	中国美术学院	1	4213	644	106	891	188756.52
2	清华大学	1	27583	700	31	75	145507.96
3	香港理工大学 *	1	11651	797	10	28	143024.82
4	北京大学	1	4327	344	33	44	100545.08
5	台北医学大学 *	0	110	440	2	5	43081.10
6	香港浸会大学 *	0	403	304	4	12	30750.69
7	香港大学 *	0	7799	201	26	47	28764.74
8	北京航空航天大学	0	722	67	38	157	21117.70
9	香港中文大学 *	0	1022	103	25	24	15186.27
10	华东师范大学	0	349	125	2	11	13117.25
11	石河子大学	0	16	106	0	1	10296.14
12	浙江大学	0	202	70	4	8	7852.66
13	岭南大学 *	0	172	51	10	10	6951.32
14	香港城市大学 *	0	2346	32	7	9	5493.39
15	湖南大学	0	63	20	2	7	2637.95
16	武汉大学	0	941	9	5	11	2565.26
17	澳门大学 *	0	194	17	3	6	2479.39
18	上海外国语大学	0	335	3	3	11	1473.61
19	宁波大学	0	74	11	1	4	1461.14
20	南京航空航天大学	0	182	4	3	8	1336.10
21	陕西师范大学	0	7	7	0	1	736.53
22	复旦大学	0	1551	0	0	0	605.17
23	香港科技大学 *	0	1532	0	0	0	597.76
24	山东大学	0	483	2	0	0	381.51
25	上海交通大学	0	625	0	0	0	243.86
26	福州大学	0	12	1	0	0	101.21
27	四川大学	0	173	0	0	0	67.50
28	辽宁大学	0	98	0	0	0	38.24
29	西安电子科技大学	0	87	0	0	0	33.95
30	合肥工业大学	0	76	0	0	0	29.65
31	成功大学 *	0	75	0	0	0	29.26
32	西安交通大学	0	70	0	0	0	27.31
33	北京师范大学	0	61	0	0	0	23.80

续表

排名	大学名称	是否有官方认证账号	粉丝数量（人次）	一年内发布的内容数量（人次）	1年内单条推文最高转发量（次）	1年内单条推文最多评论量（次）	Twitter传播力得分
34	云林科技大学*	0	61	0	0	0	23.80
35	上海财经大学	0	60	0	0	0	23.41
36	华南理工大学	0	57	0	0	0	22.24
37	北京外国语大学	0	41	0	0	0	16.00
38	南京大学	0	35	0	0	0	13.66
39	重庆大学	0	35	0	0	0	13.66
40	河南大学	0	31	0	0	0	12.10
41	华中农业大学	0	25	0	0	0	9.75
42	河海大学	0	19	0	0	0	7.41
43	对外经济贸易大学	0	15	0	0	0	5.85
44	华中师范大学	0	15	0	0	0	5.85
45	同济大学	0	14	0	0	0	5.46
46	西南交通大学	0	14	0	0	0	5.46
47	哈尔滨工业大学	0	11	0	0	0	4.29
48	华南师范大学	0	11	0	0	0	4.29
49	天津大学	0	8	0	0	0	3.12
50	东南大学	0	6	0	0	0	2.34
51	南京理工大学	0	5	0	0	0	1.95
52	暨南国际大学*	0	5	0	0	0	1.95
53	大同大学*	0	1	0	0	0	0.39

（四）Twitter 参照分析

我国内地高校 Twitter 平台传播建设有所忽视，且高校之间差距巨大。只有北京大学、清华大学的 Twitter 账号得到官方认证，发布信息数超过 300 次的也只有北京大学、清华大学、中国美术学院 3 家高校。同时有超过 50 家内地高校在 Twitter 传播力上得分为 0。

我国 Twitter 传播力得分最高的高校是中国美术学院，为 188756.52，其得分已经超过了日韩参照高校中 Twitter 传播力最高得分的东京大学，东京大学的得分为 90982.15。中国美术学院 Twitter 官方账号的粉丝人数为 4213 人，东京大学 Twitter 官方账号粉丝数量为 4449 人，除去粉丝数量这 1 项指标，中国美术学院的其他指标都远远超过东京大学。其 1 年内发布的内容数量、1 年内单条推文最高转发量、1 年内单条推文最多评论量都遥遥领先东京大学。

在 1 年内单条推文最高转发量与最多评论量上，中国美术学院已经超过了港澳台地区高校中得分最高的香港理工大学。但是香港理工大学的 Twitten 账号粉丝数量为 11651 人，1 年内发布的内容数量为 797 条，这些数据都超过中国美术学院。

但与美国参照高校相比还存在诸多不足，美国参照高校得分最高的是哈佛大学，1399781.54。其得分是中国美术学院的 7.41 倍。哈佛大学 Twitter 官方账号的粉丝数量为 892734 人，1 年发布的内容数量为 1429 条、1 年内单条推文最高转发量为 3288 次、一年内单条推文最多评论量为 6903 次，而中国美术学院对应的指标数分别是 4213 人、644 条、106 次、891 次，与哈佛大学存在巨大差异。Twitter 传播力参照分析如图 1 - 7 所示。

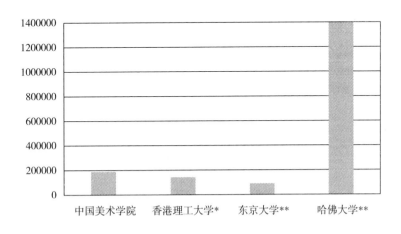

图 1 - 7　Twitter 传播力参照分析

七、维度四：Facebook传播力

（一）海峡两岸暨港澳高校 Facebook 传播力全景得分

通过在 Facebook 官网上搜索各高校英文名称和英文简称，筛选出高校的 Facebook 主页，采集是否有官方认证账号、好友数量、1 年内发布的内容数量、1 年内单条内容最高点赞数 4 个方面的数据。按其权重计算指标对应数据，得到 192 所高校 Facebook 传播力得分排名。具体如表 1 - 13 所示。

在中国高校中，共计 7 所高校 Facebook 账号获官方认证，分别是清华大学、北京大学、台湾师范大学、香港浸会大学、元智大学、香港科技大学、香港城市大学。每所大学的平均好友数量为 8930 人次。年均内容发布数量为 56 条，仅有 15% 的高校年均发布内容数量在 100 条以上。

在 Facebook 传播力维度中，中国高校平均得分为 11722.39，最高分为北京大学（391981.89）。排名前十位的依次是北京大学、台湾师范大学、清华大学、香港大学、南京航空航天大学、香港科技大学、元智大学、台湾大学、香港城市大学、香港中文大学。

表 1-13　中国高校 Facebook 传播力得分

排名	大学名称	Facebook 传播力得分	排名	大学名称	Facebook 传播力得分
1	北京大学	391981.89	32	高雄第一科技大学 *	13659.03
2	台湾师范大学 *	118999.62	33	石河子大学	12497.75
3	清华大学	112272.36	34	中山大学 *	12163.71
4	香港大学 *	111371.55	35	华东师范大学	10279.80
5	南京航空航天大学	107161.32	36	东华大学 *	9337.30
6	香港科技大学 *	96315.06	37	政治大学 *	9180.25
7	元智大学 *	89570.34	38	暨南国际大学 *	8465.31
8	台湾大学 *	81428.61	39	阳明大学 *	8007.90
9	香港城市大学 *	80235.62	40	郑州大学	7838.24
10	香港中文大学 *	63764.97	41	高雄医学大学 *	5942.75
11	台北大学 *	55086.86	42	北京师范大学	5464.86
12	交通大学 *	54675.83	43	吉林大学	3828.87
13	台北医学大学 *	53561.18	44	同济大学	3811.90
14	澳门大学 *	50038.71	45	大连理工大学	3584.96
15	云林科技大学 *	49807.16	46	华中科技大学	2892.62
16	东海大学 *	48307.54	47	山东大学	2815.71
17	香港浸会大学 *	43346.61	48	西北大学	2801.00
18	中华大学 *	36258.15	49	中国药科大学	2614.76
19	岭南大学 *	35961.58	50	中原大学 *	2539.80
20	亚洲大学 *	35330.01	51	成都中医药大学	2387.58
21	香港理工大学 *	33305.79	52	北京航空航天大学	2002.47
22	清华大学 *	31888.29	53	湖南师范大学	1982.66
23	成功大学 *	31374.52	54	武汉大学	1934.42
24	中兴大学 *	30827.04	55	中国科学院大学	1585.88
25	辅仁大学 *	30073.18	56	厦门大学	1215.02
26	东华大学	28676.53	57	上海财经大学	1150.23
27	大同大学 *	20700.48	58	台湾科技大学 *	1138.16
28	逢甲大学 *	17585.28	59	中山大学	1104.78
29	浙江大学	16681.25	60	天津大学	1052.05
30	东吴大学 *	15147.41	61	江南大学	1028.43
31	中央大学 *	14212.16	62	湖南大学	1026.41

排名	大学名称	Facebook 传播力得分	排名	大学名称	Facebook 传播力得分
63	上海外国语大学	846.61	98	高雄应用科技大学 *	102.86
64	华中农业大学	838.80	99	南京林业大学	99.66
65	天津工业大学	667.01	100	天津中医药大学	98.56
66	贵州大学	624.91	101	陕西师范大学	92.04
67	台湾海洋大学 *	578.98	102	上海音乐学院	82.90
68	北京体育大学	539.96	103	东北大学	82.68
69	东南大学	527.87	104	中国石油大学（北京）	80.61
70	复旦大学	517.08	105	南昌大学	77.68
71	华北电力大学（保定）	487.15	106	北京理工大学	70.82
72	中国石油大学（华东）	474.43	107	中国海洋大学	69.63
73	南京大学	439.77	108	西南交通大学	68.86
74	西南大学	438.97	109	南开大学	64.84
75	新疆大学	392.17	110	宁波大学	64.73
76	哈尔滨工业大学	355.20	111	广州中医药大学	63.53
77	中国政法大学	281.22	112	上海中医药大学	61.47
78	哈尔滨工程大学	272.52	113	台湾淡江大学 *	60.70
79	北京化工大学	249.97	114	中南大学	57.44
80	上海交通大学	247.50	115	西安交通大学	50.04
81	中国地质大学（北京）	239.34	116	华北电力大学（北京）	47.54
82	上海海洋大学	224.28	117	中国地质大学（武汉）	47.00
83	中国人民大学	197.13	118	华南理工大学	44.06
84	中国人民公安大学	197.13	119	上海体育学院	37.86
85	中央财经大学	196.93	120	重庆大学	36.66
86	武汉理工大学	195.17	121	北京交通大学	36.55
87	南京农业大学	176.67	122	上海大学	36.23
88	河海大学	155.24	123	大连海事大学	35.14
89	对外经济贸易大学	154.70	124	苏州大学	34.92
90	西安电子科技大学	154.26	125	西南石油大学	34.70
91	西北工业大学	154.13	126	中正大学 *	34.05
92	中国矿业大学（北京）	135.23	127	延边大学	33.29
93	辽宁大学	122.61	128	中国矿业大学（徐州）	31.88
94	中国农业大学	111.62	129	福州大学	31.77
95	太原理工大学	107.81	130	中国美术学院	30.35
96	天津医科大学	105.85	131	宁夏大学	29.70
97	西南财经大学	104.88	132	华中师范大学	27.63

排名	大学名称	Facebook 传播力得分	排名	大学名称	Facebook 传播力得分
133	四川农业大学	27.41	156	中国音乐学院	7.18
134	南京邮电大学	26.11	157	长安大学	6.53
135	南京中医药大学	25.35	158	合肥工业大学	5.98
136	华南师范大学	21.21	159	中央民族大学	5.66
137	北京工业大学	20.89	160	安徽大学	5.33
138	南京师范大学	20.23	161	首都师范大学	5.00
139	北京外国语大学	19.26	162	台北科技大学 *	4.79
140	四川大学	19.26	163	东北农业大学	4.68
141	中央音乐学院	19.26	164	中国传媒大学	4.46
142	电子科技大学	17.84	165	华东理工大学	3.70
143	暨南大学	17.62	166	内蒙古大学	3.48
144	北京邮电大学	15.99	167	北京协和医学院	3.15
145	北京中医药大学	15.45	168	北京科技大学	2.72
146	海南大学	13.93	169	中南财经政法大学	2.61
147	河南大学	13.82	170	东北师范大学	2.39
148	南京理工大学	13.49	171	中国科学技术大学	1.41
149	北京林业大学	11.42	172	中国医药大学（台湾）*	1.41
150	兰州大学	10.44	173	中央戏剧学院	1.31
151	外交学院	10.34	174	彰化师范大学 *	1.20
152	河北工业大学	8.38	175	西藏大学	0.87
153	中央美术学院	7.94	176	青海大学	0.44
154	云南大学	7.51	177	成都理工大学	0.33
155	长庚大学 *	7.29			

注：带 * 为我国港澳台地区高校；未列出学校得分为 0。

（二）中国内地高校 Facebook 传播力得分

我国内地高校 Facebook 传播力得分前十名依次为：北京大学、清华大学、南京航空航天大学、东华大学、浙江大学、石河子大学、华东师范大学、郑州大学、北京师范大学、吉林大学。得分在 10000 以上的高校共计 7 所，得分在 1000 以上高校有 27 所，我国内地高校 Facebook 传播力平均得分为 5282.26 分。具体如表 1-14 所示。

表 1-14　中国内地高校 Facebook 传播力得分排名

排名	大学名称	Facebook 传播力得分	排名	大学名称	Facebook 传播力得分
1	北京大学	391981.89	3	南京航空航天大学	107161.32
2	清华大学	112272.36	4	东华大学	28676.53

续表

排名	大学名称	Facebook 传播力得分	排名	大学名称	Facebook 传播力得分
5	浙江大学	16681.25	40	哈尔滨工业大学	355.20
6	石河子大学	12497.75	41	中国政法大学	281.22
7	华东师范大学	10279.80	42	哈尔滨工程大学	272.52
8	郑州大学	7838.24	43	北京化工大学	249.97
9	北京师范大学	5464.86	44	上海交通大学	247.50
10	吉林大学	3828.87	45	中国地质大学（北京）	239.34
11	同济大学	3811.90	46	上海海洋大学	224.28
12	大连理工大学	3584.96	47	中国人民大学	197.13
13	华中科技大学	2892.62	48	中国人民公安大学	197.13
14	山东大学	2815.71	49	中央财经大学	196.93
15	西北大学	2801.00	50	武汉理工大学	195.17
16	中国药科大学	2614.76	51	南京农业大学	176.67
17	成都中医药大学	2387.58	52	河海大学	155.24
18	北京航空航天大学	2002.47	53	对外经济贸易大学	154.70
19	湖南师范大学	1982.66	54	西安电子科技大学	154.26
20	武汉大学	1934.42	55	西北工业大学	154.13
21	中国科学院大学	1585.88	56	中国矿业大学（北京）	135.23
22	厦门大学	1215.02	57	辽宁大学	122.61
23	上海财经大学	1150.23	58	中国农业大学	111.62
24	中山大学	1104.78	59	太原理工大学	107.81
25	天津大学	1052.05	60	天津医科大学	105.85
26	江南大学	1028.43	61	西南财经大学	104.88
27	湖南大学	1026.41	62	南京林业大学	99.66
28	上海外国语大学	846.61	63	天津中医药大学	98.56
29	华中农业大学	838.80	64	陕西师范大学	92.04
30	天津工业大学	667.01	65	上海音乐学院	82.90
31	贵州大学	624.91	66	东北大学	82.68
32	北京体育大学	539.96	67	中国石油大学（北京）	80.61
33	东南大学	527.87	68	南昌大学	77.68
34	复旦大学	517.08	69	北京理工大学	70.82
35	华北电力大学（保定）	487.15	70	中国海洋大学	69.63
36	中国石油大学（华东）	474.43	71	西南交通大学	68.86
37	南京大学	439.77	72	南开大学	64.84
38	西南大学	438.97	73	宁波大学	64.73
39	新疆大学	392.17	74	广州中医药大学	63.53

续表

排名	大学名称	Facebook 传播力得分	排名	大学名称	Facebook 传播力得分
75	上海中医药大学	61.47	105	北京邮电大学	15.99
76	中南大学	57.44	106	北京中医药大学	15.45
77	西安交通大学	50.04	107	海南大学	13.93
78	华北电力大学（北京）	47.54	108	河南大学	13.82
79	中国地质大学（武汉）	47.00	109	南京理工大学	13.49
80	华南理工大学	44.06	110	北京林业大学	11.42
81	上海体育学院	37.86	111	兰州大学	10.44
82	重庆大学	36.66	112	外交学院	10.34
83	北京交通大学	36.55	113	河北工业大学	8.38
84	上海大学	36.23	114	中央美术学院	7.94
85	大连海事大学	35.14	115	云南大学	7.51
86	苏州大学	34.92	116	中国音乐学院	7.18
87	西南石油大学	34.70	117	长安大学	6.53
88	延边大学	33.29	118	合肥工业大学	5.98
89	中国矿业大学（徐州）	31.88	119	中央民族大学	5.66
90	福州大学	31.77	120	安徽大学	5.33
91	中国美术学院	30.35	121	首都师范大学	5.00
92	宁夏大学	29.70	122	东北农业大学	4.68
93	华中师范大学	27.63	123	中国传媒大学	4.46
94	四川农业大学	27.41	124	华东理工大学	3.70
95	南京邮电大学	26.11	125	内蒙古大学	3.48
96	南京中医药大学	25.35	126	北京协和医学院	3.15
97	华南师范大学	21.21	127	北京科技大学	2.72
98	北京工业大学	20.89	128	中南财经政法大学	2.61
99	南京师范大学	20.23	129	东北师范大学	2.39
100	北京外国语大学	19.26	130	中国科学技术大学	1.41
101	四川大学	19.26	131	中央戏剧学院	1.31
102	中央音乐学院	19.26	132	西藏大学	0.87
103	电子科技大学	17.84	133	青海大学	0.44
104	暨南大学	17.62	134	成都理工大学	0.33

注：未列出学校得分为 0。

（三）Facebook 传播力具体指标分析

在 Facebook 传播力维度中，有 4 项指标，其权重如下：是否有 Facebook 官方认证账号占 3%，好友数量占 4%，1 年内发布的内容数量占 4%，1 年内单条内容最高点赞数占 4%，总共在传播力测量中占 15% 的比重。

第一，官方认证账号方面。在中国高校中有 7 所高校 Facebook 账号获官方认证，分别是清华大学、北京大学、台湾师范大学、香港浸会大学、元智大学、香港科技大学、香港城市大学。

第二，好友数量方面。中国高校 Facebook 主页的平均好友数量为 8930 人次。关注人数在 100000 人次以上的高校有 3 所，不到总体的 1%；除北京大学、清华大学、南京航天航空大学外，全部是我国港澳台地区高校。关注人数在 1 万~10 万人次的高校有 25 所，约占总体的 13.6%；其中有 23 所我国香港和台湾地区高校、有 2 所我国内地高校（见图 1 - 8）。

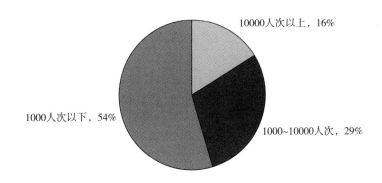

图 1 - 8　中国高校 Facebook 好友数量对比

第三，1 年内发布的内容数量方面。中国高校平均内容发布数量为 357 条。我国内地高校平均发布内容数量为 32.87 条，内容发布量在 100 条以上的高校有 12 个，占总体的 8.5%；内容发布量在 50~100 条的高校有 9 个，占整体的 6.4%；其中 51 所高校主页 1 年内内容发布数量为零，占总体的 36.17%。

第四，1 年内单条内容最高赞数方面。中国高校 1 年内单条内容最高赞数的平均值为 56 次。1 年内单条内容点赞量超过 10000 次以上的仅有北京大学与南京航空航天大学，单条内容点赞量分别达到 38000 次和 11000 次。单条内容点赞量在 1000~10000 次的有 11 所，其中仅有 1 所内地高校，为东华大学。

具体如表 1 - 15 所示。

表 1 - 15　Facebook 传播力 4 项指标具体情况（按 Facebook 传播力得分排名）

排名	中文名称	是否有官方认证账号	好友数量（人次）	1 年内发布的内容数量（条）	1 年内最高单条内容点赞数（次）	Facebook 传播力得分
1	北京大学	1	325111	272	38000	391981.89
2	台湾师范大学 *	1	93604	291	2508	118999.62
3	清华大学	1	108607	353	524	112272.36

排名	中文名称	是否有官方认证账号	好友数量（人次）	1年内发布的内容数量（条）	1年内最高单条内容点赞数（次）	Facebook传播力得分
4	香港大学 *	1	19100	381	1422	111371.55
5	南京航空航天大学	0	202960	86	11000	107161.32
6	香港科技大学 *	1	71147	181	1039	96315.06
7	元智大学 *	1	12795	228	380	89570.34
8	台湾大学 *	0	61492	796	426	81428.61
9	香港城市大学 *	1	24457	79	782	80235.62
10	香港中文大学 *	0	28758	372	3856	63764.97
11	台北大学 *	0	25555	522	748	55086.86
12	交通大学 *	0	9415	498	1247	54675.83
13	台北医学大学 *	0	7051	576	125	53561.18
14	澳门大学 *	0	14375	528	126	50038.71
15	云林科技大学 *	0	17283	483	625	49807.16
16	东海大学 *	0	71520	280	2175	48307.54
17	香港浸会大学 *	0	42622	372	737	43346.61
18	中华大学 *	0	9052	304	1120	36258.15
19	岭南大学 *	0	5371	255	1763	35961.58
20	亚洲大学 *	0	14197	369	75	35330.01
21	香港理工大学 *	0	80416	183	1147	33305.79
22	清华大学 *	0	19283	298	417	31888.29
23	成功大学 *	0	21702	139	2345	31374.52
24	中兴大学 *	0	17996	248	927	30827.04
25	辅仁大学 *	0	5051	281	597	30073.18
26	东华大学	0	6645	54	3284	28676.53
27	大同大学 *	0	8327	169	649	20700.48
28	逢甲大学 *	0	39588	107	517	17585.28
29	浙江大学	0	1036	174	126	16681.25
30	东吴大学 *	0	8598	97	778	15147.41
31	中央大学 *	0	6143	114	465	14212.16
32	高雄第一科技大学 *	0	15463	80	678	13659.03
33	石河子大学	0	10315	122	54	12497.75
34	中山大学 *	0	2533	89	550	12163.71
35	华东师范大学	0	2133	99	160	10279.80
36	东华大学 *	0	15746	64	264	9337.30
37	政治大学 *	0	31446	21	550	9180.25

排名	中文名称	是否有官方认证账号	好友数量（人次）	1年内发布的内容数量（条）	1年内最高单条内容点赞数（次）	Facebook传播力得分
38	暨南国际大学 *	0	1694	84	101	8465.31
39	阳明大学 *	0	570	71	220	8007.90
40	郑州大学	0	4861	74	91	7838.24
41	高雄医学大学 *	0	3174	49	168	5942.75
42	北京师范大学	0	607	56	50	5464.86
43	吉林大学	0	4518	35	26	3828.87
44	同济大学	0	1918	36	51	3811.90
45	大连理工大学	0	3658	26	120	3584.96
46	华中科技大学	0	8157	21	16	2892.62
47	山东大学	0	3079	23	58	2815.71
48	西北大学	0	1063	28	23	2801.00
49	中国药科大学	0	4892	21	27	2614.76
50	中原大学 *	0	23346	0	0	2539.80
51	成都中医药大学	0	1740	24	5	2387.58
52	北京航空航天大学	0	4881	15	17	2002.47
53	湖南师范大学	0	1897	13	86	1982.66
54	武汉大学	0	5407	14	12	1934.42
55	中国科学院大学	0	4707	7	63	1585.88
56	厦门大学	0	1409	11	10	1215.02
57	上海财经大学	0	10573	0	0	1150.23
58	台湾科技大学 *	0	10462	0	0	1138.16
59	中山大学	0	2394	5	56	1104.78
60	天津大学	0	5775	4	9	1052.05
61	江南大学	0	993	6	54	1028.43
62	湖南大学	0	63	11	4	1026.41
63	上海外国语大学	0	914	4	55	846.61
64	华中农业大学	0	2017	5	24	838.80
65	天津工业大学	0	761	5	19	667.01
66	贵州大学	0	644	6	2	624.91
67	台湾海洋大学 *	0	5322	0	0	578.98
68	北京体育大学	0	710	1	53	539.96
69	东南大学	0	1762	1	35	527.87
70	复旦大学	0	4753	0	0	517.08
71	华北电力大学（保定）	0	77	5	4	487.15

排名	中文名称	是否有官方认证账号	好友数量（人次）	1年内发布的内容数量（条）	1年内最高单条内容点赞数（次）	Facebook传播力得分
72	中国石油大学（华东）	0	4361	0	0	474.43
73	南京大学	0	2180	1	16	439.77
74	西南大学	0	1538	2	13	438.97
75	新疆大学	0	97	4	3	392.17
76	哈尔滨工业大学	0	3265	0	0	355.20
77	中国政法大学	0	2585	0	0	281.22
78	哈尔滨工程大学	0	848	2	0	272.52
79	北京化工大学	0	253	2	6	249.97
80	上海交通大学	0	2275	0	0	247.50
81	中国地质大学（北京）	0	2200	0	0	239.34
82	上海海洋大学	0	340	2	1	224.28
83	中国人民大学	0	1812	0	0	197.13
84	中国人民公安大学	0	1812	0	0	197.13
85	中央财经大学	0	24	2	2	196.93
86	武汉理工大学	0	1794	0	0	195.17
87	南京农业大学	0	1624	0	0	176.67
88	河海大学	0	1427	0	0	155.24
89	对外经济贸易大学	0	1422	0	0	154.70
90	西安电子科技大学	0	1418	0	0	154.26
91	西北工业大学	0	459	1	2	154.13
92	中国矿业大学（北京）	0	1243	0	0	135.23
93	辽宁大学	0	1127	0	0	122.61
94	中国农业大学	0	1026	0	0	111.62
95	太原理工大学	0	991	0	0	107.81
96	天津医科大学	0	973	0	0	105.85
97	西南财经大学	0	71	1	1	104.88
98	高雄应用科技大学*	0	117	1	0	102.86
99	南京林业大学	0	23	1	1	99.66
100	天津中医药大学	0	906	0	0	98.56
101	陕西师范大学	0	846	0	0	92.04
102	上海音乐学院	0	762	0	0	82.90
103	东北大学	0	760	0	0	82.68
104	中国石油大学（北京）	0	741	0	0	80.61
105	南昌大学	0	714	0	0	77.68

续表

排名	中文名称	是否有官方认证账号	好友数量（人次）	1年内发布的内容数量（条）	1年内最高单条内容点赞数（次）	Facebook传播力得分
106	北京理工大学	0	651	0	0	70.82
107	中国海洋大学	0	640	0	0	69.63
108	西南交通大学	0	633	0	0	68.86
109	南开大学	0	596	0	0	64.84
110	宁波大学	0	595	0	0	64.73
111	广州中医药大学	0	584	0	0	63.53
112	上海中医药大学	0	565	0	0	61.47
113	台湾淡江大学 *	0	558	0	0	60.70
114	中南大学	0	528	0	0	57.44
115	西安交通大学	0	460	0	0	50.04
116	华北电力大学（北京）	0	437	0	0	47.54
117	中国地质大学（武汉）	0	432	0	0	47.00
118	华南理工大学	0	405	0	0	44.06
119	上海体育学院	0	348	0	0	37.86
120	重庆大学	0	337	0	0	36.66
121	北京交通大学	0	336	0	0	36.55
122	上海大学	0	333	0	0	36.23
123	大连海事大学	0	323	0	0	35.14
124	苏州大学	0	321	0	0	34.92
125	西南石油大学	0	319	0	0	34.70
126	中正大学 *	0	313	0	0	34.05
127	延边大学	0	306	0	0	33.29
128	中国矿业大学（徐州）	0	293	0	0	31.88
129	福州大学	0	292	0	0	31.77
130	中国美术学院	0	279	0	0	30.35
131	宁夏大学	0	273	0	0	29.70
132	华中师范大学	0	254	0	0	27.63
133	四川农业大学	0	252	0	0	27.41
134	南京邮电大学	0	240	0	0	26.11
135	南京中医药大学	0	233	0	0	25.35
136	华南师范大学	0	195	0	0	21.21
137	北京工业大学	0	192	0	0	20.89
138	南京师范大学	0	186	0	0	20.23
139	北京外国语大学	0	177	0	0	19.26

排名	中文名称	是否有官方认证账号	好友数量（人次）	1年内发布的内容数量（条）	1年内最高单条内容点赞数（次）	Facebook传播力得分
140	四川大学	0	177	0	0	19.26
141	中央音乐学院	0	177	0	0	19.26
142	电子科技大学	0	164	0	0	17.84
143	暨南大学	0	162	0	0	17.62
144	北京邮电大学	0	147	0	0	15.99
145	北京中医药大学	0	142	0	0	15.45
146	海南大学	0	128	0	0	13.93
147	河南大学	0	127	0	0	13.82
148	南京理工大学	0	124	0	0	13.49
149	北京林业大学	0	105	0	0	11.42
150	兰州大学	0	96	0	0	10.44
151	外交学院	0	95	0	0	10.34
152	河北工业大学	0	77	0	0	8.38
153	中央美术学院	0	73	0	0	7.94
154	云南大学	0	69	0	0	7.51
155	长庚大学 *	0	67	0	0	7.29
156	中国音乐学院	0	66	0	0	7.18
157	长安大学	0	60	0	0	6.53
158	合肥工业大学	0	55	0	0	5.98
159	中央民族大学	0	52	0	0	5.66
160	安徽大学	0	49	0	0	5.33
161	首都师范大学	0	46	0	0	5.00
162	台北科技大学 *	0	44	0	0	4.79
163	东北农业大学	0	43	0	0	4.68
164	中国传媒大学	0	41	0	0	4.46
165	华东理工大学	0	34	0	0	3.70
166	内蒙古大学	0	32	0	0	3.48
167	北京协和医学院	0	29	0	0	3.15
168	北京科技大学	0	25	0	0	2.72
169	中南财经政法大学	0	24	0	0	2.61
170	东北师范大学	0	22	0	0	2.39
171	中国科学技术大学	0	13	0	0	1.41
172	中国医药大学（台湾）*	0	13	0	0	1.41
173	中央戏剧学院	0	12	0	0	1.31

续表

排名	中文名称	是否有官方认证账号	好友数量（人次）	1 年内发布的内容数量（条）	1 年内最高单条内容点赞数（次）	Facebook传播力得分
174	彰化师范大学 *	0	11	0	0	1.20
175	西藏大学	0	8	0	0	0.87
176	青海大学	0	4	0	0	0.44
177	成都理工大学	0	3	0	0	0.33

（四）参照分析

北京大学、清华大学在 Facebook 上的传播力表现依旧远超日韩参照高校。我国内地高校 Facebook 传播力排名第一位的北京大学得分 391981.89，远超日韩参考高校中排名第一位的东京大学（得分为 98122.55）。在我国内地高校中 Facebook 主页关注人数最多的北京大学，好友数量为 325111 人次，超过日韩参照高校中好友数量排名第一位的东京大学（好友数量为 83008 人次）。我国内地高校 1 年内发布内容最多的是北京大学，272 条，东京大学则为 239 条。

我国内地高校的 Facebook 平台建设也与我国港澳台地区高校差距在不断缩小。我国港澳台地区高校中排名第一位的台湾师范大学得分为 118999.62，远低于内地高校排名第一位的北京大学（391981.89）。台湾师范大学一年内发布内容 291 条，超过北京大学的 272 条，但台湾师范大学的 Facebook 传播力其他指标均远远落后于北京大学。

与美国参照高校相比，我国内地高校的 Facebook 平台建设存在巨大的差距。4 所美国参照高校的 Facebook 主页都拥有官方认证。4 所美国参照高校中得分最高的斯坦福大学为 1207693.45，远超内地高校排名第一位的北京大学（391981.89）。其 Facebook 主页好友数量、1 年内发布的信息数量、1 年内单条内容最高点赞量分别为 5250000、492、75000，好友数量更是北京大学的 16 倍（见图 1-9 和图 1-10）。

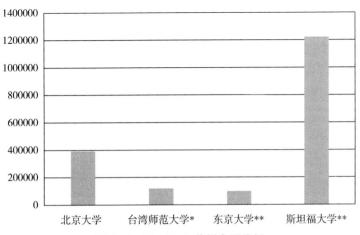

图 1-9　Facebook 传播参照分析

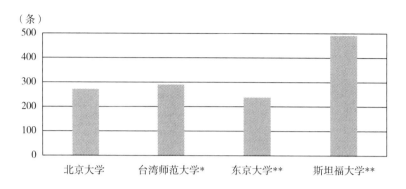

图 1 - 10　Facebook 最高发布内容数量参照分析

八、维度五：Instagram传播力

（一）海峡两岸暨港澳高校 Instagram 传播力全景得分

Instagram 作为在国外年轻人群体中迅速流行起来的新兴社交媒体，在传播力影响、话题讨论、形象塑造等方面起到了重要的作用，近年来更有研究表明其是活跃在美国青年人群体中可信度最高的社交媒体。对高校在 Instagram 平台上是否有官方认证账号、1 年内发布的内容数量、粉丝数量、1 年内单条信息最多回复数量、1 年内单条图文最高点赞量、1 年内单个视频最高点击量 6 个方面进行统计，按其权重计算指标对应数据，得到 184 所中国高校 Instagram 传播力得分排名。具体如表 1 - 16 所示。

中国高校的 Instagram 使用程度较低，1 年内平均信息发布量为 13 条，平均粉丝数量为 300 人次。1 年内信息发布数量在 100 条以上的高校共 10 所，占 6%。83% 的中国高校 Instagram 账号信息发布量为零，77% 的高校 Instagram 账号粉丝数量为 0。中国高校 Instagram 传播力排名第一位的北京大学 1 年内发布的信息数量为 145 条、粉丝数量为 5589 人、1 年内单条图文点赞量最高为 3775 个、1 年内单个视频点赞量最高为 3807、1 年内单条信息回复数量最多为 237 条。

在 Instagram 传播力维度中，中国高校平均得分为 4856.08，最高分为北京大学的 213479.51。中国高校排名前十的依次是北京大学、香港城市大学、清华大学、香港浸会大学、澳门大学、海南大学、香港中文大学、天津大学、中国美术学院、四川大学。

表1－16 中国高校 Instagram 传播力得分

排名	大学名称	Instagram 传播力得分	排名	大学名称	Instagram 传播力得分
1	北京大学	213479.51	23	台北医学大学 *	3161.10
2	香港城市大学 *	137295.83	24	湖南大学	2597.34
3	清华大学	96375.89	25	南京航空航天大学	2450.94
4	香港浸会大学 *	80357.96	26	逢甲大学 *	2360.81
5	澳门大学 *	62092.83	27	西北大学	745.56
6	海南大学	35690.19	28	中国农业大学	642.68
7	香港中文大学 *	35396.28	29	哈尔滨工业大学	459.81
8	天津大学	32668.56	30	武汉大学	448.38
9	中国美术学院	27809.78	31	复旦大学	405.37
10	四川大学	27624.15	32	中国石油大学（华东）	98.79
11	电子科技大学	26964.70	33	南开大学	89.42
12	香港大学 *	21794.07	34	华东师范大学	74.94
13	宁波大学	21363.29	35	暨南大学	71.54
14	成都中医药大学	10008.27	36	郑州大学	65.15
15	浙江大学	9808.77	37	中国人民大学	57.91
16	北京航空航天大学	9058.57	38	南京师范大学	14.48
17	南昌大学	6541.24	39	中国政法大学	10.22
18	西南交通大学	4700.81	40	长庚大学 *	8.52
19	亚洲大学 *	4443.95	41	中山大学	6.39
20	中国石油大学（北京）	4332.98	42	台湾淡江大学 *	4.68
21	上海大学	3624.96	43	贵州大学	0.85
22	中华大学 *	3454.55			

（二）中国内地高校 Instagram 传播力得分

我国内地高校 Instagram 传播力得分排名前十位的依次为北京大学、清华大学、海南大学、天津大学、中国美术学院、四川大学、电子科技大学、宁波大学、成都中医药大学、浙江大学。我国内地高校 Instagram 传播力平均得分为 3817.67（见表1－17）。

表1－17 中国内地高校 Instagram 传播力得分

排名	大学名称	Instagram 传播力得分	排名	大学名称	Instagram 传播力得分
1	北京大学	213479.51	5	中国美术学院	27809.78
2	清华大学	96375.89	6	四川大学	27624.15
3	海南大学	35690.19	7	电子科技大学	26964.70
4	天津大学	32668.56	8	宁波大学	21363.29

排名	大学名称	Instagram 传播力得分	排名	大学名称	Instagram 传播力得分
9	成都中医药大学	10008.27	21	武汉大学	448.38
10	浙江大学	9808.77	22	复旦大学	405.37
11	北京航空航天大学	9058.57	23	中国石油大学（华东）	98.79
12	南昌大学	6541.24	24	南开大学	89.42
13	西南交通大学	4700.81	25	华东师范大学	74.94
14	中国石油大学（北京）	4332.98	26	暨南大学	71.54
15	上海大学	3624.96	27	郑州大学	65.15
16	湖南大学	2597.34	28	中国人民大学	57.91
17	南京航空航天大学	2450.94	29	南京师范大学	14.48
18	西北大学	745.56	30	中国政法大学	10.22
19	中国农业大学	642.68	31	中山大学	6.39
20	哈尔滨工业大学	459.81	32	贵州大学	0.85

（三） Instagram 传播力具体指标分析

在 Instagram 传播力维度中，有 6 项指标，其权重如下：是否有官方认证账号占 2.5% 、粉丝数量占 2.5% 、1 年内发布的内容数量占 2.5% 、1 年内单条信息最多回复数量占 2.5% 、1 年内单条图文最高点赞量占 2.5% 、1 年内单个视频最高点击量占 2.5% 。总体在影响力测量中占 15% 的比重。

1. 是否有官方认证账号方面

中国高校只有北京大学拥有得到官方认证的 Instagram 账号，其他高校的 Instagram 账号均没有得到官方认证。

2. 粉丝数量方面

中国高校 Instagram 账号的平均粉丝数量为 300 人次。粉丝数量在 1000 人次以上的高校共计 10 所，77% 的高校 Instagram 账号粉丝数量为零。

3. 1 年内发布的内容数量方面

中国高校 Instagram 账号的 1 年平均信息发布数量为 13 条。信息发布量在 100 条以上的高校共 10 所，占比 6% 。83% 的中国高校的 Instagram 账号信息发布数量为零。

4. 1 年内单条信息最多回复数量方面

中国高校 Instagram 账号的 1 年内平均回复数量为 17 次，85.32% 的高校没有进行任何互动，回复最多的是清华大学，为 823 次，4 所高校的回复数量在 200 次以上，分别是清华大学、香港浸会大学、北京大学、香港中文大学（见表 1-18）。

5. 1 年内单条图文最高点赞量方面

中国高校 Instagram 账号的 1 年内单条图文信息平均最高点赞量为 65 次，84.77% 的高校未获得点赞。单条图文信息点赞量最高的是北京大学，为 3775 个赞，4 所高校此数据在 1000 以上。

6. 1 年内单条视频最高点击量方面

中国高校 Instagram 账号的 1 年内单条视频信息平均最高点击量为 318 次，仅有 18 个高校发布过视频信息，单条视频信息点击量最高的是香港城市大学，为 41797 次。

表 1-18　Instagram 传播力 5 项指标具体情况（按 Instagram 传播力得分排名）

排名	大学名称	是否有官方认证账号	1 年内发布的内容数量（条）	粉丝数量（人次）	1 年内单条图文最高点赞量（次）	1 年内单个视频最高点击量（次）	1 年内单条信息最多回复数量（次）	Instagram 传播力得分
1	北京大学	1	145	5589	3775	3807	237	213479.51
2	香港城市大学 *	0	70	4719	464	41797	172	137295.83
3	清华大学	0	400	7761	827	1321	823	96375.89
4	香港浸会大学 *	0	264	7965	1909	3554	469	80357.96
5	澳门大学 *	0	283	1182	261	1564	178	62092.83
6	海南大学	0	180	1890	96	0	6	35690.19
7	香港中文大学 *	0	102	6633	1148	1172	260	35396.28
8	天津大学	0	149	1234	235	429	114	32668.56
9	中国美术学院	0	134	928	76	224	85	27809.78
10	四川大学	0	122	947	230	442	135	27624.15
11	电子科技大学	0	122	923	95	331	189	26964.70
12	香港大学 *	0	36	8015	485	2499	145	21794.07
13	宁波大学	0	97	93	211	373	50	21363.29
14	成都中医药大学	0	13	345	1129	0	16	10008.27
15	浙江大学	0	33	800	196	545	42	9808.77
16	北京航空航天大学	0	46	133	21	13	9	9058.57
17	南昌大学	0	30	271	48	117	9	6541.24
18	西南交通大学	0	17	610	105	0	55	4700.81
19	亚洲大学 *	0	19	402	88	0	10	4443.95
20	中国石油大学（北京）	0	12	76	148	333	14	4332.98
21	上海大学	0	16	262	60	0	9	3624.96
22	中华大学 *	0	16	238	35	0	9	3454.55
23	台北医学大学 *	0	14	223	48	0	10	3161.10
24	湖南大学	0	12	92	25	0	12	2597.34
25	南京航空航天大学	0	9	136	43	138	2	2450.94
26	逢甲大学 *	0	3	1480	175	0	4	2360.81
27	西北大学	0	3	65	20	0	2	745.56

排名	大学名称	是否有官方认证账号	1 年内发布的内容数量（条）	粉丝数量（人次）	1 年内单条图文最高点赞量（次）	1 年内单个视频最高点击量（次）	1 年内单条信息最多回复数量（次）	Instagram 传播力得分
28	中国农业大学	0	3	57	6	0	1	642.68
29	哈尔滨工业大学	0	2	12	2	22	0	459.81
30	武汉大学	0	2	32	7	0	1	448.38
31	复旦大学	0	0	952	0	0	0	405.37
32	中国石油大学（华东）	0	0	232	0	0	0	98.79
33	南开大学	0	0	210	0	0	0	89.42
34	华东师范大学	0	0	176	0	0	0	74.94
35	暨南大学	0	0	168	0	0	0	71.54
36	郑州大学	0	0	153	0	0	0	65.15
37	中国人民大学	0	0	136	0	0	0	57.91
38	南京师范大学	0	0	34	0	0	0	14.48
39	中国政法大学	0	0	24	0	0	0	10.22
40	长庚大学 *	0	0	20	0	0	0	8.52
41	中山大学	0	0	15	0	0	0	6.39
42	台湾淡江大学 *	0	0	11	0	0	0	4.68
43	贵州大学	0	0	2	0	0	0	0.85

（四）参照分析

我国内地高校 Instagram 传播力得分最高的学校为北京大学，213479.51，其 Instagram 传播力已经超过港澳台地区参照高校中排名第一的香港城市大学（137295.83）与日韩参照高校中排名第一的京都大学（77135.76）。

北京大学粉丝数量达 5589 人次，远超日韩参照高校中最多的京都大学（2695 人次）。北京大学 1 年内单条图文信息点赞量最高的数量达 3775 次，是日本京都大学图文信息最高点赞量（436 次）的 8.13 倍。我国内地高校 1 年内单个视频信息点击量最高的一条同样由北京大学发布，数量达 3807 次，是日韩参照高校中同样数据最多的京都大学（706 次）的 5.39 倍。北京大学的 Instagram 平台建设遥遥领先京都大学。

同样，港澳台地区高校中排名第一的香港城市大学得分 137295.83，也远远低于我国内地高校排名第一的北京大学的 213479.51。

我国内地高校与美国参照高校还存在着较大的差距，美国参照高校得分最高的是哈佛大学，1779559.18，是北京大学的 8.3 倍。哈佛大学最高的 1 年内单条图文点赞量达到 59892 次、最高的单个视频点击量达到 109763 次，国内同样数据最高的北京大学分别只有 3775 次与 3807 次（见图 1-11 和图 1-12）。

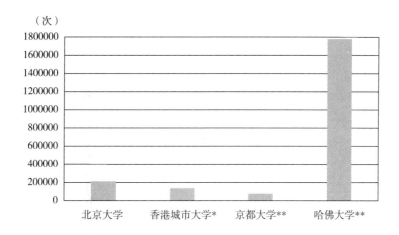

图 1 - 11　Instagram 传播力参照分析

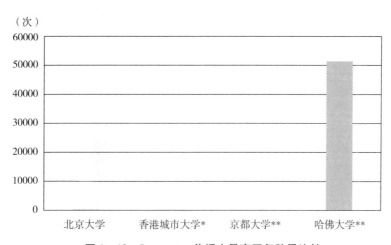

图 1 - 12　Instagram 传播力最高回复数量比较

九、维度六：YouTube传播力

（一）海峡两岸暨港澳高校 YouTube 传播力全景得分

YouTube 已经成为了全球最大的视频网站，近年来，各高校也开始重视 YouTube 平台的建设。对是否有 YouTube 官方账号、订阅数量、1 年内发布的内容数量、1 年内最高点击量 4 个方面进行统计，按其权重计算指标对应数据，得到 184 所中国高校 YouTube 传播力得分排名。具体如表 1 - 19 所示。

表 1-19　中国高校 YouTube 传播力得分

排名	大学名称	YouTube 传播力得分	排名	大学名称	YouTube 传播力得分
1	岭南大学 *	52956.03	27	辅仁大学 *	1084.25
2	香港浸会大学 *	46950.32	28	上海交通大学	1062.72
3	香港城市大学 *	41090.69	29	新疆大学	1035.07
4	澳门大学 *	25026.42	30	西安交通大学	850.48
5	香港理工大学 *	23890.59	31	中国美术学院	798.29
6	清华大学	16896.37	32	天津大学	798.00
7	中华大学 *	13607.44	33	上海外国语大学	674.13
8	清华大学 *	13355.77	34	西北工业大学	602.66
9	东吴大学 *	11142.87	35	南京航空航天大学	534.34
10	香港科技大学 *	9702.60	36	中央大学 *	462.22
11	香港中文大学 *	9276.23	37	中国石油大学（北京）	265.97
12	北京大学	7272.26	38	武汉大学	216.08
13	台北大学 *	6174.02	39	宁波大学	205.77
14	阳明大学 *	5002.61	40	湖南大学	204.10
15	北京外国语大学	4171.88	41	浙江大学	68.33
16	香港大学 *	3658.08	42	重庆大学	18.62
17	台湾大学 *	3140.85	43	华南理工大学	18.29
18	东华大学	2787.83	44	合肥工业大学	18.12
19	逢甲大学 *	2491.57	45	上海财经大学	9.31
20	长庚大学 *	2076.85	46	中国科学院大学	7.98
21	中山大学 *	1979.27	47	北京工业大学	4.16
22	暨南国际大学 *	1557.15	48	大连理工大学	3.99
23	复旦大学	1487.60	49	电子科技大学	2.66
24	台北医学大学 *	1266.16	50	北京中医药大学	1.83
25	政治大学 *	1265.95	51	天津工业大学	0.66
26	亚洲大学 *	1183.27			

注：未列出高校的得分为 0。

中国高校的 YouTube 整体使用率较低，所有高校都没有平台认证的官方账号。中国高校 YouTube 平均订阅数量为 604 次，1 年内平均发布的内容数量为 18 条。1 年内内容发布数量在 100 条以上的高校仅有香港浸会大学和澳门大学 2 所港澳台地区高校。72% 的中国高校没有 YouTube 账号信息、发布量为零。

在 YouTube 传播力维度中，中国高校平均得分为 1739.66，最高为岭南大学，传播力得分为 52956.03。中国高校排名前十名的依次是岭南大学、香港浸会大学、香港城市大学、澳门大学、香港理工大学、清华大学、中华大学、清华大学（台湾）、东吴大学、香港科技大学。

（二）中国内地高校 YouTube 传播力得分

我国内地高校 YouTube 传播力得分排名前十名的依次为清华大学、北京大学、北京外国语大学、东华大学、复旦大学、上海交通大学、新疆大学、西安交通大学、中国美术学院、天津大学。我国内地高校 YouTube 传播力得分平均分为 283.81。具体如表 1 – 20 所示。

表 1 – 20　中国内地高校 YouTube 传播力得分

排名	大学名称	YouTube 传播力得分	排名	大学名称	YouTube 传播力得分
1	清华大学	16896.37	15	武汉大学	216.08
2	北京大学	7272.26	16	宁波大学	205.77
3	北京外国语大学	4171.88	17	湖南大学	204.10
4	东华大学	2787.83	18	浙江大学	68.33
5	复旦大学	1487.60	19	重庆大学	18.62
6	上海交通大学	1062.72	20	华南理工大学	18.29
7	新疆大学	1035.07	21	合肥工业大学	18.12
8	西安交通大学	850.48	22	上海财经大学	9.31
9	中国美术学院	798.29	23	中国科学院大学	7.98
10	天津大学	798.00	24	北京工业大学	4.16
11	上海外国语大学	674.13	25	大连理工大学	3.99
12	西北工业大学	602.66	26	电子科技大学	2.66
13	南京航空航天大学	534.34	27	北京中医药大学	1.83
14	中国石油大学（北京）	265.97	28	天津工业大学	0.66

注：未列出高校的得分为 0。

（三）YouTube 传播力具体指标分析

在 YouTube 传播力维度中，有四项指标，其权重如下：是否有官方账号占 3%、订阅数量占 4%、1 年内发布的内容数量占 4%、一年内最高点击量占 4%。总体在影响力测量中占 15% 的比重。

1. 是否有官方账号方面

中国 184 所高校都没有官方认证的 YouTube 账号，72% 的高校没有 YouTube 账号。

2. 订阅数量方面

在有账号的中国高校中，YouTube 账号的平均订阅数量为 628 次。订阅数量最高的为台湾大学（4646 次）。只有 10 所高校订阅数量超过 1000 次，占高校数量的 5.4%。

3. 1 年内发布的内容数量方面

在有账号的中国高校中，1 年内平均发布内容 19 条。内容发布数量最高的香港浸会大学，为 182 条，仅有 2 所高校（香港浸会大学、澳门大学）发布内容数量在 100 条以上。

4.1 年内最高点击量方面

在有账号的中国高校中，YouTube 账号的单条视频平均最高点击量为 11323 次，单条视频点击量最高的是岭南大学，达到 178110 次。

具体如表 1–21 所示。

表 1–21 YouTube 传播力 5 项指标具体情况（按 YouTube 传播力得分排名）

排名	大学名称	是否有官方账号	订阅数量（次）	1 年内发布的内容数量（条）	1 年内最高点击量（条）	YouTube 传播力得分
1	岭南大学 *	0	264	79	178110	52956.03
2	香港浸会大学 *	0	1583	182	51392	46950.32
3	香港城市大学 *	0	1304	26	170577	41090.69
4	澳门大学 *	0	1897	123	2083	25026.42
5	香港理工大学 *	0	2864	63	52406	23890.59
6	清华大学	0	152	78	7051	16896.37
7	中华大学 *	0	201	12	53478	13607.44
8	清华大学 *	0	682	62	4803	13355.77
9	东吴大学 *	0	314	54	2069	11142.87
10	香港科技大学 *	0	1838	45	2463	9702.60
11	香港中文大学 *	0	2415	42	2796	9276.23
12	北京大学	0	245	36	605	7272.26
13	台北大学 *	0	313	24	6612	6174.02
14	阳明大学 *	0	34	24	1243	5002.61
15	北京外国语大学	0	64	20	1022	4171.88
16	香港大学 *	0	3570	11	4265	3658.08
17	台湾大学 *	0	4646	5	6594	3140.85
18	东华大学	0	99	13	982	2787.83
19	逢甲大学 *	0	3255	5	4599	2491.57
20	长庚大学 *	0	0	10	493	2076.85
21	中山大学 *	0	36	5	4708	1979.27
22	暨南国际大学 *	0	49	4	3625	1557.15
23	复旦大学	0	167	1	6025	1487.60
24	台北医学大学 *	0	17	6	378	1266.16
25	政治大学 *	0	230	6	208	1265.95
26	亚洲大学 *	0	3909	2	662	1183.27
27	辅仁大学 *	0	149	5	347	1084.25
28	上海交通大学	0	47	4	1267	1062.72

续表

排名	大学名称	是否有官方账号	订阅数量（次）	1年内发布的内容数量（条）	1年内最高点击量（条）	YouTube传播力得分
29	新疆大学	0	17	5	217	1035.07
30	西安交通大学	0	260	3	1027	850.48
31	中国美术学院	0	8	4	36	798.29
32	天津大学	0	39	4	10	798.00
33	上海外国语大学	0	308	1	2031	674.13
34	西北工业大学	0	7	3	45	602.66
35	南京航空航天大学	0	28	1	1586	534.34
36	中央大学*	0	24	1	1245	462.22
37	中国石油大学（北京）	0	22	1	310	265.97
38	武汉大学	0	37	1	60	216.08
39	宁波大学	0	4	1	37	205.77
40	湖南大学	0	4	1	29	204.10
41	浙江大学	0	411	0	0	68.33
42	重庆大学	0	112	0	0	18.62
43	华南理工大学	0	110	0	0	18.29
44	合肥工业大学	0	109	0	0	18.12
45	上海财经大学	0	56	0	0	9.31
46	中国科学院大学	0	48	0	0	7.98
47	北京工业大学	0	25	0	0	4.16
48	大连理工大学	0	24	0	0	3.99
49	电子科技大学	0	16	0	0	2.66
50	北京中医药大学	0	11	0	0	1.83
51	天津工业大学	0	4	0	0	0.66

注：未列出高校的数据均为0。

（四）参照分析

我国内地高校中 YouTube 传播力排名第一的清华大学，得分为 16896.37，高于日韩参照高校中排名第一的京都大学（13746.90），YouTube 传播平台建设已经超过日韩参照高校。1 年内单条视频的最高点击量为京都大学，4590 次，清华大学单条视频最高点击量最高为 7051 次，超过京都大学。

我国内地高校整体的 YouTube 平台建设与我国港澳台地区高校的差距大。我国港澳台地区高校 YouTube 传播力最高得分为岭南大学的 52956.03。岭南大学 1 年内单条视频最高点击量达到 178110 次，是清华大学的 25 倍。但是其视频发布数量与清华大学几乎一样，清华大学为 78 次，岭南大学为 79 次。说明在 YouTube 视频内容与传播广度上清华大学与岭南大学还存在着不小的差距。

我国内地高校在 YouTube 传播力建设上与美国参照大学差距极大，4 所美国参照大学 YouTube 传播力得分最高的为麻省理工学院，311051.34，得分是清华大学的 22.6 倍。麻省理工学院 YouTube 账号得到了官方认证，我国没有 1 所高校的 YouTube 账号获得官方认证。麻省理工学院 YouTube 账号的订阅数量为 398341 次，单条视频一年内最高点击量为 890688 次，这些数据都远远高于我国内地 YouTube 传播力排名最高的清华大学（见图 1 – 13）。

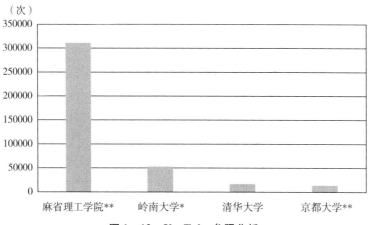

图 1 – 13　YouTube 参照分析

十、结论和建议

（一）大学海外网络传播力近 5 年榜单变化

参考近 5 年的大学海外网络传播力排行榜，发现有 3 所高校 4 年均入围前十位，分别是清华大学、北京大学、复旦大学。其中，清华大学得了 3 年的冠军（2014 年、2015 年、2017 年），北京大学始终保持在前两位。浙江大学、南京大学 3 次上榜（2015 年、2017 年、2018 年）。两次入榜的高校包括中国人民大学、中山大学（2014 年、2015 年）以及南京航空航天大学（2017 年、2018 年）。北京师范大学、上海财经大学、中国石油大学、上海大学、东北大学、厦门大学、苏州大学、南京农业大学、国防科学技术大学、北京外国语大学、吉林大学、中国美术学院、天津大学、北京航空航天大学、四川大学均曾入围前十名（见表 1 – 22）。

传统综合性高校依然在海外网络传播力上发展较好，一些有特色优势的高校近年来异军突起，在海外网络传播力上形成了自己的传播优势。

表 1-22 4 年的中国内地高校海外传播力前十名

排名	2014 年	2015 年	2017 年	2018 年
1	清华大学	清华大学	清华大学	北京大学
2	北京大学	北京大学	北京大学	清华大学
3	中国人民大学	复旦大学	南京大学	中国美术学院
4	北京师范大学	中山大学	复旦大学	南京航空航天大学
5	上海财经大学	浙江大学	南京农业大学	南京大学
6	复旦大学	厦门大学	浙江大学	浙江大学
7	中国石油大学	南京大学	南京航空航天大学	复旦大学
8	中山大学	苏州大学	国防科学技术大学	天津大学
9	上海大学	中国人民大学	北京外国语大学	北京航空航天大学
10	东北大学	上海交通大学	吉林大学	四川大学

（二）内地高校的海外网络传播力不断提升，排名第一位的高校已经超越港澳台地区高校、日韩参照高校，不断缩小与美国参照高校的差距

将每年内地高校的第一名与哈佛大学、日韩参照高校第一名、港澳台地区高校第一名的得分相比，发现内地高校的海外网络传播力不断提升，已经有明显进步，超越港澳台地区高校、日韩参照高校，不断缩小与美国参照高校的差距（见表 1-23 和图 1-14）。

表 1-23 2014 年、2015 年、2018 年中国内地高校第一名与参照高校比较 单位:%

	2014 年内地高校/其他高校	2015 年内地高校/其他高校	2018 年内地高校/其他高校
中国内地高校	100	100	100
哈佛大学	0.76	8.95	17.44
日韩参照高校	19.90	146.11	265.56
港澳台地区高校	55.00	108.71	182.98

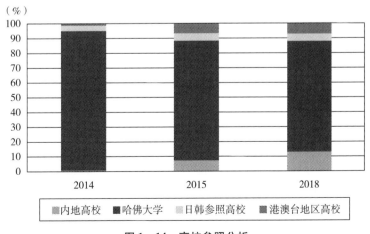

图 1-14 高校参照分析

（三）北京、上海、南京、杭州 4 地高校海外网络传播力较突出

北京、上海、南京、杭州 4 地高校海外网络传播力得分较高。在传播力得分上，位于北京的 34 所高校海外网络传播力平均得分为 72908.35，北京大学、清华大学在北京高校中得分最高，同时也是我国内地高校前两位；位于上海的 14 所高校海外网络传播力平均得分为 43104.76，复旦大学为上海高校得分最高，同时在我国内地高校海外网络传播力总得分中排名第七。排名第三的中国美术学院位于杭州，南京的两所高校——南京航空航天大学、南京大学则分别位于第四和第五。

中国内地高校海外网络传播力排名前二十的高校为北京大学、清华大学、中国美术学院、南京航空航天大学、南京大学、浙江大学、复旦大学、天津大学、北京航空航天大学、四川大学、东华大学、吉林大学、华东师范大学、武汉大学、上海交通大学、中国科学技术大学、南开大学、中山大学、海南大学、哈尔滨工业大学。前十名中有 8 所高校位于这 4 座城市。前二十名中有 11 所高校位于这 4 座城市，其中有 3 所北京高校，4 所上海高校，南京和杭州的高校各有 2 所。

（四）我国内地高校海外社交平台建设较为薄弱，整体上与我国港澳台地区、日韩参照高校有较大差距

我国内地高校在 Twitter、Facebook、Instagram 3 个社交平台上传播力得分较低，与日韩相比存在数量级的差别。虽然北京大学、清华大学在这 3 个社交平台传播力得分上已经赶超日韩参照高校，但是整体水平依然落后于日韩参照高校。我国内地高校 Twitter 传播力第一位为中国美术学院（227371.42），已经超过东京大学（129574.37）。从平均分来看，我国内地高校 Twitter、Facebook、Instagram 的平均得分依次为 3648.68、5282.24、3817.65，日韩参照高校则依次为 62733.99、37481.99、20119.05，与日韩参照高校差距明显。

我国内地高校普遍忽视海外网络社交平台建设，内地高校中只有 40 座高校拥有 Twitter 账号，拥有 Facebook 账号的高校有 134 所，拥有 Instagram 账号的高校仅仅只有 32 所，拥有 YouTube 账号的高校最少，为 28 所。日韩参照高校与美国参照高校 4 个网络社交平台都拥有账号，海外网络社交平台建设完备。

我国内地高校除了北京大学、清华大学之外其他高校普遍缺少各个社交平台的官方认证，官方认证的不完善就使得各高校在社交平台上发布消息缺乏公信力。绝大多数港澳台地区高校都完成了 Twitter、Facebook、Instagram 3 个社交平台的官方认证，4 所美国参照高校更是实现了 Twitter、Facebook、Instagram、YouTube 4 个平台的官方认证。而我国内地高校完成 Twitter 官方认证的只有清华大学、北京大学、中国美术学院 3 所高校。

在 Twitter、Facebook、Instagram 3 个社交平台上我国内地高校粉丝量偏少，获得的关注不够。我国内地高校中 Twitter 粉丝数量最多的高校是清华大学（27583 人），美国参照高校中粉丝数量最少的耶鲁大学也达到了 424517 人。我国内地高校中 Twitter 粉丝数量超

过 1000 人次的只有 4 所高校,港澳台地区高校中有 5 所高校 Twitter 粉丝数量突破 1000 人次,4 所日韩参照高校除去高丽大学 Twitter 粉丝量也都突破 1000 人次。我国内地高校 Facebook 平均好友数量为 9610.13 人次,港澳台地区高校 Facebook 平均好友数量为 19669.23 人次,比内地高校高出 10000 人次。我国内地高校的 Instagram 平均粉丝数量只有 172 人次。

我国绝大多数内地高校在 Facebook、Instagram 平台都有账号,但账号活跃度不足。虽然我国内地 141 所高校中有 135 所拥有自己的 Facebook 主页,但是发布内容数量少,我国内地高校 1 年内平均发布内容数量只有 12 条,1 年内发布内容数量在 100 条以上的内地高校只有 4 个。Twitter 平台上 1 年内发布内容数量超过 100 条的只有 5 所内地高校。Instagram 平台上疏于粉丝运营与互动。我国内地高校中仅有 33 所高校有 Instagram 账号,其中只有 12 所高校发布消息超过 20 条。

(五)学术传播力排名、QS 排名与海外传播力排名呈强相关关系

高校的学术传播力数据来源于 ESI 数据库,该数据库整合统计出了高校在 2008～2018 年的高校发表的论文数量、论文被引次数、论文篇均被引次数以及 TOP 区论文数。ESI 数据库在世界范围内都有较高的影响力和可信度。我国内地在 ESI 数据库中的学术传播力排名前十位的高校依次为清华大学、北京大学、中国科学院大学、浙江大学、上海交通大学、复旦大学、中国科学技术大学、南京大学、中山大学、华中科技大学。将 141 所内地高校的学术传播力排名和海外网络传播力排名作相关性分析,发现两者显著相关,说明学术传播力排名越高,高校的海外传播力也越强。具体如表 1-24 和表 1-25 所示。

表 1-24 内地高校海外网络传播力排名与学术传播力排名比较

大学名称	学术传播力排名	网络传播力排名	大学名称	学术传播力排名	网络传播力排名
北京大学	2	1	武汉大学	14	14
清华大学	1	2	上海交通大学	5	15
中国美术学院	132	3	中国科学技术大学	7	16
南京航空航天大学	58	4	南开大学	15	17
南京大学	8	5	中山大学	9	18
浙江大学	4	6	海南大学	108	19
复旦大学	6	7	哈尔滨工业大学	12	20
天津大学	26	8	同济大学	25	21
北京航空航天大学	33	9	电子科技大学	43	22
四川大学	13	10	中国人民大学	78	23
东华大学	47	11	上海大学	42	24
吉林大学	16	12	北京师范大学	30	25
华东师范大学	36	13	中国传媒大学	131	26

续表

大学名称	学术传播力排名	网络传播力排名	大学名称	学术传播力排名	网络传播力排名
华中科技大学	10	27	中央戏剧学院	140	62
郑州大学	52	28	南京师范大学	64	63
厦门大学	22	29	上海财经大学	123	64
宁波大学	86	30	武汉理工大学	35	65
新疆大学	100	31	广西大学	94	66
山东大学	11	32	北京工业大学	76	67
石河子大学	127	33	江南大学	56	68
对外经济贸易大学	119	34	中国药科大学	69	69
华南理工大学	18	35	南京中医药大学	91	70
北京协和医学院	23	36	西南大学	55	71
西安交通大学	17	37	大连理工大学	24	72
北京科技大学	46	38	东北大学	65	73
西南财经大学	130	39	中南大学	20	74
东南大学	21	40	中南财经政法大学	136	75
中国科学院大学	3	41	中国海洋大学	57	76
中国地质大学（北京）	39	42	成都中医药大学	118	77
北京外国语大学	117	43	暨南大学	66	78
湖南大学	29	44	中国政法大学	135	79
中国地质大学（武汉）	40	45	北京交通大学	81	80
云南大学	85	46	西北农林科技大学	62	81
北京理工大学	37	47	中国石油大学（华东）	60	82
西藏大学	129	48	西南交通大学	88	83
华中师范大学	38	49	北京邮电大学	93	84
西安电子科技大学	77	50	国防科学技术大学	87	85
中央财经大学	137	51	南京农业大学	49	86
南京理工大学	54	52	天津医科大学	53	87
重庆大学	48	53	中央美术学院	138	88
西北工业大学	51	54	河南大学	89	89
中国农业大学	31	55	上海体育学院	124	90
兰州大学	28	56	外交学院	128	91
上海外国语大学	125	57	苏州大学	19	92
华南师范大学	67	58	中央音乐学院	141	93
首都师范大学	90	59	贵州大学	102	94
华东理工大学	27	60	太原理工大学	96	95
南昌大学	72	61	安徽大学	84	96

续表

大学名称	学术传播力排名	网络传播力排名	大学名称	学术传播力排名	网络传播力排名
西北大学	61	97	东北林业大学	92	120
中央民族大学	139	98	中国石油大学(北京)	59	121
陕西师范大学	79	99	成都理工大学	113	122
河海大学	97	100	北京化工大学	34	123
华中农业大学	50	101	上海海洋大学	104	124
内蒙古大学	120	102	中国矿业大学(北京)	74	125
湖南师范大学	83	103	宁夏大学	121	126
大连海事大学	98	104	中国矿业大学(徐州)	75	127
辽宁大学	101	105	北京体育大学	116	128
东北师范大学	45	106	北京中医药大学	112	129
福州大学	32	107	中国人民公安大学	133	130
河北工业大学	107	108	广州中医药大学	109	131
西南石油大学	115	109	天津工业大学	103	132
上海音乐学院	126	110	中国音乐学院	134	133
四川农业大学	99	111	南京邮电大学	68	134
合肥工业大学	73	112	第二军医大学	41	135
华北电力大学(保定)	70	113	第四军医大学	44	136
哈尔滨工程大学	63	114	南京信息工程大学	80	137
延边大学	106	115	青海大学	122	138
北京林业大学	82	116	长安大学	114	139
南京林业大学	110	117	上海中医药大学	95	140
华北电力大学(北京)	71	118	天津中医药大学	111	141
东北农业大学	105	119			

表 1 – 25 学术传播力排名 * 大学海外传播力相关性

皮尔逊相关性	Sig. (双尾)	个案数
0.508 **	0.000	141

注：**在 1% 的水平上显著

　　2017 年 6 月 8 日，英国高等教育资讯和分析数据提供商 QS 发布第 14 届 QS 世界大学排名榜，中国内地进入排名前四百位的高校有 14 所，将这 14 所高校的海外传播力排名与 QS 世界排名做相关性分析，发现两者显著相关，说明 QS 世界排名越高，高校的海外传播力也越强。具体如表 1 – 26 和表 1 – 27 所示。

表 1 – 26　QS 世界排名前四百位的内地高校

学校名称	QS 世界排名	海外传播力排名	学校名称	QS 世界排名	海外传播力排名
清华大学	25	2	北京师范大学	256	25
北京大学	38	1	武汉大学	282	14
复旦大学	40	7	同济大学	316	21
上海交通大学	62	15	中山大学	319	18
浙江大学	87	6	哈尔滨工业大学	325	20
中国科学技术大学	97	16	南开大学	344	17
南京大学	114	5	西安交通大学	344	37

表 1 – 27　QS 世界大学排名 * 大学海外传播力相关性

皮尔逊相关性	Sig.（双尾）	个案数
0.778 **	0.001	14

注：** 在 1% 的水平上显著

（六）提升高校海外网络传播力的政策建议

1. 将海外网络传播力建设纳入高校国际化整体战略

增强学校国际化水平是提升大学海外网络传播力的前提和基础。中国高校尤其是双一流高校要深入实施国际化战略，不断提升学校的国际化水平，使高校海外传播力与品牌塑造力建立在坚实的改革发展成果基础上。双一流高校要致力于实现学科建设、人才培养、师资队伍、科学研究等领域的国际化，切实增强综合实力和国际竞争力，做到品牌声誉与实际水准名实相符，实现综合实力与海外网络传播力的"双提升"。

2. 实现高校海外传播形象的品牌化

高校在海外网络平台进行形象建设、品牌传播时，首先要争取"在场"。高校需要增强海外传播的主动意识，增强教育自信，努力在海外网络平台展示自我，发布消息，博得关注，建设自己的文化标识系统，塑造自身形象。善于运用故事化叙事，精准把握海外受众的接受心理、接受习惯，转换语境，用生动形象的故事代替平铺直叙的宣传，平等对话、交流沟通，用生动的故事和人物形象代替枯燥的宣传，传播好中国大学的海外"好声音"。结合大数据技术，建立中国大学海外传播数据库，重视中国高校的海外形象建设的危机公关及舆情监测处置工作，及时化解质疑和矛盾，引导海外舆论，维护好学校声誉。

3. 海外网络传播平台建设矩阵化

中国内地高校在海外网络平台建设中，统筹协调不够，整合力度小，尤其是在 Twitter、Facebook 和 Instagram 等社交媒体平台。除官方账号运营外，同时有多部门、多主体、多项目账号运营，缺少统一协调，无法进行相关链接。高校在进行海外品牌形象建设时，需要改变各自为战的状况，整合校内外资源，注重社交媒体的运营技巧，提升中国大学海外品牌塑造的交互性，提升海外网络传播力。

4. 运营团队的专业化

中国内地高校要增加相关海外传播人员的编制，配备复合型、专门化的海外传播人才，负责组织协调，依法推进海外网络传播工作。专门团队、专业运营使高校在海外宣传时统一发声、集体发声，有助于提高宣传话语音量，增强在场感。统筹大学内外宣传力量，借助大学传统媒体与新媒体渠道，进行"你中有我，我中有你"的深度融合，构建海内与海外传播的融媒体生态。引入专业第三方、海外校友力量，充分发挥自媒体从业者和海外社区传播圈的力量。积极借助国家目前已经构建的全方位、多媒体的海外传播新格局，借助"国家队"力量。新华社、《人民日报》、中央广播电视总台、《中国日报》等"国字号"均已进行全球布局，已经形成了立体化、多媒体的舆论传播矩阵。中国内地高校需积极与海外传播的"国家队"互动，为海外传播平台提供高质量的内容素材，借助其海外新闻传播优势，扩大影响力。

5. 海外传播视频化

短视频已经成为海内外互联网流量的最大入口。YouTube 作为全球最大的视频传播平台，每一条视频都有可能传递到世界上任何角落。高校可以充分发挥视频传播的优势，利用最直观、感染力最强的影像，更好地实现跨文化传播。学校的一些重大事件、学生生活、招生宣传等都会吸引大量观众，视频传播必将是未来高校海外新闻传播的主阵地。

十一、案例分析

（一）中国美术学院海外传播力数据分析

中国美术学院在 2018 年中国高校传播影响力中得分 773101.5，排名位列内地高校的第四，较 2017 年相比有明显提升。其中 Twitter 维度指数得分为 622263.86，位列内地高校第一，Instagram 维度指数位列内地高校第八。

中国美术学院的社交平台基本都实现了官方运营，其中 Twitter 与 Instagram 的评分较为靠前，下面详细分析中国美术学院 Twitter 与 Instagram 账号的运营状况。

中国美术学院是内地地区除北京大学之外唯一的经过 Twitter 官方认证的账号，其在过去 1 年内发布 644 条推文，最高的点赞量达到 891 次。中国美术学院的官方账号由学校专职团队运营维护，内容贴近学校校园生活，极大地提升了学校的国际知名度。日平均发送推文 1.76 条，粉丝数量达 4213 人，粉丝数量位列内地大学第三。

在中国美术学院的 Twitter 首页宣传中，简明扼要地标明了此账号是中国美术学院的官方账号，背景是中国美术学院的正门照片与中国美术学院的英文官方名称，下面标注了中国美术学院的官方网站链接，两个社交平台得以相互交融，互相发展（见图 1 - 15）。

图 1 – 15　中国美术学院官方 Twitter 账号

中国美术学院的官方 Twitter 账号建立于 2017 年 6 月，截至 2018 年 12 月已经发表图片、视频共计 618 条（见图 1 – 16）。

图 1 – 16　中国美术学院官方 Twitter 账号简介

中国美术学院的官方账号以发布校园生活、发布展览预告、普及美术知识、展现学校发展成果 4 个内容为主，日平均发送推文 1.76 条，发送频率较高，及时将学校的信息在 Twitter 上进行发布。而且每一条推文都配以图片或者视频，内容丰富翔实，使受众能够充分获取信息（见图 1－17）。

图 1－17　中国美术学院 Twitter 发布展讯

其在 2018 年 9 月 9 日发表的白族展览预告的推文收获了 13 次转发与 99 次点赞，是当月点赞量与转发量最高的推文。推文内容发布了展览的具体地点时间以及展览的主要内容，此类型的推文往往容易收获较多的转发与点赞。

中国美术学院的 Instagram 账号没有得到官方的认证，但是其由学校官方运营，内容主要是校园景色与校内活动，1 年内发布消息 134 条，平均 2.72 天发布 1 条消息。最高图文点赞量达 76 次，最高视频点赞量达 224 次。

中国美术学院 Instagram 账号头像是中国美术学院的校徽，首页简洁明了地介绍了中国美术学院的官方 Instagram 账号，并在下面附上了其官方网站、官方 Twitter 账号、官方 Facebook 账号的链接地址，实现链接的便捷性（见图 1－18）。

图 1－18　中国美术学院官方 Instagram 账号

1年内其收获最多点赞的1条图文信息（76次）是有关香港著名演员周润发赴中国美术学院象山校区参加讲座，学生分享他对电影与艺术的理解。照片是周润发与参加学生的集体大合照（见图1-19）。

图1-19　中国美术学院官方 Instagram 账号发布周润发讲座内容

1年内收获最高点赞量的1条图文信息是中国美术学院拍摄的官方毕业季视频（234次），视频内容以展现学生在中国美术学院的生活为主，具有极强的认同感，生动活泼，使毕业季的氛围得到渲染，在内容上吸引受众（见图1-20）。

图1-20　中国美术学院官方 Instagram 账号发布毕业季视频

（二）清华大学海外传播力数据分析

在2018年中国高校海外传播力的排名中，清华大学得分511248.68，位列内地高校的第二。其中 Google 传播力得分104509.81，排名内地高校第一，Wikipedia 传播力得分排名内地高校第二，Twitter 传播力得分84277.11，列内地高校排名第三位，Facebook 排名位列内地高校第二，Instagram 传播力得分位列内地高校排名第二。5项指标排名全部位于内地高校前三，海外传播力处于内地高校顶尖水平。

清华大学 Google 维度指标得分高居内地学校第一位,而且其得分超过了 4 所日韩参照高校以及大多数港澳台高校,仅落后于香港大学与香港城市大学。在 Google 英文搜索引擎的新闻分类下检索 1 年内清华大学的新闻数量,搜索结果为 5120 条新闻,为内地高校最高,Trends 得分 80.33,为内地高校最高。在 Google 新闻搜索中清华大学已建立了很高的传播影响力,并构建了很强的正面形象。

我国内地高校 Wikipedia 传播力得分排名中清华大学位列第二,与第一位的南京大学差距小。清华大学的 Wikipedia 词条中官方定义、历史发展、地址、部门结构、外部链接等要素内容信息齐全,词条链接高达 1747 条。清华大学 Wikipedia 词条信息完善,受众可以通过 Wikipedia 全方位获取清华大学的相关信息。

清华大学的海外社交网络平台运营成效明显,Twitter、Facebook、Instagram 都由官方团队运营,定期发布校园相关内容。清华大学的 Twitter、Facebook、Instagram 平台账号曾得到官方认证,但是近期清华大学在进行 3 个平台账号名称的统一工作,因此其 3 个平台的官方认证被暂时撤下。

清华大学的 Twitter 传播力得分排名位居内地高校第二,其 Twitter 账号拥有 27583 名粉丝,是 Twitter 平台拥有最多粉丝的内地高校。清华大学 1 年内发布 Twitter 信息 700 条,日平均发布近 2 条推文,内容以校园新闻为主。

清华大学 Twitter 账号创建于 2015 年 11 月,是内地最早创建 Twitter 账号的学校之一,Twitter 账号的简介是清华大学的学校性质、地址与历史,页面下方则是清华大学官方网站的链接(见图 1 - 21)。

图 1 - 21　清华大学官方 Twitter 账号信息

清华大学 Twitter 账号单条信息 1 年内获得最高的转发量是 45 次、点赞数是 366 条。这条信息是清华大学发布的一条简短消息。内容是关于清华大学在 *Times Higher Education* 推出的 2018 年 World University Ranking 排名中位居亚洲第一、世界第 22。这条信息得到了广泛转发与点赞,体现了清华大学校友和社会公众对它的认同感(见图 1 - 22)。

图 1 - 22　清华大学官方 Twitter 账号推文

　　清华大学的 Facebook 账号得到了官方认证，拥有 108607 名粉丝，位列内地高校第三。1 年内发布消息 353 条，是内地 Facebook 发布消息频率最高的高校。

　　其首页也同 Twitter 账号一样，标注了清华大学的基本信息，并添加了官网、Twitter、Facebook、Instagram、YouTube 的链接，实现了各个社交平台的交互（见图 1 - 23 和图 1 - 24）。

图 1 - 23　清华大学官方 Facebook 账号导航栏

图 1 - 24　清华大学官方 Facebook 账号简介

相比于 Twitter 账号，清华大学的 Facebook 账号发布的内容较丰富，不仅有文字内容，还多配以图片、视频（见图 1 - 25 和图 1 - 26）。

图 1 - 25　清华大学官方 Facebook 账号发布的图片内容

图 1-26　清华大学官方 Facebook 账号发布的视频内容

清华大学的 Instagram 传播力得分为 96375.55，位列内地高校排名第二。粉丝数量达 7761 人次，是内地粉丝数量最高的学校。1 年内发布消息 400 条，收到回复 823 条，这两项指标也同样位居内地高校第一。单条图文信息最高点赞量达 827 次，单条视频信息最高点赞量达 1321 次，这两项指标也都位列内地高校第二。

清华大学 Instagram 账号头像是清华大学的校徽，首页简洁明了地介绍了清华 Instagram 账号，并在下面附上了其官方网站、官方 Twitter 账号、官方 Facebook 账号的链接地址，实现了宣传的最大化（见图 1-27）。

图 1-27　清华大学 Instagram 账号简介

清华大学 Instagram 账号发布的内容以校园景色与校园活动为主，得到最高点赞的图文信息与视频信息都是有关校园生活的内容。

收获最高点赞的单条视频信息内容是关于一位学生在清华的真实生活经历，内容接地气，认同感强，自然深受欢迎，也在社交平台很好地展现了清华的环境与人文气息（见图 1-28）。

图 1-28　清华大学 Instagram 账号获赞最高视频

清华大学 Instagram 账号发布的图文信息大多以学校的风光为主，展现学校一年四季的风情变化。

（三）北京大学海外传播力数据分析

北京大学 2018 年海外网络传播力总得分 853494.07，位居内地高校排名第一。其 Facebook、Instagram 传播力排名都位列中国内地高校第一，它的 Google 传播力与 YouTube 传播力位居中国内地高校第二，Wikipedia 传播力与 Twitter 传播力也都位居内地高校的前五。北京大学的海外传播力在内地高校中处于顶尖水平。

在海外社交平台的建设上，北京大学表现尤为突出，Facebook、Instagram 两项传播力排名都位于中国内地高校第一，Facebook、Instagram 账号都得到了官方认证，且实现了专业团队的规范化运营，使北京大学在海外社交平台上的影响力逐渐扩大。

北京大学的 Instagram 传播力得分为 213479.50，北京大学的 Instagram 官方账号粉丝人数为 5589，位列内地高校第二。北京大学的 Instagram 官方账号单条图文信息最高点赞数达到 3775 次，单条视频信息最高点赞数达到 3807 次，这两项数据都高居中国内地高校榜首。北京大学的 Instagram 账号发布的内容信息以校园风景与校园生活为主，配文简洁，展现出北京大学自由开放的形象（见图 1-29）。

北京大学的 Facebook 传播力得分为 391981.89，粉丝人数 325111 人次，位列中国内地高校第一，超过粉丝数量第二多的高校 12 万人次。北京大学 Facebook 单条图文信息最高的单赞量为 38000 次，超过内地以及港澳台地区所有高校。内容展现的是北京大学、耶鲁大学、剑桥大学、牛津大学 4 位世界名校校长相聚在燕园就大学未来展开讨论。图 1-30 是 4 所大学校长与主持人一起讨论的场景，收到较高的点赞，但评论和分享较少。

pku1898 ✓ 　关注 ▼ ・・・

214 帖子　　8,529 粉丝　　正在关注 70

Peking University
Add #PekingUniversity to your Instagram posts from around campus for a chance to be featured here. Welcome to PKU!

▦ 帖子　　　囹 已标记

图 1-29　北京大学官方 Instagram 账号首页

Peking University
2018年6月14日 · 🌐

What is the future of universities? The leaders of Peking University, Yale University, University of Oxford, and University of Cambridge sat down for a CGTN World Insight special program to answer this question. •https://bit.ly/2HLgtCf

查看翻译

👍❤️😮 3.8 万　　　　　　　　25条评论 55次分享

👍 赞　　　　💬 评论　　　　↪ 分享

图 1-30　北京大学官方 Facebook 账号获赞最多推文

本章附录

1. 港澳台地区高校名单

港澳台地区高校名单

中文名称	英文名称	简称
澳门大学	University of Macau	UM
岭南大学	Lingnan University, Hong Kong	LU
香港城市大学	City University of Hong Kong	CityU
香港大学	The University of Hong Kong	HKU
香港浸会大学	Hong Kong Baptist University	HKBU
香港科技大学	The Hong Kong University of Science and Technology	HKUST
香港理工大学	The Hong Kong Polytechnic University	HKPU/PolyU
香港中文大学	The Chinese University of Hong Kong	CUHK
大同大学	Tatung University	TTU
东海大学	Tunghai University	THU
东吴大学	Soochow University (Taiwan)	SCU
逢甲大学	Feng Chia University	FCU
辅仁大学	Fu Jen Catholic University	FJU
高雄医学大学	Kaohsiung Medical University	KMU
成功大学	Cheng Kung University	NCKU
东华大学（台湾）	Dong Hwa University	NDHU
高雄第一科技大学	Kaohsiung First University of Science and Technology	NKFUST
高雄应用科技大学	Kaohsiung University of Applied Sciences	KUAS
暨南国际大学	Chi Nan University	NCNU
交通大学（台湾）	Chiao Tung University	NCTU
清华大学（台湾）	Tsing Hua University	NTHU
台北大学	Taipei University	NTPU
台北科技大学	Taipei University of Technology	NTUT
台湾大学	Taiwan University	NTU
台湾海洋大学	Taiwan Ocean University	NTOU
台湾科技大学	Taiwan University of Science and Technology (Taiwan Tech)	NTUST
台湾师范大学	Taiwan Normal University	NTNU
阳明大学	Yang Ming University	NYMU
云林科技大学	Yunlin University of Science and Technology	NYUST
彰化师范大学	Changhua University of Education	NCUE
政治大学	Chengchi University	NCCU

中文名称	英文名称	简称
中山大学（台湾）	Sun Yat – sen University	NSYSU
中兴大学（台湾）	Chung Hsing University	NCHU
中央大学（台湾）	Central University	NCU
中正大学	Chung Cheng University	CCU
台北医学大学	Taipei Medical University	TMU
台湾淡江大学	Tamkang University	TKU
亚洲大学	Asia University, Taiwan	AU
元智大学	Yuan Ze University	YZU
长庚大学	Chang Gung University	CGU
中国医药大学（台湾）	China Medical University	CMU
中华大学	Chung Hua University	CHU
中原大学	Chung Yuan Christian University	CYCU

2. 海外参照高校名单

日韩参照高校名单

中文名称	英文名称	简称
东京大学	The University of Tokyo	Utokyo
高丽大学	Korea University	KU
京都大学	Kyoto University	KU
首尔大学	Seoul National University	SNU

美国参照高校名单

中文名称	英文名称	简称
哈佛大学	Harvard University	Harvard
斯坦福大学	Stanford University	Stanford
耶鲁大学	Yale University	Yale
麻省理工	Massachusetts Institute of Technology	MIT

3. 学术传播力具体指标得分和总排名

我国内地高校的学术传播力数据来源于 ESI 数据库，该数据库整合统计出了我国内地高校在 2008～2018 年的高校发表的论文数量、论文被引次数、论文篇均被引次数以及 TOP 区论文数。ESI 数据库在世界范围内都有较高的影响力和可信度。

学术传播力具体指标得分和总排名

排名	中文名称	论文数(篇)	论文被引次数(次)	论文篇均被引次数(次)	TOP区论文数(篇)	学术传播力
1	清华大学	67037	926463	13.82	1456	803769.2
2	北京大学	66247	981788	14.82	1240	787164.4
3	中国科学院大学	83195	979430	11.77	1046	770177.0
4	浙江大学	74728	888035	11.88	948	709539.0
5	上海交通大学	74038	859195	11.60	915	692492.5
6	复旦大学	50818	725113	14.27	773	599321.0
7	中国科学技术大学	39467	585400	14.83	884	560667.0
8	南京大学	42977	595812	13.86	677	526999.5
9	中山大学	46437	584646	12.59	646	515538.7
10	华中科技大学	44477	456336	10.26	581	445085.4
11	山东大学	43150	456917	10.59	405	414580.6
12	哈尔滨工业大学	38939	370060	9.50	582	401720.4
13	四川大学	44630	431902	9.68	386	400277.4
14	武汉大学	32951	374005	11.35	482	387929.1
15	南开大学	22075	346137	15.68	424	387418.1
16	吉林大学	39979	416156	10.41	329	381246.1
17	西安交通大学	38704	353131	9.12	432	367330.5
18	华南理工大学	26082	323960	12.42	472	366760.8
19	苏州大学	25044	314582	12.56	461	361297.4
20	中南大学	35513	328126	9.24	475	361142.9
21	东南大学	28928	284862	9.85	479	339588.1
22	厦门大学	22749	287102	12.62	393	337478.0
23	北京协和医学院	23471	312851	13.33	288	334958.2
24	大连理工大学	28061	309204	11.02	319	327636.3
25	同济大学	30766	292673	9.51	327	316817.0
26	天津大学	28568	273400	9.57	351	310895.9
27	华东理工大学	18291	255430	13.96	240	305840.0
28	兰州大学	20529	260271	12.68	236	298692.7
29	湖南大学	16116	197512	12.26	396	294903.9
30	北京师范大学	20460	227166	11.10	294	283841.8
31	中国农业大学	18822	209034	11.11	217	261891.6
32	福州大学	8467	128703	15.2	209	257633.3
33	北京航空航天大学	24321	190539	7.83	310	254023.6
34	北京化工大学	12704	166608	13.11	173	249070.6
35	武汉理工大学	10759	135810	12.62	266	247216.9

排名	中文名称	论文数(篇)	论文被引次数(次)	论文篇均被引次数(次)	TOP 区论文数(篇)	学术传播力
36	华东师范大学	15216	174482	11.47	196	244051.2
37	北京理工大学	18628	170641	9.16	288	243665.4
38	华中师范大学	7408	111411	15.04	171	242429.5
39	中国地质大学（北京）	17044	171777	10.08	241	241275.8
40	中国地质大学（武汉）	17044	171777	10.08	241	241275.8
41	第二军医大学	12537	161270	12.86	111	233971.7
42	上海大学	16356	155954	9.53	183	219726.6
43	电子科技大学	19846	140913	7.10	283	217217.7
44	第四军医大学	11254	140398	12.48	76	215404.3
45	东北师范大学	8288	111154	13.41	101	214868.0
46	北京科技大学	17556	150715	8.58	199	214412.8
47	东华大学	8980	108625	12.10	147	209786.9
48	重庆大学	19150	147941	7.73	197	208817.5
49	南京农业大学	13142	134734	10.25	140	206126.3
50	华中农业大学	11428	123641	10.82	134	203901.8
51	西北工业大学	18138	123185	6.79	242	197794.8
52	郑州大学	17561	137149	7.81	143	193327.5
53	天津医科大学	10117	112595	11.13	83	192258.9
54	南京理工大学	13110	113179	8.63	176	189631.4
55	西南大学	11985	110691	9.24	136	185605.5
56	江南大学	12482	111124	8.90	127	181864.7
57	中国海洋大学	12170	114405	9.40	89	180636.4
58	南京航空航天大学	12857	106221	8.26	160	180519.2
59	中国石油大学（北京）	14883	107162	7.20	185	179335.9
60	中国石油大学（华东）	14883	107162	7.20	185	179335.9
61	西北大学	13272	109502	8.25	109	173571.0
62	西北农林科技大学	13272	109502	8.25	109	173571.0
63	哈尔滨工程大学	7271	73497	10.11	129	171948.7
64	南京师范大学	8370	79423	9.49	127	169289.3
65	东北大学	14398	101446	7.05	132	165863.0
66	暨南大学	11759	96497	8.21	95	163392.3
67	华南师范大学	9385	87597	9.33	68	162146.3
68	南京邮电大学	5318	54275	10.21	120	161532.3
69	中国药科大学	8257	80224	9.72	36	156000.2
70	华北电力大学（保定）	7569	62260	8.23	152	153532.6

续表

排名	中文名称	论文数（篇）	论文被引次数（次）	论文篇均被引次数（次）	TOP区论文数（篇）	学术传播力
71	华北电力大学（北京）	7569	62260	8.23	152	153532.6
72	南昌大学	10330	84480	8.18	76	152926.9
73	合肥工业大学	8247	70626	8.56	101	152236.0
74	中国矿业大学（北京）	11622	72255	6.22	155	146034.9
75	中国矿业大学（徐州）	11622	72255	6.22	155	146034.9
76	北京工业大学	10035	75427	7.52	88	144844.5
77	西安电子科技大学	13242	77643	5.86	125	142882.7
78	中国人民大学	5223	49313	9.44	66	142338.2
79	陕西师范大学	7770	63570	8.18	62	138359.0
80	南京信息工程大学	7531	52286	6.94	148	136276.5
81	北京交通大学	10384	66069	6.36	105	133939.6
82	北京林业大学	6360	52801	8.3	65	133672.1
83	湖南师范大学	5137	46160	8.99	26	129521.2
84	安徽大学	5915	48577	8.21	55	128711.4
85	云南大学	5767	48560	8.42	30	126288.3
86	宁波大学	7325	53711	7.33	61	125306.9
87	国防科学技术大学	11916	66699	5.60	62	122825.4
88	西南交通大学	8521	55553	6.52	72	122192.7
89	河南大学	6147	48410	7.88	31	121575.3
90	首都师范大学	5253	41791	7.96	30	118192.0
91	南京中医药大学	4239	34532	8.15	27	115187.8
92	东北林业大学	4498	36540	8.12	20	114856.1
93	北京邮电大学	9095	49922	5.49	79	112481.6
94	广西大学	6191	43304	6.99	41	112459.0
95	上海中医药大学	3859	31392	8.13	12	110570.0
96	太原理工大学	6823	43212	6.33	53	109076.7
97	河海大学	8567	48365	5.65	60	109068.2
98	大连海事大学	2753	21381	7.77	45	106798.1
99	四川农业大学	5215	36582	7.01	26	105730.8
100	新疆大学	3684	27758	7.53	26	105020.1
101	辽宁大学	2187	18047	8.25	13	104200.9
102	贵州大学	3931	26697	6.79	53	101972.5
103	天津工业大学	4614	31189	6.76	36	101721.6
104	上海海洋大学	3235	23420	7.24	36	101248.9
105	东北农业大学	4031	27469	6.81	28	98353.49

续表

排名	中文名称	论文数(篇)	论文被引次数(次)	论文篇均被引次数(次)	TOP 区论文数(篇)	学术传播力
106	延边大学	2316	17498	7.56	5	95435.75
107	河北工业大学	3849	25335	6.58	19	93248.16
108	海南大学	2427	16488	6.79	26	90625.28
109	广州中医药大学	3054	19729	6.46	9	86609.54
110	南京林业大学	3909	22780	5.83	29	86280.57
111	天津中医药大学	1740	12034	6.92	5	85436.56
112	北京中医药大学	3388	19998	5.90	11	81798.97
113	成都理工大学	3012	17940	5.96	12	81068.86
114	长安大学	3542	18350	5.18	29	77018.46
115	西南石油大学	3671	17363	4.73	51	75989.63

注：未列出高校没有 ESI 统计数据。

4. 学术传播力指标权重及算法

指标权重   单位:%

Web of Science Documents/ Essential Science Indicators	论文数	20	100
	TOP 区论文数	20	
	论文被引次数	40	
	论文篇均被引次数	20	

算法：高校学术传播力的测量是由各个筛选指标乘以相应系数，加权相加得到的。具体算法如下：

$$Y = \sum_{i=1}^{4} a_i \frac{K_i A}{b_i}$$

式中：Y：任意高校学术传播力得分。

a_i：任意指标的数值，$i = 1, 2, 3, 4$，例如 a_1 表示任意高校的论文数。

K_i：任意指标的权重，例如 K_1 表示论文数的权重 20%。

b_i：任意指标的均值，例如 b_1 表示所有高校在论文数指标下的均值。

A：所有指标的均值的和。

第二章 2018 中央企业海外网络传播力报告

摘 要

"推进国际传播能力建设,讲好中国故事、传播好中国声音,向世界展现真实、立体、全面的中国"。在 2018 年 8 月的全国宣传思想工作会议上,习近平总书记提出了"展形象"的重要使命任务,明确了提升中华文化影响力的工作要求,为我们在新形势下做好外宣工作、提高国家文化软实力指明了方法路径,提供了根本遵循。中央企业作为中国企业的领军者,是我国国民经济的重要组成部分,是国家经济、文化和公共外交"走出去"的重要载体,更应该充分利用全球网络优势和资源优势,成为我国加强国际传播能力建设的重要载体,在国际市场上发出更加响亮的"中国声音"。

由此,北京师范大学新媒体传播研究中心、北京师范大学教育新闻与传媒研究中心选取了国务院国有资产监督管理委员会下属的 96 家中央企业作为研究对象,并选择中国民营企业 500 强中的第一名华为技术有限公司与目前世界第一大石油公司荷兰皇家壳牌集团作为对比参照。挖掘 Google、Wikipedia、Facebook、Twitter、Instagram、YouTube 六个平台数据开展分析。

分析结果显示,96 家中央企业海外传播力得分排名前十的依次为中国南方航空集团有限公司、中国航空集团有限公司、中国东方航空集团有限公司、中国石油化工集团有限公司、国家电力投资集团有限公司、中国中车集团有限公司、中国移动通信集团有限公司、东风汽车集团有限公司、中国联合网络通信集团有限公司、中国第一汽车集团有限公司。

研究发现,我国中央企业海外网络传播力具有以下特征:

(1) 相较于 2017 年调查,2018 年中央企业海外社交媒体建设有所改善,其中民用航空、通信、石油等行业发展进度较快,平台建设较为完善。

(2) 在 2017 年与 2018 年两年的调查中,航空企业与通信企业的海外传播力表现都比较突出。但两年比较可以发现,不同行业间的海外传播力排名变化较为明显。在 2018 年的调查中航空行业排名整体相对上升,通信行业整体相对下降。

(3) 与 2017 年比较,基础建设和军工行业在 2018 年的调查中海外传播力排名上升很快。

(4) 总体上,中央企业的海外网络传播力与民营企业、国外企业相差较大。在 2018

[本章作者] 张洪忠、方增泉、刘旭阳、王佳鑫、郑伟、祁雪晶、苏世兰。李琨、常佳琦、汪咏欣参与数据采集工作。

年总分榜中，排名第一的中央企业为中国南方航空集团有限公司，其传播力总指数与华为技术有限公司相比相差 9 倍，与荷兰皇家壳牌集团相比相差 6 倍。

（5）中央企业海外社交媒体平台建设力度不均衡，Facebook 平台发展较快，Twitter、Instagram、YouTube 账号建设则存在明显空白。2017 年调查显示大多数中央企业的海外媒体平台还处于休眠状态，而 2018 年中央企业在海外媒体平台上的活跃度整体升高，尤其在 Facebook 平台内的运营成效颇为明显，部分中央企业已形成运营策略，平台账号内容更新较频繁，粉丝量增大，用户回应度高。

（6）中央企业对海外媒体的重视程度日益增长，努力提升海外社交媒体平台的内容发布量。在 Twitter、Facebook、Instagram 等平台发布量均高于荷兰皇家壳牌集团。

（7）通过与国外企业的参照对比发现，荷兰皇家壳牌集团善用视频传播。而中央企业在 YouTube 平台建设和视频传播方面尚有不足且亟待发展。

一、背景

"推进国际传播能力建设，讲好中国故事、传播好中国声音，向世界展现真实、立体、全面的中国"。在 2018 年 8 月的全国宣传思想工作会议上，习近平总书记提出了"展形象"的重要使命任务，明确了提升中华文化影响力的工作要求，为我们在新形势下做好外宣工作、提高国家文化软实力，指明了方法路径，提供了根本遵循。

"一个故事胜过一打道理。"讲好中国故事是外宣工作的基本方法，也是提升中华文化影响力的基本途径。讲好中国故事，既是责任担当，也要遵循规律、改革创新。要积极创新宣传理念、话语体系、运行机制，拓展传播渠道、方式方法，提高专业化精准化水平，完善国际传播工作格局，汇聚更多资源力量，把"我们想讲的"变成"受众想听的"，把"受众想听的"融进"我们想讲的"，让外宣工作更具创造力、感召力、影响力。[1] 传播手段的建设和创新需要从两个方面展开。

一方面，互联网、大数据、人工智能等现代信息技术不断取得突破，数字经济蓬勃发展。网络凭借着开放化、实时化、数据化、规模化的特征，成为了推进国际传播建设的重要渠道。

根据中国国际电子商务中心首次对外发布的《世界电子商务报告》数据显示，当前全球网民人数已达 41.57 亿人，互联网普及率达 54.4%。[2] 海外各大社交媒体活跃用户数

---

① 中华人民共和国中央人民政府．新华社评论员：讲好中国故事，展现中国形象——五论学习贯彻习近平总书记在全国宣传思想工作会议重要讲话［EB/OL］．http://www.gov.cn/xinwen/2018 - 08/26/content_ 5316706. htm.

② 澎湃新闻．《世界电子商务报告》发布：全球网民人数达 41.57 亿人［EB/OL］．澎湃新闻网，https://www. thepaper. cn/newsDetail_ forward_ 2070492.

不断增多，除 Facebook 和 Twitter 依旧占据领先地位外，截至 2018 年 5 月，YouTube 平台月活跃用户首破 19 亿人次，平均每分钟就有 400 个小时的视频正在上传[①]；当年 6 月，Instagram 的月活跃用户量已经突破 10 亿人次关口[②]。因而中央企业的海外社交媒体建设成为了海外传播力建设的重要载体，成为促进国际对中国企业了解程度的重要渠道。

本次调查选取 Google、Wikipedia、Twitter、Facebook、Instagram、YouTube 6 个平台上的传播情况作为中央企业海外网络传播力的考察维度。

Google 作为全球最普及的搜索引擎，提供 30 余种语言服务，在全球搜索引擎平台上占据主导地位。因此以谷歌为平台分析中央企业的新闻内容和报道数量具有较高的研究价值和可信度。Google Trends 是基于用户搜索行为的数据平台，可以反映中央企业某一时间段内在该平台上的搜索热度，从整体把握中央企业在海外的受关注程度。

Wikipedia 是全球任何用户都可以编辑、基于多种语言写成的网络百科全书，也是一个动态的、可自由访问和编辑的全球知识体。Wikipedia 有着强大的访问量，对受众来说，它是一个较受信赖的寻找答案、发现事实的平台。Wikipedia 上英文词条完整性在一定程度上反映了我国中央企业面向全球编辑和完善英文媒体资料的主动性和积极性。

Twitter 为受众提供了一个公共讨论平台，所有信息都可以及时检索。Twitter 在自媒体平台上有着很强的国际影响力，在国际网站 Alexa. com 排名中，Twitter 影响力远远高于论坛、博客等其他自媒体平台。

Facebook 是全球最大的社交网络平台，用户利用该平台发布共享各种内容，与拥有共同兴趣的好友交流讨论和分享网络信息。目前，Facebook 已覆盖 200 多个国家和地区，是全球范围内影响力最高的社交媒体平台，也是全球市值最高的社交网络公司。Facebook 的官方主页是企业宣传和吸引粉丝的重要阵地，Facebook 平台的数据统计在一定程度上可以反映出中央企业海外传播的触达范围及触达深度。

Instagram 不同于传统社交媒体更专注于单一的图片功能，主推图片社交，深受年轻人的欢迎。Instagram 自 2010 年 10 月问世以来一直保持高速增长，2018 年 6 月，其月活跃用户量已经突破 10 亿关口，超过 400 亿的照片被分享，它的快速发展表明以图片及视频分享服务为主的社交媒体正在蓬勃发展，以图会友的新型社交媒体平台逐渐成为主流。

YouTube 是目前世界上规模最大和最有影响力的视频网站，用户可在平台内自主上传和浏览全球范围的视频内容，YouTube 影片内容包罗万象，深受中年和青少年人群青睐。在 YouTube 平台上进行影像视觉传播可以做到快速、大范围传播，吸引用户成为企业品牌粉丝，YouTube 平台的统计数据在一定程度上可以反映出中央企业的跨文化传播和沟通能力。

另一方面，中央企业作为中国企业的领军者，是我国国民经济的重要组成部分，是国

---

① YouTube：每月已注册用户访问数量稳定在 18 亿以上 ［EB/OL］. 搜狐新闻，https：//www. sohu. com/a/230374052_ 99956743.

② Instagram 月活用户量突破 10 亿还推出长视频服务 ［EB/OL］. 网易科技报道，http：//tech. 163. com/18/0621/10/DKQNR5QC 00097U7R. html.

家经济、文化和公共外交"走出去"的重要载体，更应该充分发挥全球网络优势和资源优势，成为我国国际传播能力建设的重要载体，"走出去"主动讲好中国故事，传播好中国事业，在国际市场上发出更加响亮的"中国声音"。这不仅有利于企业自身的品牌文化建设，同时也会提升国家的话语权。传播力决定影响力，话语权决定主动权。因此加强中央企业的海外传播力建设对企业本身、对国家文化软实力的提升都有着至关重要的意义。

传播力分为三个层次。第一个层次是"在场"，衡量标准是一个国家在互联网场域中的出现频率，操作化定义为提及率；第二个层次是评价，即"在场"内容是正面还是负面，需得到关注和讨论；第三个层次是承认，即互联网世界对一个传播内容的价值承认程度，虽然不同意但承认，这是国际传播应该努力达到的现实目标。在这三个层次中，"在场"是基础，只有在"在场"前提下才可能有后面的层次。海外传播力的最高目标在于承认，而非认同。

本报告从第一层次的"在场"维度考察我国中央企业在互联网英文世界中的传播力。在构建我国企业海外网络传播力测量维度时，将 Google 新闻的提及率、社交媒体账号运营情况等作为测量"在场"传播力的维度。

本报告选取 96 家中央企业作为研究样本，通过抓取国际搜索网站和大型社交平台数据，设定具体的维度和指标进行比对分析，以期了解我国企业海外网络传播力现状，提高企业海外传播能力，完善我国海外网络传播体系建设，进而提升中国的国际传播实力。

二、方法与指标

（一）指标

本报告采用专家法设立指标和权重。首先，选取 Google、Wikipedia、Twitter、Facebook、Instagram、YouTube 6 个平台作为考察维度；其次，对每个维度设立具体指标，通过赋予各项指标不同的权重，计算评估出我国企业的网络海外传播力。

6 个维度共有二级指标 25 个，逐一赋予权重进行量化统计分析，得出 96 家企业的海外网络传播力得分，各项指标权重如表 2 - 1 所示。

表 2 - 1 中国中央企业海外网络传播力指标维度及权重　　　　　单位:%

维度	指标	权重	
Google	新闻数量	15	20
	Google Trends 指数	5	

续表

维度	指标	权重	
Wikipedia	词条完整性	5	20
	1 年内词条被编辑的次数	5	
	1 年内参与词条编辑的用户数量	5	
	关联链接数量（What Links Here）	5	
Twitter	是否有官方认证账号	3	15
	粉丝数量	3	
	1 年内发布的内容数量	3	
	1 年内单条内容最高转发量	3	
	1 年内单条内容最多评论量	3	
Facebook	是否有官方认证账号	3	15
	好友数量	4	
	1 年内发布的内容数量	4	
	1 年内单条内容最高点赞量	4	
Instagram	是否有官方认证账号	2.5	15
	粉丝数量	2.5	
	1 年内发布的内容数量	2.5	
	1 年内单条信息最多回复量	2.5	
	1 年内单条图文最高点赞量	2.5	
	1 年内单个视频最高点击量	2.5	
YouTube	是否有官方认证账号	3	15
	订阅数量	4	
	1 年内发布的内容数量	4	
	1 年内单个视频最高点击量	4	

（二）算法

本报告中，企业海外网络传播力的测量是由各个筛选指标乘以相应系数，加权相加得到的。具体算法如下：首先，将定性数据转化成定量数据，计算中的定性数据包括 Twitter 中的"是否有官方认证账号"；Facebook 中的"是否有官方认证账号"等；其次，按照表 2 - 1 中所列的指标权重计算每个指标的系数；最后，通过公式计算出企业的海外网络传播力，其计算公式如下：

$$Y = \sum_{i=1}^{6} \sum_{j} a_{ij} \frac{K_{ij}A}{a_j}$$

式中，Y 为任意企业的海外网络传播力得分；a 为 6 个维度任意指标的数值；K_{ij} 为任意指标的权重；a_j 为任意指标的均值；A 为所有指标的均值的和。其中，a_{1j} 为 Google 任意指标的数值，$j = 1$，2；a_{2j} 为 Wikipedia 任意指标的数值，$j = 1$，2，3，4；a_{3j} 为 Twitter 任意指标的数值，$j = 1$，2，3，4，5；a_{4j} 为 Facebook 任意指标的数值，$j = 1$，2，3，4；a_{5j} 为 Instagram 任意指标的数值，$j = 1$，2，3，4，5；a_{6j} 为 YouTube 任意指标的数值，$j = 1$，2，3，4。

说明：因为各项指标之间的数量级不同，为了平衡各项指标的数据差距，以确保各项指标在总体中所占的比重能够达到既定的权重，我们在计算公式中加入了校正系数，其计算公式为：

$$X_{ij} = \frac{K_{ij}A}{a_j}$$

（三）数据采集时间

本报告中 Google、Wikipedia、Twitter、Facebook、Instagram、YouTube 6 个维度 25 个二级指标的采集时间均为 2017 年 10 月 15 日至 2018 年 10 月 15 日，覆盖时间 1 年整。

（四）分析对象选择

本报告选取了国务院国有资产监督管理委员会管辖的 96 家中央直属企业作为研究对象，这 96 家中央直属企业是国有企业的排头兵，体量大，运营内容广泛，影响力强；同时选择了中国民营企业 500 强中的第一名华为技术有限公司（简称华为公司）与目前世界第一大石油公司荷兰皇家壳牌集团（简称壳牌集团）作为参照分析。

企业中文名称与英文名称如表 2 - 2 和表 2 - 3 所示。

表 2 - 2 96 家中央直属企业名单

中文名称	英文名称	英文缩写
中国核工业集团有限公司	China National Nuclear Corporation	CNNC
中国航天科技集团有限公司	China Aerospace Science and Technology Corporation	CASC
中国航天科工集团有限公司	China Aerospace Science and Industry Corporation	CASIC
中国航空工业集团有限公司	Aviation Industry Corporation of China	AVIC
中国船舶工业集团有限公司	China State Shipbuilding Corporation	CSSC
中国船舶重工集团有限公司	China Shipbuilding Industry Corporation	CSIC
中国兵器工业集团有限公司	China North Industries Group Corporation	CNIGC
中国兵器装备集团有限公司	China South Industries Group Corporation	CSGC
中国电子科技集团有限公司	China Electronics Technology Group Corporation	CETC
中国航空发动机集团有限公司	Aero Engine Corporation of China	AECC
中国石油天然气集团有限公司	China National Petroleum Corporation	CNPC
中国石油化工集团有限公司	China Petroleum & Chemical Corporation	SINOPEC
中国海洋石油集团有限公司	China National Offshore Oil Corporation	CNOOC

中文名称	英文名称	英文缩写
国家电网有限公司	State Grid Corporation of China	SGCC
中国南方电网有限责任公司	China Southern Power Grid	CSG
中国华能集团有限公司	China Huaneng Group	CHNG
中国大唐集团有限公司	China Datang Corporation	CDT
中国华电集团有限公司	China Huadian Corporation	CHD
国家电力投资集团有限公司	State Power Investment Corporation	SPIC
中国长江三峡集团有限公司	China Three Gorges Corporation	CTG
国家能源投资集团有限责任公司	China Energy Investment Corporation	CHN ENERGY
中国电信集团有限公司	China Telecommunications Corporation	CHINA TELECOM
中国联合网络通信集团有限公司	China United Network Communications Group Co., Ltd	CHINA UNICOM
中国移动通信集团有限公司	China Mobile Limited	CHINA MOBILE
中国电子信息产业集团有限公司	China Electronics Corporation	CEC
中国第一汽车集团有限公司	China FAW Group Corporation	FAW
东风汽车集团有限公司	Dongfeng Motor Corporation	DFM
中国一重集团有限公司	China First Heavy Industries	CFHI
中国机械工业集团有限公司	China National Machinery Industry Corporation	SINOMACH
哈尔滨电气集团有限公司	Harbin Electric Corporation	HE
中国东方电气集团有限公司	Dongfang Electric Corporation	DEC
鞍钢集团有限公司	Ansteel Group Corporation	ANSTEEL
中国宝武钢铁集团有限公司	China Baowu Steel Group Corporation Limited	BAOWU
中国铝业集团有限公司	Aluminum Corporation of China	CHINALCO
中国远洋海运集团有限公司	China Cosco Shipping Corporation Limted	COSCO
中国航空集团有限公司	China National Aviation Coporation (Group) Limited	AIR CHINA
中国东方航空集团有限公司	China Eastern Airlines	CHINA EASTERN
中国南方航空集团有限公司	China Southern Airlines	CHINA SOUTHERN
中国中化集团有限公司	Sinochem Group	SINOCHEM
中粮集团有限公司	China National Cereals, Oils and Foodstuffs Corporation	COFCO
中国五矿集团有限公司	China Minmetals Corporation	CMC
中国通用技术（集团）控股有限责任公司	China General Technology (Group) Holding Co., Ltd.	GENERTEC
中国建筑集团有限公司	China State Construction Engineering Corporation	CSCEC
中国储备粮管理集团有限公司	China Grain Reserves Corporation	SINOGRAIN
国家开发投资集团有限公司	State Development & Investment Corporation	SDIC
招商局集团有限公司	China Merchants Group	CMHK

中文名称	英文名称	英文缩写
华润（集团）有限公司	China Resources（Holdings）Co.，Ltd.	China Resources Group（CRC）
中国旅游集团有限公司［香港中旅（集团）有限公司］	China National Travel Service Group Corporation China Travel Service（Holdings）Hong Kong limited	HKCTS
中国商用飞机有限责任公司	Commercial Aircraft Corporation of China，Ltd.	COMAC
中国节能环保集团有限公司	China Energy Conservation and Environmental Protection Group	CECEP
中国国际工程咨询有限公司	China International Engineering Consulting Corporation	CIECC
中国诚通控股集团有限公司	China Chengtong Holdings Group Limited	CCT
中国中煤能源集团有限公司	China National Coal Group Corporation	ChinaCoal
中国煤炭科工集团有限公司	China Coal Technology & Engineering Group Corp	CCTEG
机械科学研究总院集团有限公司	China Academy of Machinery Science and Technology	CAM
中国中钢集团有限公司	Sinosteel Corporation	SINOSTEEL
中国钢研科技集团有限公司	China Iron & Steel Research Institute Group	CISRI
中国化工集团有限公司	China National Chemical Corporation	CHEMCHINA
中国化学工程集团有限公司	China National Chemical Engineering Group Corporation	CNCEC
中国盐业集团有限公司	China National Salt Industry Corporation	CNSIC
中国建材集团有限公司	China National Building Materials Group Corporation	CNBM
中国有色矿业集团有限公司	China Nonferrous Metal Mining（Group）Co.，Ltd.	CNMC
有研科技集团有限公司	General Research Institute for Nonferrous Metals	GRINM
北京矿冶科技集团有限公司	Beijing General Research Institute of Mining & Metallurgy	BGRIMM
中国国际技术智力合作有限公司	China International Intellectech Corporation	CIIC
中国建筑科学研究院有限公司	China Academy of Building Research	CABR
中国中车集团有限公司	CRRC Corporation Limited	CRRC
中国铁路通信信号集团有限公司	China Railway Signal & Communication Corporation Limited	CRSC
中国铁路工程集团有限公司	China Railway Group Limited	CREC
中国铁道建筑有限公司	China Railway Construction Corporation	CRCC
中国交通建设集团有限公司	China Communications Construction Company Limited	CCCC
中国普天信息产业集团有限公司	Potevio Company Limited	POTEVIO
中国信息通信科技集团有限公司	FiberHome Technologies Group；Datang Telecom Technology & Industry Group	
中国农业发展集团有限公司	China National Agricultural Development Group Co.，Ltd.	CNADC
中国中丝集团有限公司	China Silk Corporation	CSC
中国林业集团有限公司	China Forestry Group Corporation	CFGC
中国医药集团有限公司	China National Pharmaceutical Group Corporation	SINOPHARM
中国保利集团有限公司	China Poly Group Corporation	CPGC

续表

中文名称	英文名称	英文缩写
中国建设科技有限公司	China Architecture Design & Research Group	CAG
中国冶金地质总局	China Metallurgical Geology Bureau	CMGB
中国煤炭地质总局	China National Administration of Coal Geology	CNACG
新兴际华集团有限公司	Xinxing Cathay International Group Co. , Ltd.	XXCIG
中国民航信息集团有限公司	China TravelSky Holding Company	TRAVELSKY
中国航空油料集团有限公司	China National Aviation Fuel	CNAF
中国航空器材集团有限公司	China Aviation Supplies Holding Company	CASC
中国电力建设集团有限公司	The Power Construction Corporation of China	POWERCHINA
中国能源建设集团有限公司	China Energy Engineering Corporation Limited	CEEC
中国黄金集团有限公司	China National Gold Group Corporation	China Gold
中国广核集团有限公司	China General Nuclear Power Corporation	CGN
中国华录集团有限公司	China Hualu Group Co. , LTD.	Hualu
上海诺基亚贝尔股份有限公司	Nokia – Sbell	Nokia – Sbell
华侨城集团有限公司	Overseas Chinese Town Holdings Company	OCT
南光（集团）有限公司 ［中国南光集团有限公司］	Nam Kwong（group）Company Limited	Nam Kwong
中国西电集团有限公司	China XD Group Company	XD
中国铁路物资集团有限公司	China Railway Materials Company Limited	CRM
中国国新控股有限责任公司	China Reform Holdings Corporation Ltd.	CRHC

表 2 - 3　参照企业名单

中文名称	英文名称	英文缩写
华为技术有限公司	HUAWEI TECHNOLOGIES CO. , LTD.	HUAWEI
荷兰皇家壳牌集团	Royal Dutch /Shell Group of Companies	Shell Global

对以上企业的 Google 新闻搜索、Wikipedia 英文词条、Twitter、Facebook、Instagram、YouTube 这 6 个维度的考察均使用其英文名称进行搜索，大部分企业的英文名称包含前缀 China，或使用中文名称的音译，如 China Huaneng Group（中国华能集团公司），因此其英文名称具有唯一性，可以直接对应到该企业；个别企业如国家电力投资集团公司的英文名称为 State Power Investment Corporation，我们则通过人工筛选的方法以确定其准确网址。

由于在数据采集过程中，中国信息通信科技集团有限公司由武汉邮电科学研究院及电信科学技术研究院于 2018 年 7 月 20 日联合重组成立，故使用武汉邮电科学研究院与电信科学技术研究院的英文全称和简称作为搜索关键词，并将两家公司的统计结果合并。

三、中央企业海外网络传播力总得分与排序

（一）96 家央企海外传播力总排名

本书整理并汇集我国 96 家中央企业在 Google、Wikipedia、Twitter、Facebook、Instagram 和 YouTube 6 个维度上 25 个指标数据，通过综合模型计算分析得出海外网络传播力指数与排名。

在这 96 家企业中，得分最高的是中国南方航空集团有限公司（4645676.0），其后第二名到第五名依次是：中国航空集团有限公司（4337935.2）、中国东方航空集团有限公司（3711623.8）、中国石油化工集团有限公司（2152403.7）、国家电力投资集团有限公司（1738746.0）。

具体如表 2-4 所示。

表 2-4　96 家中央企业海外传播力总得分与排名

序号	中文名称	英文名称	传播力指数
1	中国南方航空集团有限公司	China Southern Airlines	4645676.0
2	中国航空集团有限公司	China National Aviation Coporation（Group）Limited	4337935.2
3	中国东方航空集团有限公司	China Eastern Airlines	3711623.8
4	中国石油化工集团有限公司	China Petroleum & Chemical Corporation	2152403.7
5	国家电力投资集团有限公司	State Power Investment Corporation	1738746.0
6	中国中车集团有限公司	CRRC Corporation Limited	1184994.4
7	中国移动通信集团有限公司	China Mobile Limited	1178699.4
8	东风汽车集团有限公司	Dongfeng Motor Corporation	1097005.0
9	中国联合网络通信集团有限公司	China United Network Communications Group Co.，Ltd	1083230.5
10	中国第一汽车集团有限公司	China FAW Group Corporation	955628.7
11	中国电信集团有限公司	China Telecommunications Corporation	668283.8
12	中国石油天然气集团有限公司	China National Petroleum Corporation	613881.7
13	中国兵器工业集团有限公司	China North Industries Group Corporation	611153.7
14	中国交通建设集团有限公司	China Communications Construction Company Limited	597771.2
15	中粮集团有限公司	China National Cereals，Oils and Foodstuffs Corporation	528652.2
16	国家电网有限公司	State Grid Corporation of China	446332.1

续表

序号	中文名称	英文名称	传播力指数
17	中国商用飞机有限责任公司	Commercial Aircraft Corporation of China, Ltd.	432760.6
18	中国建筑集团有限公司	China State Construction Engineering Corporation	416229.6
19	中国航空工业集团有限公司	Aviation Industry Corporation of China	391700.3
20	中国海洋石油集团有限公司	China National Offshore Oil Corporation	344300.0
21	中国建材集团有限公司	China National Building Materials Group Corporation	320761.2
22	中国铁道建筑有限公司	China Railway Construction Corporation	317066.5
23	中国铁路工程集团有限公司	China Railway Group Limited	315309.5
24	中国化工集团有限公司	China National Chemical Corporation	296336.1
25	中国船舶重工集团有限公司	China Shipbuilding Industry Corporation	293802.7
26	中国航天科技集团有限公司	China Aerospace Science and Technology Corporation	289273.4
27	中国宝武钢铁集团有限公司	China Baowu Steel Group Corporation Limited	279627.9
28	中国核工业集团有限公司	China National Nuclear Corporation	273886.8
29	华润（集团）有限公司	China Resources（Holdings）Co., Ltd.	256676.3
30	中国华能集团有限公司	China Huaneng Group	256067.7
31	中国中化集团有限公司	Sinochem Group	220658.5
32	中国医药集团有限公司	China National Pharmaceutical Group Corporation	219946.4
33	中国船舶工业集团有限公司	China State Shipbuilding Corporation	215780.4
34	中国航天科工集团有限公司	China Aerospace Science and Industry Corporation	214170.4
35	中国五矿集团有限公司	China Minmetals Corporation	210669.9
36	中国东方电气集团有限公司	Dongfang Electric Corporation	210663.4
37	中国广核集团有限公司	China General Nuclear Power Corporation	208839.5
38	中国航空发动机集团有限公司	Aero Engine Corporation of China	208146.1
39	招商局集团有限公司	China Merchants Group	205424.5
40	中国机械工业集团有限公司	China National Machinery Industry Corporation	204964.4
41	中国长江三峡集团有限公司	China Three Gorges Corporation	203820.0
42	中国远洋海运集团有限公司	China Cosco Shipping Corporation Limted	198990.3
43	中国能源建设集团有限公司	China Energy Engineering Corporation Limited	198406.5
44	中国铝业集团有限公司	Aluminum Corporation of China	195027.7
45	鞍钢集团有限公司	Ansteel Group Corporation	184160.7
46	中国信息通信科技集团有限公司	FiberHome Technologies Group（武汉邮电科学研究院）Datang Telecom Technology & Industry Group（电信科学技术研究院）	183048.6
47	中国西电集团有限公司	China XD Group Company	178610.9
48	中国化学工程集团有限公司	China National Chemical Engineering Group Corporation	174010.2
49	中国电子科技集团有限公司	China Electronics Technology Group Corporation	166109.3
50	中国保利集团有限公司	China Poly Group Corporation	160974.6

序号	中文名称	英文名称	传播力指数
51	中国通用技术（集团）控股有限责任公司	China General Technology（Group）Holding Co.，Ltd.	158214.7
52	中国兵器装备集团有限公司	China South Industries Group Corporation	157126.6
53	中国中钢集团有限公司	Sinosteel Corporation	155523.0
54	中国林业集团有限公司	China Forestry Group Corporation	151432.9
55	中国航空油料集团有限公司	China National Aviation Fuel	150695.6
56	中国节能环保集团有限公司	China Energy Conservation and Environmental Protection Group	146303.3
57	中国盐业集团有限公司	China National Salt Industry Corporation	145834.6
58	中国有色矿业集团有限公司	China Nonferrous Metal Mining（Group）Co.，Ltd.	145088.3
59	哈尔滨电气集团有限公司	Harbin Electric Corporation	140304.2
60	中国中煤能源集团有限公司	China National Coal Group Corporation	137002.1
61	国家能源投资集团有限责任公司	China Energy Investment Corporation	136075.4
62	中国华电集团有限公司	China Huadian Corporation	132509.6
63	中国电子信息产业集团有限公司	China Electronics Corporation	127151.3
64	中国南方电网有限责任公司	China Southern Power Grid	125337.1
65	中国大唐集团有限公司	China Datang Corporation	124668.7
66	中国航空器材集团有限公司	China Aviation Supplies Holding Company	120191.8
67	中国普天信息产业集团有限公司	Potevio Company Limited	115291.4
68	中国黄金集团有限公司	China National Gold Group Corporation	113972.2
69	中国民航信息集团有限公司	China TravelSky Holding Company	108095.0
70	华侨城集团有限公司	Overseas Chinese Town Holdings Company	88486.1
71	有研科技集团有限公司	General Research Institute for Nonferrous Metals	87891.0
72	中国电力建设集团有限公司	The Power Construction Corporation of China	86326.6
73	中国铁路物资集团有限公司	China Railway Materials Company Limited	78861.9
74	中国华录集团有限公司	China Hualu Group Co.，LTD.	76022.1
75	国家开发投资集团有限公司	State Development & Investment Corporation	75331.3
76	中国国际技术智力合作有限公司	China International Intellectech Corporation	60683.2
77	北京矿冶科技集团有限公司	Beijing General Research Institute of Mining & Metallurgy	58480.9
78	中国钢研科技集团有限公司	China Iron & Steel Research Institute Group	58446.5
79	中国诚通控股集团有限公司	China Chengtong Holdings Group Limited	45953.9
80	南光（集团）有限公司［中国南光集团有限公司］	Nam Kwong（Group）Company Limited	44943.1
81	中国旅游集团有限公司［香港中旅（集团）有限公司］	China National Travel Service Group Corporation China Travel Service（Holdings）Hong Kong limited	33035.5
82	中国一重集团有限公司	China First Heavy Industries	32022.4

续表

序号	中文名称	英文名称	传播力指数
83	中国铁路通信信号集团有限公司	China Railway Signal & Communication Corporation Limited	30510.6
84	中国建筑科学研究院有限公司	China Academy of Building Research	26310.5
85	中国建设科技有限公司	China Architecture Design & Research Group	21987.4
86	机械科学研究总院集团有限公司	China Academy of Machinery Science and Technology	14770.5
87	新兴际华集团有限公司	Xinxing Cathay International Group Co. , Ltd.	1200.5
88	中国中丝集团有限公司	China Silk Corporation	164.0
89	中国国新控股有限责任公司	China Reform Holdings Corporation Ltd.	12.8
90	中国储备粮管理集团有限公司	China Grain Reserves Corporation	10.9
91	中国国际工程咨询有限公司	China International Engineering Consulting Corporation	10.9
92	中国煤炭科工集团有限公司	China Coal Technology & Engineering Group Corp.	4.0
93	上海诺基亚贝尔股份有限公司	Nokia - Sbell	3.6
94	中国农业发展集团有限公司	China National Agricultural Development Group Co. , Ltd.	1.8
95	中国冶金地质总局	China Metallurgical Geology Bureau	1.8
96	中国煤炭地质总局	China National Administration of Coal Geology	0.0

（二）参照比较

中央企业中排行第一的是中国南方航空集团有限公司，与参照企业华为公司（传播力指数：41802095.8）以及壳牌集团（传播力指数：28229846.7）相比差距较大。中国南方航空集团有限公司传播力指数与华为公司相比相差 9 倍，与壳牌集团相比相差 6 倍（见图 2 - 1）。

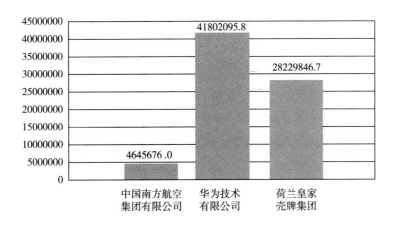

图 2 - 1　海外传播力总得分分析

四、维度一：中央企业的Google传播力

本次调研通过在 Google 搜索引擎的新闻检索，了解中央企业在海外英文网站上新闻出现的总体数量，并分析 Google Trends 指数精确地掌握中央企业在近 1 年内的搜索热度情况，从而整体把握中央企业在海外的受关注程度。

（一）Google 传播力得分

在 Google 传播力维度中，各项指标权重如下：Google 新闻数量占 15%，Google Trends 指数占 5%，在影响力测量中共占 20% 的比重。

中央企业 Google 搜索的平均新闻量为 332.5 条。其中 Google 新闻数量最高的是中国南方航空集团有限公司。84%（81 家）的中央企业有 Google Trends 热度指数，Google Trends 指数最高的是中国第一汽车集团有限公司。

1. Google 得分排名

在 Google 传播力维度中，得分排名在前五的中央企业依次是中国第一汽车集团有限公司、中国南方航空集团有限公司、中粮集团有限公司、中国商用飞机有限责任公司、华润（集团）有限公司。具体如表 2 - 5 所示。

表 2 - 5　中央企业 Google 传播力得分排名

序号	中文名称	得分
1	中国第一汽车集团有限公司	174847.0
2	中国南方航空集团有限公司	158605.8
3	中粮集团有限公司	155029.7
4	中国商用飞机有限责任公司	141151.1
5	华润（集团）有限公司	137463.1
6	中国宝武钢铁集团有限公司	135579.5
7	中国联合网络通信集团有限公司	126334.3
8	中国东方航空集团有限公司	125078.2
9	中国石油天然气集团有限公司	122490.5
10	中国建材集团有限公司	113676.4
11	中国铁道建筑有限公司	102960.1
12	中国机械工业集团有限公司	102665.4
13	中国能源建设集团有限公司	90887.4

序号	中文名称	得分
14	有研科技集团有限公司	87891.0
15	中国电力建设集团有限公司	86326.6
16	中国建筑集团有限公司	86220.2
17	中国中化集团有限公司	86034.7
18	中国五矿集团有限公司	84701.9
19	中国化学工程集团有限公司	82822.1
20	中国化工集团有限公司	82357.6
21	中国移动通信集团有限公司	81808.3
22	国家电网有限公司	80954.1
23	中国铁路工程集团有限公司	79397.2
24	招商局集团有限公司	75793.7
25	鞍钢集团有限公司	74846.9
26	中国节能环保集团有限公司	72346.0
27	中国信息通信科技集团有限公司	69877.4
28	中国华能集团有限公司	69480.6
29	中国海洋石油集团有限公司	69059.2
30	中国西电集团有限公司	66997.6
31	中国医药集团有限公司	66000.9
32	中国普天信息产业集团有限公司	65089.3
33	东风汽车集团有限公司	61084.0
34	中国交通建设集团有限公司	61021.1
35	中国国际技术智力合作有限公司	60683.2
36	中国通用技术（集团）控股有限责任公司	60008.7
37	北京矿冶科技集团有限公司	58480.9
38	中国钢研科技集团有限公司	58446.5
39	中国航天科技集团有限公司	56351.0
40	中国航空工业集团有限公司	55792.4
41	中国电子信息产业集团有限公司	55573.3
42	中国兵器装备集团有限公司	53539.3
43	中国中车集团有限公司	53046.3
44	中国铝业集团有限公司	53011.1
45	中国石油化工集团有限公司	52123.7
46	中国核工业集团有限公司	48986.8
47	中国长江三峡集团有限公司	48716.4
48	中国电子科技集团有限公司	47455.5

序号	中文名称	得分
49	国家能源投资集团有限责任公司	46733.0
50	中国广核集团有限公司	46085.7
51	中国诚通控股集团有限公司	45953.9
52	中国中煤能源集团有限公司	45277.6
53	南光（集团）有限公司［中国南光集团有限公司］	44943.1
54	中国船舶工业集团有限公司	43409.9
55	中国盐业集团有限公司	42707.1
56	中国船舶重工集团有限公司	42609.4
57	中国中钢集团有限公司	41973.1
58	中国东方电气集团有限公司	41311.6
59	中国大唐集团有限公司	40002.8
60	国家电力投资集团有限公司	39714.2
61	中国远洋海运集团有限公司	39099.2
62	中国旅游集团有限公司［香港中旅（集团）有限公司］	33003.4
63	国家开发投资集团有限公司	32517.0
64	中国一重集团有限公司	32022.4
65	中国航空发动机集团有限公司	31849.1
66	中国航空油料集团有限公司	31478.1
67	中国铁路通信信号集团有限公司	30494.0
68	中国保利集团有限公司	29348.4
69	中国航天科工集团有限公司	29092.6
70	中国铁路物资集团有限公司	28707.1
71	中国兵器工业集团有限公司	28303.2
72	中国华电集团有限公司	27771.7
73	中国建筑科学研究院有限公司	26309.6
74	中国有色矿业集团有限公司	26166.2
75	中国黄金集团有限公司	25043.0
76	中国南方电网有限责任公司	24008.5
77	中国建设科技有限公司	21987.4
78	中国电信集团有限公司	21634.9
79	机械科学研究总院集团有限公司	14770.5
80	中国航空器材集团有限公司	11127.2
81	中国华录集团有限公司	10945.2
82	哈尔滨电气集团有限公司	528.5
83	中国中丝集团有限公司	164.0

序号	中文名称	得分
84	华侨城集团有限公司	156.7
85	中国国新控股有限责任公司	12.8
86	中国储备粮管理集团有限公司	10.9
87	中国国际工程咨询有限公司	10.9
88	中国林业集团有限公司	7.3
89	中国航空集团有限公司	5.5
90	中国煤炭科工集团有限公司	3.6
91	上海诺基亚贝尔股份有限公司	3.6
92	中国农业发展集团有限公司	1.8
93	中国冶金地质总局	1.8
94	中国民航信息集团有限公司	1.8
95	中国煤炭地质总局	0.0
96	新兴际华集团有限公司	0.0

2. 参照比较

得分排名第一的中国第一汽车集团有限公司（174847.0）与华为公司（14308138.8）、壳牌集团（2083952.2）相比仍差距较大。中国第一汽车集团有限公司 Google 传播力指数与华为公司相比相差近 82 倍，与壳牌集团相比相差近 12 倍（见图 2 - 2）。

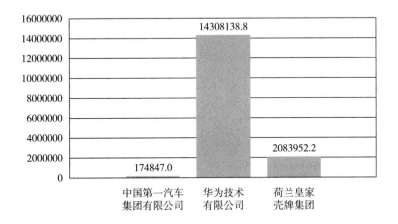

图 2 - 2　Google 传播力得分分析

（二）Google 传播力具体指标

在 Google（www.google.com）英文搜索引擎的新闻分类下，采用输入双引号加中央企业英文全称的方法，即"央企英文全称"，限定搜索时间为 2017 年 10 月 15 日到 2018 年 10 月 15 日，得到各企业的新闻数量。运用 Google Trends 平台搜索各企业英文全称，从而获得该企业的搜索热度。

1. Google 新闻搜索量方面

排名前三的依次为中国南方航空集团有限公司（4950 条）、中国东方航空集团有限公司（3810 条）、中国航空工业集团有限公司（3440 条）。96 家中央企业平均 Google 新闻数量为 332.5 条。

新闻搜索量排名第一位的中国南方航空集团有限公司（4950 条）与华为公司（7770000 条）、壳牌集团（1050000 条）相比仍差距较大，与华为公司相比相差近 1570 倍，与壳牌集团相比相差约 212 倍（见图 2 - 3）。

2. Google Trends 指数方面

排名前三的依次为中国第一汽车集团有限公司（87.8）、中粮集团有限公司（77.8）、中国南方航空集团公司（75.1）。96 家企业平均 Google Trends 指数为 24.5。

Google 传播力具体指标数据如表 2 - 6 和表 2 - 7 所示（按 Google 传播力总得分排名）。

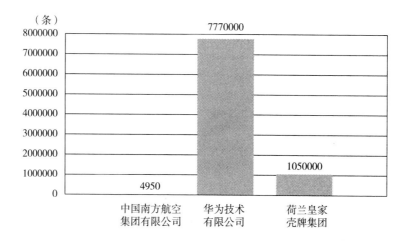

图 2 - 3 Google 新闻搜索量分析

表 2 - 6 中央企业 Google 传播力具体指标

序号	中文名称	新闻数量（条）	Google Trends 指数
1	中国第一汽车集团有限公司	27	87.8
2	中国南方航空集团有限公司	4950	75.1
3	中粮集团有限公司	101	77.8
4	中国商用飞机有限责任公司	73	70.8
5	华润（集团）有限公司	8	69.0

序号	中文名称	新闻数量（条）	Google Trends 指数
6	中国宝武钢铁集团有限公司	26	68.1
7	中国联合网络通信集团有限公司	25	63.4
8	中国东方航空集团有限公司	3810	59.3
9	中国石油天然气集团有限公司	2390	59.3
10	中国建材集团有限公司	7	57.1
11	中国铁道建筑有限公司	1240	50.6
12	中国机械工业集团有限公司	68	51.5
13	中国能源建设集团有限公司	38	45.6
14	有研科技集团有限公司	2	44.1
15	中国电力建设集团有限公司	92	43.3
16	中国建筑集团有限公司	879	42.5
17	中国中化集团有限公司	571	42.7
18	中国五矿集团有限公司	417	42.2
19	中国化学工程集团有限公司	4	41.6
20	中国化工集团有限公司	244	41.1
21	中国移动通信集团有限公司	623	40.5
22	国家电网有限公司	979	39.8
23	中国铁路工程集团有限公司	269	39.6
24	招商局集团有限公司	704	37.4
25	鞍钢集团有限公司	102	37.5
26	中国节能环保集团有限公司	8	36.3
27	中国信息通信科技集团有限公司	839	34.3
28	中国华能集团有限公司	147	34.8
29	中国海洋石油集团有限公司	823	33.9
30	中国西电集团有限公司	1	33.6
31	中国医药集团有限公司	52	33.1
32	中国普天信息产业集团有限公司	26	32.7
33	东风汽车集团有限公司	323	30.4
34	中国交通建设集团有限公司	206	30.5
35	中国国际技术智力合作有限公司	0	30.5
36	中国通用技术（集团）控股有限责任公司	1	30.1
37	北京矿冶科技集团有限公司	8	29.4
38	中国钢研科技集团有限公司	51	29.3
39	中国航天科技集团有限公司	530	27.8
40	中国航空工业集团有限公司	3440	24.9

序号	中文名称	新闻数量（条）	Google Trends 指数
41	中国电子信息产业集团有限公司	62	27.8
42	中国兵器装备集团有限公司	18	26.9
43	中国中车集团有限公司	98	26.5
44	中国铝业集团有限公司	656	26.0
45	中国石油化工集团有限公司	1200	25.1
46	中国核工业集团有限公司	643	24.0
47	中国长江三峡集团有限公司	320	24.2
48	中国电子科技集团有限公司	226	23.6
49	国家能源投资集团有限责任公司	77	23.4
50	中国广核集团有限公司	196	23.0
51	中国诚通控股集团有限公司	0	23.1
52	中国中煤能源集团有限公司	0	22.7
53	南光（集团）有限公司（中国南光集团有限公司）	2	22.6
54	中国船舶工业集团有限公司	604	21.2
55	中国盐业集团有限公司	74	21.4
56	中国船舶重工集团有限公司	639	20.8
57	中国中钢集团有限公司	63	21.0
58	中国东方电气集团有限公司	566	20.2
59	中国大唐集团有限公司	54	20.0
60	国家电力投资集团有限公司	308	19.7
61	中国远洋海运集团有限公司	53	19.6
62	中国旅游集团有限公司［香港中旅（集团）有限公司］	7	16.6
63	国家开发投资集团有限公司	70	16.3
64	中国一重集团有限公司	46	16.0
65	中国航空发动机集团有限公司	54	15.9
66	中国航空油料集团有限公司	36	15.8
67	中国铁路通信信号集团有限公司	153	15.2
68	中国保利集团有限公司	22	14.7
69	中国航天科工集团有限公司	294	14.3
70	中国铁路物资集团有限公司	0	14.4
71	中国兵器工业集团有限公司	67	14.2
72	中国华电集团有限公司	64	13.9
73	中国建筑科学研究院有限公司	4	13.2
74	中国有色矿业集团有限公司	49	13.1
75	中国黄金集团有限公司	10	12.6

序号	中文名称	新闻数量（条）	Google Trends 指数
76	中国南方电网有限责任公司	432	11.7
77	中国建设科技有限公司	24	11.0
78	中国电信集团有限公司	78	10.8
79	机械科学研究总院集团有限公司	2	7.4
80	中国航空器材集团有限公司	44	5.5
81	中国华录集团有限公司	6	5.5
82	哈尔滨电气集团有限公司	290	0.0
83	中国中丝集团有限公司	90	0.0
84	华侨城集团有限公司	86	0.0
85	中国国新控股有限责任公司	7	0.0
86	中国储备粮管理集团有限公司	6	0.0
87	中国国际工程咨询有限公司	6	0.0
88	中国林业集团有限公司	4	0.0
89	中国航空集团有限公司	3	0.0
90	中国煤炭科工集团有限公司	2	0.0
91	上海诺基亚贝尔股份有限公司	2	0.0
92	中国农业发展集团有限公司	1	0.0
93	中国冶金地质总局	1	0.0
94	中国民航信息集团有限公司	1	0.0
95	中国煤炭地质总局	0	0.0
96	新兴际华集团有限公司	0	0.0

表 2－7　参照企业 Google 传播力具体指标

排名	中文名称	新闻数量（条）	Google Trends 指数
1	华为技术有限公司	7770000	74.5
2	荷兰皇家壳牌集团	1050000	85.6

五、维度二：中央企业的Wikipedia传播力

Wikipedia 是一个全球任何用户都可以参与编辑、基于多语言写成的网络百科全书，

也是一个动态的、可自由访问的全球知识体。Wikipedia 英文词条完整性在一定程度上反映出中央企业面向全球编辑和完善媒体资料的主动性和积极性，编辑频率和链接数量也体现了企业与受众之间文化交流的互动性。

（一）Wikipedia 传播力得分

在 Wikipedia 传播力维度中，各项指标权重如下：根据各媒体在 Wikipedia 的英文词条建设情况，词条完整性占 5%；1 年内词条被编辑的次数占 5%；1 年内参与词条编辑的用户数量占 5%，关联链接数量占 5%，4 项指标总共在传播力测量中占 20% 的比重。

中央企业 Wikipedia 词条普及率较高，但被编辑次数和参与编辑人数较低。有 73 家中央企业有 Wikipedia 词条，词条普及率为 76%。而词条年平均被编辑次数为 13 次，年平均参与编辑用户数量仅为 8 人。链接方面，平均关联链接数量为 137 条。整体指标数据均较上年有所提升。

1. Wikipedia 得分排名

中央企业 Wikipedia 传播力得分前五的依次是中国南方航空集团有限公司、中国航空有限集团有限公司、中国东方航空集团有限公司、中国石油化工集团有限公司、中国兵器工业集团有限公司。具体如表 2-8 所示。

表 2-8　96 家中央企业 Wikipedia 传播力得分排名

排名	中文名称	得分
1	中国南方航空集团有限公司	1597215.0
2	中国航空集团有限公司	1295325.0
3	中国东方航空集团有限公司	976416.3
4	中国石油化工集团有限公司	705427.7
5	中国兵器工业集团有限公司	582850.6
6	中国移动通信集团有限公司	548325.7
7	东风汽车集团有限公司	507688.3
8	中国石油天然气集团有限公司	487365.5
9	中国第一汽车集团有限公司	477504.6
10	国家电网有限公司	365375.9
11	中国联合网络通信集团有限公司	342211.0
12	中国航空工业集团有限公司	335902.6
13	中国建筑集团有限公司	326420.0
	中国交通建设集团有限公司	320153.1
	中国商用飞机有限责任公司	291603.7
16	国家电力投资集团有限公司	275670.7
17	中国电信集团有限公司	262068.9
18	中国中车集团有限公司	254110.1
19	中国船舶重工集团有限公司	251193.3

排名	中文名称	得分
20	中国海洋石油集团有限公司	242902.9
21	中国航天科技集团有限公司	232922.4
22	中国铁路工程集团有限公司	228757.6
23	中国核工业集团有限公司	224900.0
24	中国化工集团有限公司	213885.2
25	中国铁道建筑有限公司	194786.7
26	中国华能集团有限公司	186587.1
27	中国航天科工集团有限公司	185077.8
28	中国航空发动机集团有限公司	176297.0
29	中国船舶工业集团有限公司	172370.5
30	中国林业集团有限公司	151425.6
31	中国东方电气集团有限公司	146257.3
32	中国宝武钢铁集团有限公司	144048.3
33	中国医药集团有限公司	143252.7
34	中国铝业集团有限公司	142016.7
35	哈尔滨电气集团有限公司	139775.7
36	中国中化集团有限公司	134430.7
37	中国保利集团有限公司	131626.1
38	中国远洋海运集团有限公司	130681.1
39	招商局集团有限公司	129630.8
40	中国五矿集团有限公司	125967.3
41	中国广核集团有限公司	122558.6
42	中国建材集团有限公司	121609.3
43	中国长江三峡集团有限公司	121341.0
44	中国航空油料集团有限公司	119217.5
45	华润（集团）有限公司	119213.2
46	中国有色矿业集团有限公司	118922.2
47	中国电子科技集团有限公司	118653.9
48	中粮集团有限公司	116595.8
49	中国中钢集团有限公司	113540.9
50	中国西电集团有限公司	111604.5
51	中国信息通信科技集团有限公司	109336.5
52	鞍钢集团有限公司	109313.8
53	中国航空器材集团有限公司	109064.6
54	中国民航信息集团有限公司	107941.0
55	中国能源建设集团有限公司	107519.1
56	中国华电集团有限公司	104723.8

续表

排名	中文名称	得分
57	中国兵器装备集团有限公司	103587.3
58	中国盐业集团有限公司	103127.6
59	中国南方电网有限责任公司	101328.6
60	中国通用技术（集团）控股有限责任公司	98206.0
61	中国中煤能源集团有限公司	91724.5
62	中国化学工程集团有限公司	91147.4
63	中国黄金集团有限公司	88929.2
64	华侨城集团有限公司	88329.3
65	中国机械工业集团有限公司	88315.8
66	国家能源投资集团有限责任公司	85793.1
67	中国大唐集团有限公司	84665.9
68	中国节能环保集团有限公司	73957.3
69	中国电子信息产业集团有限公司	71572.0
70	中国华录集团有限公司	65076.9
71	中国普天信息产业集团有限公司	50154.8
72	中国铁路物资集团有限公司	50154.8
73	国家开发投资集团有限公司	42814.3

2. 参照比较

在 Wikipedia 得分中，中国南方航空集团有限公司总得分（1597215.0）与华为公司（2341868.6）以及壳牌集团（2176158.3）的差异相对较小，说明中央企业在 Wikipedia 平台建设方面较为完善。中国南方航空集团有限公司的得分与华为公司相比相差 1.5 倍，与壳牌集团相比相差 1.4 倍（见图 2-4）。

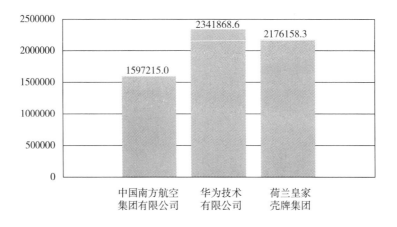

图 2-4　Wikipedia 传播力得分分析

（二）Wikipedia 传播力具体指标分析

对中央企业 Wikipedia 传播力的考察主要分为两个层面。第一层面是词条的完整性，主要通过是否包含官方定义、历史发展、地址和外部链接 4 项指标统计；第二层面是中央企业 Wikipedia 词条在最近 1 年内的受关注程度，主要通过被编辑次数和参与编辑的用户数量以及各企业的 Wikipedia 英文词条与其他词条的链接情况。被编辑次数和参与编辑用户数的统计时间段为 2017 年 10 月 15 日至 2018 年 10 月 15 日。

第一，词条完整性方面，有 45 家中央企业的词条包含官方定义、历史发展、地址、和外部链接 4 项指标，词条构建较为完善，占总体的 46.9%。

第二，词条编辑方面，中央企业的词条被编辑次数和参编用户数量都较少。词条被编辑次数方面，除中国南方航空集团有限公司（203 次）、中国航空集团有限公司（171 次）和中国东方航空集团有限公司（126 次）3 家企业以外，其他中央企业的词条 1 年内被编辑的次数均小于 100 次。在 1 年内参与编辑的用户数量方面，除中国航空集团有限公司（126 人）和中国东方航空集团公司（105 人）外，其他中央企业的词条参与词条编辑用户数量均在 100 人以下。但平均参与词条编辑的用户数量相较上年的调查相比有所上升。中央企业词条 1 年内平均被编辑的次数为 13 次、1 年内平均参与编辑的用户数量为 8 人。

Wikipedia 词条编辑情况统计中排名第一的中央企业编辑频率及参与编辑用户数量均高于壳牌集团，但与华为公司相比仍有一定的差距。词条被编辑次数方面，中国南方航空集团有限公司低于华为公司 1.5 倍，高于壳牌集团 1.6 倍（见图 2 - 5）。参与词条编辑用户数量方面，中国航空集团有限公司低于华为公司 1.3 倍、高于壳牌集团 1.6 倍（见图 2 - 6）。

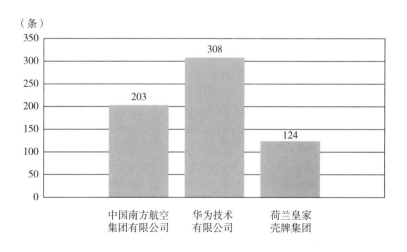

图 2 - 5 Wikipedia 词条被编辑次数分析

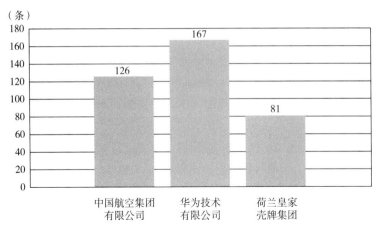

图 2 - 6　**Wikipedia 参与词条编辑用户数量分析**

第三，词条的链接方面，中央企业平均关联链接数量为 136 条。中国南方航空集团有限公司（1141 条）的词条关联链接数量最高，但仍低于华为公司（1444 条）以及壳牌集团（4526 条），与华为公司相差 1.3 倍，与壳牌集团相比差异显著，相差约 4 倍（见图 2 - 7）。

Wikipedia 传播力具体指标如表 2 - 9 和表 2 - 10 所示（排行按照中央企业 Wikipedia 传播力总得分）。

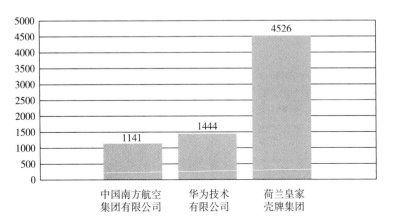

图 2 - 7　**Wikipedia 关联链接数量分析**

表 2 - 9　**中央企业 Wikipedia 传播力具体指标**

排名	中文名称	是否有词条	官方定义	历史发展	地址	外部链接	1 年内词条被编辑的次数（次）	1 年内参与词条编辑的用户数量（次）	关联链接数量（What Link Here）
1	中国南方航空集团有限公司	1	1	1	1	1	203	105	1141
2	中国航空集团有限公司	1	1	1	1	1	171	126	26

续表

排名	中文名称	是否有词条	官方定义	历史发展	地址	外部链接	1 年内词条被编辑的次数（次）	1 年内参与词条编辑的用户数量（次）	关联链接数量（What Link Here）
3	中国东方航空集团有限公司	1	1	1	1	1	126	66	531
4	中国石油化工集团有限公司	1	1	1	1	1	69	36	770
5	中国兵器工业集团有限公司	1	1	1	1	1	59	41	351
6	中国移动通信集团有限公司	1	1	1	1	1	37	33	624
7	东风汽车集团有限公司	1	1	1	1	1	56	25	421
8	中国石油天然气集团有限公司	1	1	1	1	1	31	28	569
9	中国第一汽车集团有限公司	1	1	1	1	1	51	16	540
10	国家电网有限公司	1	1	1	1	1	32	27	144
11	中国联合网络通信集团有限公司	1	1	1	1	1	23	11	465
12	中国航空工业集团有限公司	1	1	1	1	1	17	8	566
13	中国建筑集团有限公司	1	1	1	1	1	25	17	273
14	中国交通建设集团有限公司	1	1	1	1	1	32	11	287
15	中国商用飞机有限责任公司	1	1	1	1	1	17	14	295
16	国家电力投资集团有限公司	1	1	1	1	1	55	2	45
17	中国电信集团有限公司	1	1	1	1	1	19	13	187
18	中国中车集团有限公司	1	1	1	1	1	16	13	192
19	中国船舶重工集团有限公司	1	1	1	1	1	8	4	441
20	中国海洋石油集团有限公司	1	1	1	1	1	2	2	516
21	中国航天科技集团有限公司	1	1	0	1	1	3	3	522
22	中国铁路工程集团有限公司	1	1	1	1	1	14	7	238
23	中国核工业集团有限公司	1	1	1	0	1	10	4	397
24	中国化工集团有限公司	1	1	1	1	1	18	10	84
25	中国铁道建筑有限公司	1	1	1	1	1	6	4	263
26	中国华能集团有限公司	1	1	1	1	1	18	6	63
27	中国航天科工集团有限公司	1	1	1	1	1	14	7	83
28	中国航空发动机集团有限公司	1	1	0	1	1	19	10	11
29	中国船舶工业集团有限公司	1	1	0	1	1	5	4	266
30	中国林业集团有限公司	1	1	0	1	1	15	8	5
31	中国东方电气集团有限公司	1	1	1	1	1	3	3	143
32	中国宝武钢铁集团有限公司	1	1	1	1	1	5	3	113
33	中国医药集团有限公司	1	1	1	1	1	8	5	39
34	中国铝业集团有限公司	1	1	1	1	1	2	2	158
35	哈尔滨电气集团有限公司	1	1	1	1	1	3	3	120

排名	中文名称	是否有词条	官方定义	历史发展	地址	外部链接	1年内词条被编辑的次数（次）	1年内参与词条编辑的用户数量（次）	关联链接数量（What Link Here）
36	中国中化集团有限公司	1	1	1	1	1	3	2	120
37	中国保利集团有限公司	1	1	1	1	1	4	3	80
38	中国远洋海运集团有限公司	1	1	0	1	1	7	7	39
39	招商局集团有限公司	1	1	1	1	1	3	3	84
40	中国五矿集团有限公司	1	1	1	1	1	3	3	71
41	中国广核集团有限公司	1	1	1	1	1	1	1	119
42	中国建材集团有限公司	1	1	0	1	1	3	3	127
43	中国长江三峡集团有限公司	1	1	0	1	1	4	4	96
44	中国航空油料集团有限公司	1	1	1	1	1	4	4	17
45	华润（集团）有限公司	1	1	1	1	1	3	2	66
46	中国有色矿业集团有限公司	1	1	1	1	1	3	3	46
47	中国电子科技集团有限公司	1	1	1	1	1	4	4	15
48	中粮集团有限公司	1	1	0	1	1	6	4	57
49	中国中钢集团有限公司	1	1	1	1	1	1	1	87
50	中国西电集团有限公司	1	1	1	1	1	3	2	39
51	中国信息通信科技集团有限公司	1	1	1	1	1	2	1	61
52	鞍钢集团有限公司	1	1	1	1	1	1	1	72
53	中国航空器材集团有限公司	1	1	0	1	1	9	3	16
54	中国民航信息集团有限公司	1	1	1	1	1	3	2	26
55	中国能源建设集团有限公司	1	1	0	1	1	3	3	77
56	中国华电集团有限公司	1	1	0	1	1	4	3	56
57	中国兵器装备集团有限公司	1	1	0	1	1	4	4	33
58	中国盐业集团有限公司	1	1	1	1	1	2	2	20
59	中国南方电网有限责任公司	1	1	0	1	1	3	2	74
60	中国通用技术（集团）控股有限责任公司	1	1	0	1	1	2	2	74
61	中国中煤能源集团有限公司	1	1	0	1	1	2	2	51
62	中国化学工程集团有限公司	1	1	0	1	1	1	1	79
63	中国黄金集团有限公司	1	1	0	1	1	3	2	30
64	华侨城集团有限公司	1	1	0	1	1	1	1	69
65	中国机械工业集团有限公司	1	1	0	1	1	0	0	99
66	国家能源投资集团有限责任公司	1	1	0	1	1	1	1	60
67	中国大唐集团有限公司	1	1	0	1	1	1	1	56

排名	中文名称	是否有词条	官方定义	历史发展	地址	外部链接	1年内词条被编辑的次数（次）	1年内参与词条编辑的用户数量（次）	关联链接数量（What Link Here）
68	中国节能环保集团有限公司	1	1	0	1	1	1	1	18
69	中国电子信息产业集团有限公司	1	1	0	0	1	1	1	81
70	中国华录集团有限公司	1	1	0	0	1	0	0	88
71	中国普天信息产业集团有限公司	1	1	0	1	0	1	1	5
72	中国铁路物资集团有限公司	1	1	0	0	1	1	1	5
73	国家开发投资集团有限公司	1	1	0	0	1	0	0	9

表 2－10 参照企业 Wikipedia 传播力具体指标

排名	中文名称	是否有词条	官方定义	历史发展	地址	外部链接	1年内词条被编辑的次数（次）	1年内参与词条编辑的用户数量（次）	关联链接数量（What Link Here）
1	华为技术有限公司	1	1	1	1	1	308	167	1444
2	荷兰皇家壳牌集团	1	1	1	1	1	124	81	4526

六、维度三：中央企业的Twitter传播力

Twitter 为受众提供了一个公共讨论平台，所有信息都可以及时检索。Twitter 在自媒体平台上有着很强的国际影响力，在国际网站 Alexa. com 排名中，Twitter 影响力远远高于论坛、博客等其他自媒体平台。平台的数据统计在一定程度上可以反映出中央企业海外传播的范围。

（一）Twitter 传播力得分

在 Twitter 传播力维度中，每项考察指标均占3%的权重，具体指标如下：是否有官方认证账号、粉丝数量、1 年内发布的内容数量、1 年内单条内容的最高转发量以及最多评论量。

总体上，中央企业的 Twitter 传播力普遍较弱，拥有 Twitter 认证账号的企业只占少数，且账号之间在活跃度、发布内容数量等方面差距较大。在调查的 96 家企业中，只有 20. 8%（20 家）企业拥有 Twitter 账号，其中只有中国石油化工集团有限公司、国家电力

投资集团有限公司、中国航空集团有限公司 3 家企业拥有官方认证账号。

1. Twitter 得分排名

在 Twitter 传播力维度中，中央企业得分排名前五的依次是中国航空集团有限公司、国家电力投资集团有限公司、中国石油化工集团有限公司、中国东方航空集团有限公司、中国中车集团有限公司。具体如表 2 – 11 所示。

表 2 – 11　中央企业 Twitter 传播力得分排名

排名	中文名称	得分
1	中国航空集团有限公司	1350763.2
2	国家电力投资集团有限公司	1095465.0
3	中国石油化工集团有限公司	930990.5
4	中国东方航空集团有限公司	695372.5
5	中国中车集团有限公司	374502.7
6	中国南方航空集团有限公司	327813.0
7	中国联合网络通信集团有限公司	246784.3
8	中国电信集团有限公司	128522.0
9	中粮集团有限公司	44532.3
10	中国广核集团有限公司	40195.2
11	中国海洋石油集团有限公司	32337.8
12	中国石油天然气集团有限公司	2973.2
13	中国中化集团有限公司	93.3
14	中国化工集团有限公司	93.3
15	中国机械工业集团有限公司	49.6
16	中国普天信息产业集团有限公司	46.6
17	中国医药集团有限公司	40.8
18	中国旅游集团有限公司［香港中旅（集团）有限公司］	32.1
19	中国建筑集团有限公司	26.2
20	中国民航信息集团有限公司	26.2

2. 参照比较

将中央企业中 Twitter 传播力得分第一的中国航空集团有限公司与华为公司和壳牌集团进行比较，华为公司的得分是中国航空集团有限公司得分的 3.6 倍；壳牌集团得分是中国航空集团有限公司的 4.5 倍（见图 2 – 8）。

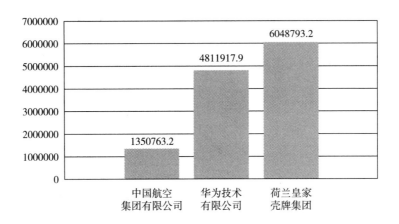

图 2 - 8　Twitter 传播力得分分析

（二）Twitter 传播力具体指标

第一，官方认证账号方面：在 96 家中央企业中，20.8%（20 家）的企业拥有 Twitter 账号，3 家企业拥有 Twitter 官方认证账号，分别为中国石油化工集团有限公司、国家电力投资集团有限公司、中国航空集团有限公司。

第二，粉丝数量方面：中央企业 Twitter 账号平均粉丝数量为 1123 人次，共有 4 家中央企业的 Twitter 粉丝量在 10000 人次以上，占总体的 4.2%。其中，粉丝数量最多的是国家电力投资集团有限公司，有 33096 个粉丝。但国家电力投资集团有限公司与华为公司及壳牌集团的 Twitter 粉丝数量相比仍差距较大，与华为公司相比相差 14.7 倍，与壳牌集团相比相差 15.5 倍（见图 2 - 9）。

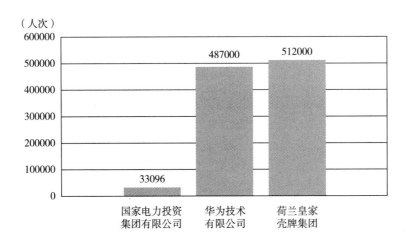

图 2 - 9　Twitter 账号粉丝数量分析

第三，1 年内发布的内容数量方面：中央企业 Twitter 账号 1 年内平均发布 24 条内容。

11.5%（11 家）的企业 1 年内在 Twitter 上发布了内容。其中，中国东方航空集团有限公司发布的信息数量最多，为 660 条。相比来说，中国东方航空集团有限公司的 Twitter 的内容发布量高于壳牌集团 1.7 倍，与华为公司相比仅有小幅度的差距（见图 2 - 10）。

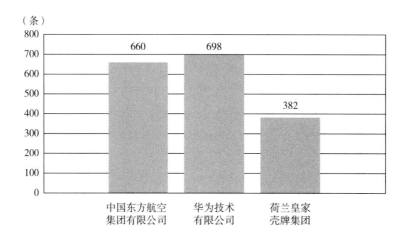

图 2 - 10　Twitter 1 年内发布的内容数量分析

第四，1 年内单条内容最高转发数量方面：仅中国航空集团有限公司 1 家企业最高转发量超过 100 条，为 121 条，低于华为公司及壳牌集团的 Twitter 最高转发量，与壳牌集团相比差距较大，相差 10.7 倍（见图 2 - 11）。一年内单条内容最多评论量方面：国家电力投资集团有限公司的单条内容最多评论量在中央企业中排名第一，但仅有 10 条，远低于华为公司及壳牌集团，与华为公司相差 17.6 倍，与壳牌集团相差 24.1 倍（见图 2 - 12）。

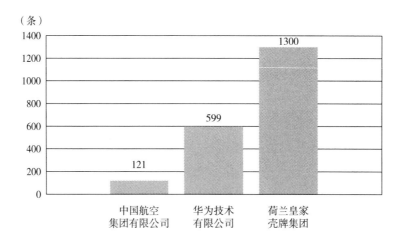

图 2 - 11　Twitter 1 年内单条内容最高转发量分析

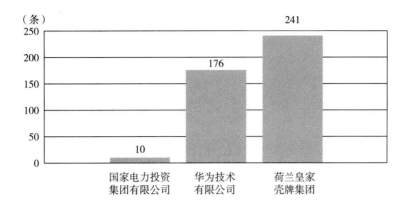

图 2-12　Twitter 1 年内单条内容最多评论量分析

具体如表 2-12 和表 2-13 所示（排行按照央企 Twitter 传播力总得分）。

表 2-12　中央企业 Twitter 传播力具体指标

排名	中文名称	是否有官方认证账号	粉丝数量（人次）	1 年内发布的内容数量（条）	1 年内单条内容最高转发量（次）	1 年内单条内容最多评论量（次）
1	中国航空集团有限公司	1	18037	465	121	5
2	国家电力投资集团有限公司	1	33096	200	65	10
3	中国石油化工集团有限公司	1	20785	172	9	7
4	中国东方航空集团有限公司	0	4585	660	13	5
5	中国中车集团有限公司	0	13090	256	40	5
6	中国南方航空集团有限公司	0	7150	240	16	8
7	中国联合网络通信集团有限公司	0	7111	200	15	2
8	中国电信集团有限公司	0	1818	73	18	4
9	中粮集团有限公司	0	639	9	14	2
10	中国广核集团有限公司	0	113	27	5	1
11	中国海洋石油集团有限公司	0	251	5	9	2
12	中国石油天然气集团有限公司	0	1020	0	0	0
13	中国中化集团有限公司	0	32	0	0	0
14	中国化工集团有限公司	0	32	0	0	0
15	中国机械工业集团有限公司	0	17	0	0	0
16	中国普天信息产业集团有限公司	0	16	0	0	0
17	中国医药集团有限公司	0	14	0	0	0
18	中国旅游集团有限公司〔香港中旅（集团）有限公司〕	0	11	0	0	0
19	中国建筑集团有限公司	0	9	0	0	0
20	中国民航信息集团有限公司	0	9	0	0	0

表 2 - 13　参照企业 Twitter 传播力具体指标

排名	中文名称	是否有官方认证账号	粉丝数量（人次）	1 年内发布的内容数量（条）	1 年内单条内容最高转发量（次）	1 年内单条内容最多评论量（次）
1	荷兰皇家壳牌集团	1	512000	382	1300	241
2	华为技术有限公司	1	487000	698	599	176

七、维度四：中央企业的Facebook传播力

Facebook 是全球最大的社交网络平台，已覆盖200多个国家和地区，是全球范围内影响力最高的社交媒体平台。Facebook 的官方主页是企业宣传和吸引粉丝的重要阵地，平台的统计数据在一定程度上可以反映出中央企业海外传播的触达范围及触达深度。

（一）Facebook 传播力得分

Facebook 传播力维度中，各项指标权重如下：是否有官方认证账号占3%，好友数量占4%，1 年内发布的内容数量占4%，1 年内单条内容最高点赞量占5%。总体在中央企业的海外传播影响力测量中占15%的比重。

中央企业在 Facebook 平台的传播情况相对较好，企业对平台的重视程度较高，在 96 家中央企业中，有 39 家企业拥有 Facebook 公共主页，占 40.6%。其中，有 4 家企业拥有 Facebook 官方认证身份。

1. Facebook 得分排名

在 Facebook 传播力维度中，排名在前五的中央企业是中国南方航空集团有限公司、中国航空集团有限公司、中国东方航空集团有限公司、中国移动通信集团有限公司、中国石油化工集团有限公司。具体如表 2 - 14 所示。

表 2 - 14　中央企业 Facebook 得分排名

排名	中文名称	得分
1	中国南方航空集团有限公司	1606822.5
2	中国航空集团有限公司	1564806.0
3	中国东方航空集团有限公司	1060201.2
4	中国移动通信集团有限公司	537733.3
5	中国石油化工集团有限公司	450790.1
6	国家电力投资集团有限公司	327896.1
7	中国联合网络通信集团有限公司	309442.6

续表

排名	中文名称	得分
8	中国交通建设集团有限公司	216597.0
9	中粮集团有限公司	212494.5
10	中国电信集团有限公司	196690.7
11	中国建材集团有限公司	85468.0
12	中国长江三峡集团有限公司	33762.5
13	中国远洋海运集团有限公司	29210.0
14	中国东方电气集团有限公司	23094.6
15	中国医药集团有限公司	10652.1
16	中国机械工业集团有限公司	8880.9
17	中国铁路工程集团有限公司	7154.7
18	中国信息通信科技集团有限公司	3834.6
19	中国建筑集团有限公司	3563.2
20	国家能源投资集团有限责任公司	3549.3
21	中国石油天然气集团有限公司	1052.6
22	中国铁道建筑有限公司	71.1
23	中国中化集团有限公司	46.5
24	中国化学工程集团有限公司	40.7
25	中国铁路通信信号集团有限公司	16.6
26	中国华电集团有限公司	14.1
27	中国中钢集团有限公司	9.1
28	中国西电集团有限公司	8.8
29	中国电子信息产业集团有限公司	6.0
30	中国商用飞机有限责任公司	5.8
31	中国中车集团有限公司	5.6
32	东风汽车集团有限公司	5.5
33	中国航空工业集团有限公司	5.3
34	中国第一汽车集团有限公司	4.0
35	中国建筑科学研究院有限公司	0.8
36	中国普天信息产业集团有限公司	0.7
37	中国五矿集团有限公司	0.7
38	中国煤炭科工集团有限公司	0.4

2. 参照比较

将中央企业中 Facebook 传播力得分第一的中国南方航空集团有限公司与华为公司和壳牌集团进行比较，华为公司的得分是中国南方航空集团有限公司的 2.8 倍；壳牌集团的得分是中国南方航空集团有限公司的 3 倍（见图 2 – 13）。

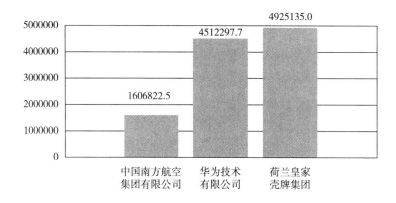

图 2 – 13　Facebook 传播力得分分析

（二）Facebook 传播力具体指标

多数中央企业在 Facebook 平台内的活跃度（信息发布、好友、点赞）较高，在 96 家中央企业中，有 38 家拥有 Facebook 账户，其中 4 家拥有 Facebook 官方认证身份，分别是中国南方航空集团有限公司、中国航空集团有限公司、中国东方航空集团有限公司、中国移动通信集团有限公司。

第一，发布内容方面，1 年内，有 20 家企业在 Facebook 平台上发布了内容，中央企业平均发布的内容数量为 20 条。其中有 8 家企业发布的内容数量在 100 条以上，分别为中国航空集团有限公司、中国南方航空集团有限公司、中国东方航空集团有限公司、中国石油化工集团有限公司、国家电力投资集团有限公司、中国联合网络通信集团有限公司、中粮集团有限公司、中国交通建设集团有限公司。其中，中国航空集团有限公司发布的内容数量最多，共发布 468 条信息，高于华为公司 1.2 倍，高于壳牌集团 4.2 倍（见图 2 – 14）。

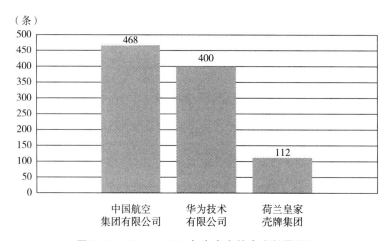

图 2 – 14　Facebook 1 年内发布的内容数量分析

第二，好友数量方面，中央企业间的好友数量差距较大。企业 Facebook 账号的平均好友数量为 99137 人次。其中有 7 家企业的好友数量在 10 万人次以上，分别是中国南方航空集团有限公司、中国石油化工集团有限公司、中国东方航空集团有限公司、中国航空集团有限公司、中国交通建设集团有限公司、国家电力投资集团有限公司、中国电信集团有限公司。但仍有 14 家中央企业的好友数量未达到 100 人次。其中，中国南方航空集团有限公司的粉丝量最多且领先其他中央企业较多，好友数量为 575.3 万人次。但仍低于华为公司和壳牌集团的 Facebook 好友数量，同华为公司的好友数量差距较大，相差约 10 倍，同壳牌集团相差 1.4 倍（见图 2 – 15）。

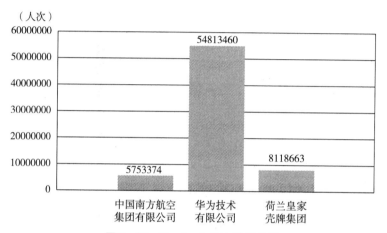

图 2 – 15　Facebook 好友数量分析

第三，点赞量方面，航空类企业的最高点赞量明显高于其他性质的企业。最高点赞量排在前三位的分别是中国南方航空集团有限公司、中国航空集团有限公司、中国东方航空集团有限公司。其中，中国南方航空集团有限公司的最高点赞量最多，共收到 94000 个赞。与华为公司相比，中国南方航空集团有限公司的最高点赞量更高，高于华为公司 30 倍；但中国南方航空集团有限公司收获的点赞量低于壳牌集团，与壳牌集团相差约 12 倍（见图 2 – 16）。

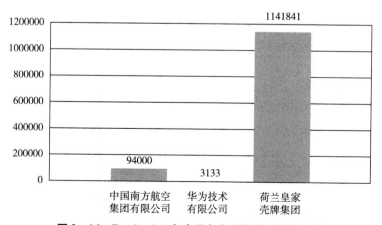

图 2 – 16　Facebook 1 年内单条内容最高点赞量分析

具体如表 2 - 15 和表 2 - 16 所示（排行按照中央企业 Facebook 传播力总得分）。

表 2 - 15　中央企业 Facebook 传播力具体指标

排名	中文名称	是否有官方认证账号	好友数量（人次）	1 年内发布的内容数量（条）	1 年内单条内容最高点赞量（次）
1	中国南方航空集团有限公司	1	5753374	238	94000
2	中国航空集团有限公司	1	959694	468	43000
3	中国东方航空集团有限公司	1	961772	222	22000
4	中国移动通信集团有限公司	1	352	0	0
5	中国石油化工集团有限公司	0	1078716	213	2694
6	国家电力投资集团有限公司	0	211533	177	378
7	中国联合网络通信集团有限公司	0	77554	171	424
8	中国交通建设集团有限公司	0	316265	104	4084
9	中粮集团有限公司	0	6089	118	840
10	中国电信集团有限公司	0	116096	85	12000
11	中国建材集团有限公司	0	1479	48	61
12	中国长江三峡集团有限公司	0	642	19	2
13	中国远洋海运集团有限公司	0	9515	15	624
14	中国东方电气集团有限公司	0	28	13	7
15	中国医药集团有限公司	0	18	6	1
16	中国机械工业集团有限公司	0	21	5	2
17	中国铁路工程集团有限公司	0	509	4	8
18	中国信息通信科技集团有限公司	0	1690	2	57
19	中国建筑集团有限公司	0	71	2	3
20	国家能源投资集团有限责任公司	0	0	2	0
21	中国石油天然气集团有限公司	0	17728	0	0
22	中国铁道建筑有限公司	0	1198	0	0
23	中国中化集团有限公司	0	783	0	0
24	中国化学工程集团有限公司	0	686	0	0
25	中国铁路通信信号集团有限公司	0	279	0	0
26	中国华电集团有限公司	0	238	0	0
27	中国中钢集团有限公司	0	153	0	0
28	中国西电集团有限公司	0	148	0	0
29	中国电子信息产业集团有限公司	0	101	0	0
30	中国商用飞机有限责任公司	0	98	0	0
31	中国中车集团有限公司	0	95	0	0
32	东风汽车集团有限公司	0	93	0	0

排名	中文名称	是否有官方认证账号	好友数量（人次）	1年内发布的内容数量（条）	1年内单条内容最高点赞量（次）
33	中国航空工业集团有限公司	0	90	0	0
34	中国第一汽车集团有限公司	0	68	0	0
35	中国建筑科学研究院有限公司	0	14	0	0
36	中国普天信息产业集团有限公司	0	12	0	0
37	中国五矿集团有限公司	0	11	0	0
38	中国煤炭科工集团有限公司	0	6	0	0

表 2 - 16　参照企业 Facebook 传播力具体指标

排名	中文名称	是否有官方认证账号	好友数量（人次）	1年内发布内容的数量（条）	1年内单条内容最高点赞量（次）
1	荷兰皇家壳牌集团	1	8118663	112	1141841
2	华为技术有限公司	1	54813460	400	3133

八、维度五：中央企业的Instagram传播力

Instagram 不同于传统社交媒体，它更专注于单一的图片功能，主推图片社交，深受年轻人的欢迎。Instagram 自 2010 年 10 月问世以来一直保持高速增长，2018 年 6 月，月活跃用户量已经突破 10 亿关口，它的迅速发展表明以图片及视频分享服务为主的社交媒体正在蓬勃发展。同时，Instagram 平台的统计数据在一定程度上也可以反映中央企业的国际传播能力。

（一） Instagram 传播力得分

在 Instagram 传播力维度中，每项考察指标均占 2.5% 的权重，具体指标如下：是否有官方认证账号、粉丝数量、1 年内发布的内容数量、1 年内单条信息最多回复量、1 年内单条图文最高点赞量以及一年内单个视频最高点击量。总体在海外传播影响力测量中占 15% 的比重。

在 Instagram 平台上，中央企业的传播力偏弱，平台使用度较低，企业间差距大。在 96 家中央企业中，仅有 12.5%（12 家）的企业有 Instagram 账号。中央企业 Instagram 账号平均粉丝数量为 591 人次，一年内平均内容发布量为 12 条。

1. Instagram 得分排名

在 Instagram 传播力维度中，排在前五位的中央企业是中国东方航空集团有限公司、中国南方航空集团有限公司、东方汽车集团有限公司、中国第一汽车集团有限公司、中国航空集团有限公司。具体如表 2 - 17 所示。

表 2 - 17　中央企业 Instagram 传播力得分

排名	中文名称	得分
1	中国东方航空集团有限公司	848464.2
2	中国南方航空集团有限公司	805414.7
3	东风汽车集团有限公司	528227.2
4	中国第一汽车集团有限公司	303184.2
5	中国航空集团有限公司	127035.4
6	中国电信集团有限公司	59367.3
7	中国石油化工集团有限公司	13071.8
8	中国机械工业集团有限公司	5052.7
9	中国中车集团有限公司	115.2
10	中国中化集团有限公司	53.4
11	中国联合网络通信集团有限公司	19.2
12	国家电网有限公司	2.1

2. 参照比较

将中央企业 Instagram 传播力得分第一的中国东方航空集团有限公司与华为公司和壳牌集团进行比较，华为公司的得分是中国东方航空集团有限公司得分的 12 倍；壳牌集团是中国东方航空集团有限公司的 3.9 倍，同两家参照公司相比差距仍较大（见图 2 - 17）。

图 2 - 17　Instagram 传播力得分分析

（二）Instagram 传播力具体指标

大多数中央企业在 Instagram 平台上的整体活跃度（内容发布、粉丝、点赞、回复、视频播放量）较低。在 96 家中央企业中，仅 12 家企业拥有 Instagram 的英文账号，无企业进行官方认证。

第一，发布内容方面，96 家中央企业 1 年内平均发布内容数量为 12 条。有 8 家企业在 Instagram 上发布了内容，其中 4 家企业的内容发布量在 100 条以上，分别是中国东方航空集团有限公司、东风汽车集团有限公司、中国南方航空集团有限公司、中国第一汽车集团有限公司。其中，内容发布数量最多的是中国东方航空集团有限公司，共发布 429 条内容。与参照企业相比，中国东方航空集团有限公司的内容发布数量基本与华为公司持平，且与壳牌集团相比高 10 倍（见图 2 – 18）。

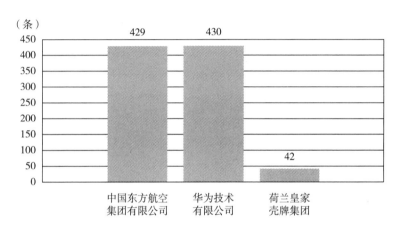

图 2 – 18　Instagram 1 年内发布的内容数量分析

第二，粉丝数量方面，拥有账号的 12 家企业间粉丝数量差距较大。企业 Instagram 账号的平均粉丝数量为 591 人次。仅 2 家企业的粉丝数量超过 5000 人次，分别是中国南方航空集团有限公司（46300 人次）以及中国东方航空集团有限公司（5360 人次）。中国南方航空集团有限公司是拥有 Instagram 粉丝数量最多的中央企业，但仍低于壳牌集团和华为公司的粉丝数量，且与华为公司差距较大，相差 21.6 倍（见图 2 – 19）。

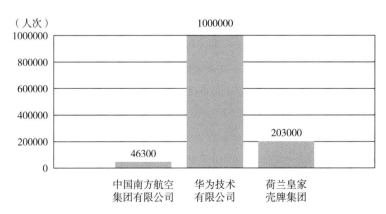

图 2 – 19　Instagram 粉丝数量分析

第三，最多回复量方面，中国航空集团有限公司一年内单条信息最多回复量位列中央企业第一，单条消息最高获 26 个回复。同参照公司相比，低于华为公司及壳牌集团。同华为公司相比相差 22 倍、同壳牌集团相比相差约 6 倍（见图 2 – 20）。图文最高点赞量方面：中国南方航空集团有限公司 1 年内单条图文最高点赞量位列中央企业第一，最高获得 2329 个赞，同参照公司相比，低于华为公司及壳牌集团。与华为公司相差约 10 倍、与壳牌集团相差 3.7 倍（见图 2 – 21）。视频点击量方面：中国南方航空集团有限公司 1 年内单个视频最高点击量最高，点击率为 6582 次，低于壳牌集团（18500 次）2.8 倍，且与华为公司（139000 次）的差距更大，相差 21 倍（见图 2 – 22）。

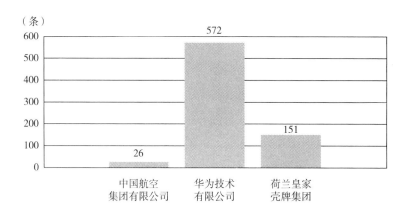

图 2 – 20　Instagram 1 年内单条信息最多回复量分析

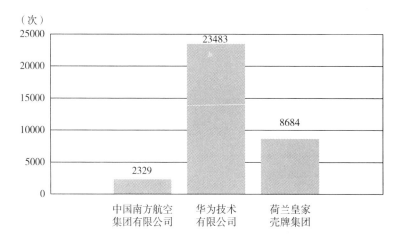

图 2 –21　Instagram 1 年内单条图文最高点赞量分析

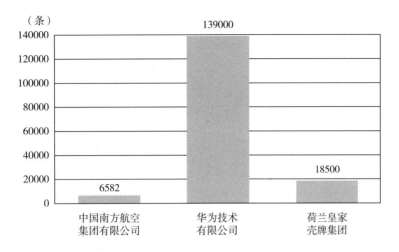

图 2 – 22　Instagram 1 年内单个视频最高点击量分析

具体如表 2 – 18 和表 2 – 19 所示（排行按照中央企业 Instagram 传播力总得分）。

表 2 – 18　中央企业 Instagram 传播力具体指标

排名	中文名称	是否有官方认证账号	粉丝数量（人次）	1 年内发布的内容数量（条）	1 年内单条信息最多回复量（次）	1 年内单条图文最高点赞量（次）	1 年内单个视频最高点击量（次）
1	中国东方航空集团有限公司	0	2322	429	14	449	2513
2	中国南方航空集团有限公司	0	46300	206	23	2329	6582
3	东风汽车集团有限公司	0	5360	292	4	54	481
4	中国第一汽车集团有限公司	0	950	144	9	78	1417
5	中国航空集团有限公司	0	913	17	26	122	0
6	中国电信集团有限公司	0	153	30	2	24	0
7	中国石油化工集团有限公司	0	684	4	1	20	0
8	中国机械工业集团有限公司	0	1	3	0	0	0
9	中国中车集团有限公司	0	54	0	0	0	0
10	中国中化集团有限公司	0	25	0	0	0	0
11	中国联合网络通信集团有限公司	0	9	0	0	0	0
12	国家电网有限公司	0	1	0	0	0	0

表 2－19　参照企业 Instagram 传播力具体指标

排名	中文名称	是否有官方认证账号	粉丝数量（人次）	1年内发布的内容数量（条）	1年内单条信息最多回复量（次）	1年内单条图文最高点赞量（次）	1年内单个视频最高点击量（次）
1	华为技术有限公司	1	1000000	430	572	23483	139000
2	荷兰皇家壳牌集团	1	203000	42	151	8684	18500

九、指标六：中央企业的YouTube传播力

YouTube 是目前世界上规模最大和最有影响力的视频网站。2018 年 7 月 YouTube 官方数据显示，YouTube 平台月活跃用户破 19 亿。在 YouTube 平台上进行影像视觉传播可以实现快速、大范围传播，吸引用户成为企业品牌粉丝。YouTube 平台的统计数据在一定程度上也可以反映出中央企业的跨文化传播和沟通能力。

（一）YouTube 传播力得分

在 YouTube 传播力维度中，各项指标权重如下：是否有官方认证账号占 3%，订阅数量占 4%，1 年内发布的内容数量占 4%，1 年内单个视频最高点击量占 4%。总体在中央企业的海外传播影响力测量中占 15% 的比重。

在 YouTube 平台上，中央企业的账号拥有率较低，使用频率较低。在 96 家中央企业中，仅有 10.4%（10 家）的企业拥有 YouTube 账号。中央企业 YouTube 账号平均订阅数量为 24 人次，1 年内平均内容发布数量为 0.9 条。

1. YouTube 得分排名

在 YouTube 传播力维度中，排在前五的中央企业是中国中车集团有限公司、中国南方航空集团有限公司、中国联合网络通信集团有限公司、中国铁道建筑有限公司、中国移动通信集团有限公司。具体如表 2－20 所示。

表 2－20　中央企业 YouTube 得分排名

排名	中文名称	得分
1	中国中车集团有限公司	503214.5
2	中国南方航空集团有限公司	149805.0
3	中国联合网络通信集团有限公司	58439.1

续表

排名	中文名称	得分
4	中国铁道建筑有限公司	19248.6
5	中国移动通信集团有限公司	10832.2
6	中国东方航空集团有限公司	6091.4
7	新兴际华集团有限公司	1200.5
8	中国民航信息集团有限公司	126.0
9	中国第一汽车集团有限公司	88.9
10	中国建材集团有限公司	7.4

2. 参照比较

将中央企业中 YouTube 传播力得分第一的中国中车集团有限公司与华为公司和壳牌集团进行比较，华为公司的得分是中国中车集团有限公司得分的 11 倍；壳牌集团得分是中国中车集团有限公司的 19 倍。与民营和国外参照企业相比，中央企业 YouTube 平台建设仍有很长的路要走（见图 2-23）。

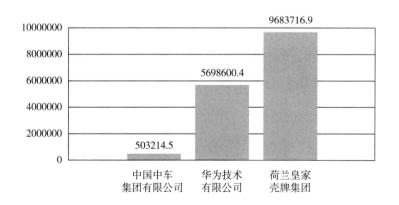

图 2-23 YouTube 传播力得分分析

（二）YouTube 传播力具体指标

多数中央企业在 YouTube 平台上的活跃度（订阅数量、内容发布数量、单个视频最高点击量）较低。在 96 家中央企业中，仅 10 家拥有 YouTube 的英文账号，无企业进行官方认证。

第一，在订阅数量方面，中央企业的 YouTube 账号平均订阅数量为 24 人次。10 家拥有 YouTube 账号的企业，订阅数量均在 1000 人次以下，其中订阅量最高的是中国东方航空集团有限公司，获 822 人次订阅关注，低于华为公司 506 倍，低于壳牌集团 196 倍（见图 2-24）。

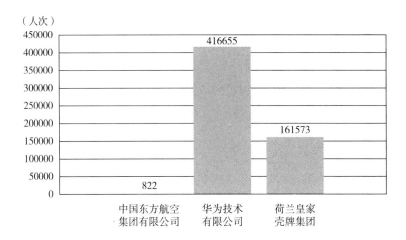

图 2 – 24　YouTube 订阅数量分析

第二，内容发布数量方面，10 家拥有 YouTube 账号的中央企业发布内容数量普遍较少，更新频率较低。1 年内发布内容数量均在 100 条以下。其中，发布量最多的是中国中车集团有限公司，共计发布 52 个视频。同民营企业与国外企业相比，中国中车集团有限公司发布的内容数量与华为公司相差不多，但与壳牌集团的差距较大，相差约 6 倍。壳牌集团在 YouTube 平台上的内容发布量大，更新频率很快（见图 2 – 25）。

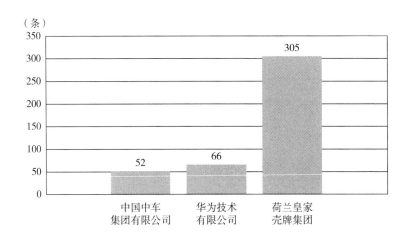

图 2 – 25　YouTube 1 年内发布的内容总量

第三，单个视频最高点击量方面，10 家拥有账号的企业之间差距较大。其中，中国中车集团有限公司 1 年内单个视频最高点击量最多，单个视频最高播放 1962 次，远超其他中央企业。但仍远低于华为公司和壳牌集团的点击率，与壳牌集团相差约 10042 倍（见图 2 – 26）。

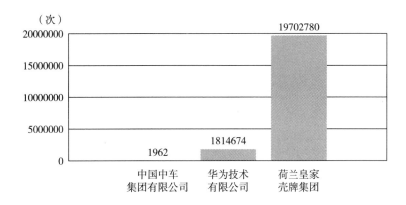

图 2 - 26 YouTube 1 年内单个视频最高点击量

具体如表 2 - 21 和表 2 - 22 所示（排行按照中央企业 YouTube 传播力总得分）。

表 2 - 21 中央企业 YouTube 传播力具体指标

排名	中文名称	是否有官方认证账号	订阅数量（人次）	1 年内发布的内容数量（条）	1 年内单个视频最高点击量（次）
1	中国中车集团有限公司	0	324	52	1962
2	中国南方航空集团有限公司	0	685	15	1884
3	中国联合网络通信集团有限公司	0	77	6	638
4	中国铁道建筑有限公司	0	0	2	8
5	中国移动通信集团有限公司	0	162	1	41
6	中国东方航空集团有限公司	0	822	0	0
7	新兴际华集团有限公司	0	162	0	0
8	中国民航信息集团有限公司	0	17	0	0
9	中国第一汽车集团有限公司	0	12	0	0
10	中国建材集团有限公司	0	1	0	0

表 2 - 22 参照企业 YouTube 传播力具体指标

排名	中文名称	是否有官方认证账号	订阅数量（人次）	1 年内发布的内容数量（条）	1 年内单个视频最高点击量（次）
1	荷兰皇家壳牌集团	1	161573	305	19702780
2	华为技术有限公司	1	416655	66	1814674

十、航空类企业海外网络传播力案例分析

（一）航空类 Google 新闻类型分析

Google 新闻搜索量方面，民用航空类企业在平台上新闻数量多且排名靠前。在 Google 新闻搜索排行榜中，中国南方航空集团有限公司以 4950 条新闻量位列第一，中国东方航空集团有限公司以 3810 条新闻量位列第二，中国航空工业集团有限公司以 3440 条新闻量位列第三。航空类企业作为涉外企业，同外国企业、单位、个人和其他经济组织有较强的经济联系和合作关系，在海外传播平台的运营工作上也更努力，致力于为企业塑造良好的海外传播形象。Google 新闻平台上，航空类企业的新闻报道主要集中在公司业务类报道、企业间合作报道、公司股权转让报道、航班信息类报道四个方面。

公司业务类报道，如报道"中国南方航空公司增加内罗毕航线航班数"（见图 2 - 27）。

China Southern Airlines increases Nairobi flights
Business Daily (press release) (blog) - 29 May 2018
China Southern Airlines has increased its Nairobi-Guangzhou flights to three times a week to tap increased business and tourism travel between the two ...

图 2 - 27 中国南方航空公司增加内罗毕航线航班

企业间合作报道，如报道"中国东方航空公司与达美航空达成合作"（见图 2 - 28）。

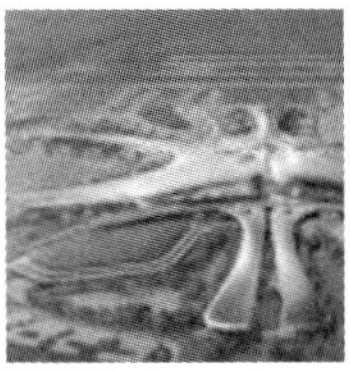

China Eastern unites with Delta to gain edge at Beijing's seven ...
South China Morning Post - 25 Nov 2017
As the country's three big state-owned carriers look for the advantage, with the airport being built in Beijing's southern suburb of Daxing, **China Eastern Airlines** ...

图 2 - 28 中国东方航空公司与达美航空达成合作

公司股权转让消息的报道，如报道"春秋航空购买中国南方航空公司 1.22 亿美元股份"（见图 2 - 29）、报道"东航以 23 亿美元私募股权出售"（见图 2 - 30）。

Spring Airlines buys US$122 mn stake in **China Southern Airlines**
Asia Times - 27 Sep 2018
Spring Airlines, a low-cost carrier, has subscribed to China Southern Airline's A-share non-public offering in a deal worth 846 million yuan (US$122.78 million), ...

Quick Take: Budget Carrier Lands Stake in China Southern
Caixin Global - 28 Sep 2018
View all

图 2 - 29　春秋航空购买中国南方航空公司 1. 22 亿美元股份

Reuters

China Eastern in $2.3 billion private share sale
Flightglobal - 10 Jul 2018
China Eastern Airlines will conduct private share placements that will see Juneyao Airlines and two other entities become shareholders. In a Hong Kong stock ...

Juneyao Airlines invests $1.9 billion for China Eastern stake, shares rise
Reuters - 10 Jul 2018
China Eastern Plans $2.2 Billion Share Sale to Fund Aircraft
Bloomberg - 10 Jul 2018

图 2 - 30　东航以 23 亿美元私募股权出售

航班消息报道，包括航班取消信息及飞行事故消息报道。航班取消事关万千乘客的日常出行计划，飞行事故更是会造成严重的人员和财产损失，常常被媒体广泛关注和报道。故对航空类企业航班消息的介绍也是媒体报道较集中的方面。如报道"中国南方航空公司近 900 个香港航班因台风来袭取消"（见图 2 - 31）、报道"五个奇迹的航空公司飞行员挽救了数百人的生命"（见图 2 - 32）。

Almost 900 Hong Kong Flights Canceled as Typhoon Batters City
Bloomberg - 16 Sep 2018
China Southern Airlines Co. scrapped all flights to and from Shenzhen, Zhuhai and Hong Kong on Sunday, and suspended those after midday in Zhanjiang and ...

AirAsia flights to and from southern China may be affected by Typhoon ...
The Sun Daily - 14 Sep 2018
Typhoon Mangkhut hits South East Asia; HKIA disruption
TRBusiness - 16 Sep 2018
View all

图 2 - 31　中国南方航空公司近 900 个香港航班因台风来袭取消

Five miracles airline pilots pulled off that saved lives of hundreds of ...
South China Morning Post - 16 May 2018
China Eastern Airlines pilot He Chao avoided a runway collision with another plane at Shanghai Hongqiao International Airport by making a steep take-off, ...

图 2 - 32　五个奇迹的航空公司飞行员挽救了数百人的生命

（二） 南航的 Wikipedia 建设案例分析

Wikipedia 传播力得分最高的企业是中国南方航空集团有限公司（以下简称南航）。总体来看，南航的 Wikipedia 平台建设有以下几个特点：词条架构完整、1 年内被编辑的次数和参与编辑用户数量高、被外部词条链接引用多。

第一，在词条完整性方面，南航得分位列第一，主要得益于其平台建设较为丰富和完善，词条完整性较高。南航的 Wikipedia 词条包含官方定义、历史发展、企业地址、外部链接等关键的企业信息介绍部分，对南航企业的创立和发展历史、总公司及分公司地址、飞机机型及舰队信息、经营业务、正面与负面舆论评价做了详细的介绍（见图 2 - 33）。

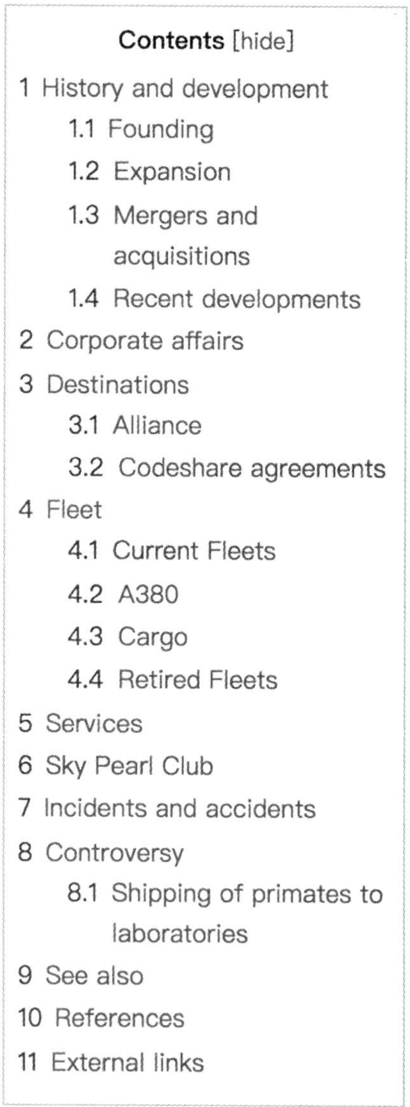

```
                Contents [hide]

1 History and development
    1.1 Founding
    1.2 Expansion
    1.3 Mergers and
        acquisitions
    1.4 Recent developments
2 Corporate affairs
3 Destinations
    3.1 Alliance
    3.2 Codeshare agreements
4 Fleet
    4.1 Current Fleets
    4.2 A380
    4.3 Cargo
    4.4 Retired Fleets
5 Services
6 Sky Pearl Club
7 Incidents and accidents
8 Controversy
    8.1 Shipping of primates to
        laboratories
9 See also
10 References
11 External links
```

图 2 - 33　Wikipedia 词条完整性

第二，在词条最近 1 年内的被编辑情况方面，南航是少数几家被编辑次数和参与编辑人数都在 100 次以上的企业。1 年内的被编辑次数方面：南航排名第一，共被编辑 203 次；1 年内参与编辑的用户数量方面：南航排名第二，共有 105 位用户参与编辑词条，1 年内的被编辑次数和参与编辑的用户数量直接影响着中央企业 Wikipedia 传播力的总排行情况，反映出一个企业对于 Wikipedia 平台的更新和维护的积极程度。

第三，在词条链接方面：南航共被外部链接引用 1141 次，在中央企业内排名第一。引用南航信息的词条包括：American Airlines、British Airways 等航空公司，Heathrow Airport 等航空机场，四川、西安等省份介绍及其他。越多的词条可以链接到南航，说明南航可以出现在更多的词条介绍当中，其潜在的传播影响力也就越大。

（三）国航 Twitter 建设案例分析

中国航空集团有限公司（以下简称国航）是 3 家拥有 Twitter 官方认证身份的中央企业之一，其 Twitter 传播力总排行位列第一。国航的推文质量普遍较高，易引起用户的共鸣和反馈，是在 Twitter 平台上单条图文转发量最高的企业。在 2018 年 4 月 5 日，其发布了一条向巴拿马人民致谢的博文内容，表达了对巴拿马人民热情招待的感激。这条内容被巴拿马地区的 Twitter 用户和热爱巴拿马地区文化的网民转发和讨论，共被转发 121 次。用户通过转发国航推文的形式表达自己对巴拿马的喜爱之情，达到了较好的传播效果。其发布的具体内容截图如图 2 – 34 所示。

图 2 – 34　国航 Twitter 平台单条转发量最高图文

（四）南航 Facebook 传播力案例分析

中国南方航空集团有限公司（以下简称南航）在 Facebook 传播力总排行中位列第一。同时南航也是在 Facebook 平台上单条内容获得点赞量最高的企业。在 2017 年 10 月 31 日，南航公司发布了一张庆祝万圣节的全景浏览图片，随着手机方位的变化，图片也会随之移动，用户可以移动手机在云层中发现布置好的南瓜灯、小恶魔、南航飞机等形象。这种新颖的互动方式引来许多粉丝的关注，共获得 9.4 万次点赞。同时人们积极在评论区留言讨论在移动手机的过程中发现了哪些隐藏的好玩形象。这则消息的具体内容截图如图 2 - 35 所示。

图 2 - 35　南航 Facebook 平台单条点赞量最高图文

（五）航空类企业 Instagram 传播力案例分析

1. 国航 Instagram 平台最高回复量案例分析

中国航空集团有限公司（以下简称国航）在 Instagram 传播力总排行中位列第五，同时国航是在 Instagram 平台上单条图文获得回复量最高的企业。2018 年 2 月 11 日，国航发布了一张摆盘精致的中国飞机餐图片，餐点包括面条、蔬果等，配文为"Air China meals, they're always looking too good to eat. A beautiful tray of deliciousness taken by @ akishikama # airchina"（中国飞机餐看起来太漂亮以至于我不忍心吃了。@ akishikama 拍摄的盛满美味的漂亮餐盘）。这条图文涉及飞机餐和中国食物的话题，在 ins 平台上引起很多网友跟帖讨论，纷纷称赞餐点美味、诱人。其发布的具体内容截图如图 2 - 36 所示。

图 2 - 36　国航 Instagram 平台单条回复量最高图文

2. 南航 Instagram 平台图文最高点赞量案例分析

中国南方航空集团有限公司在 Instagram 传播力总排行中位列第一。同时南航也是在 Instagram 平台上单条图文点赞量最高的企业。2018 年 9 月 9 日，南航发布了一张蓝天白云背景下的南航飞机停在停机坪上的图片，并配文 "When you arrive, what is a simple thing that always brings a smile to your face? Great weather, of course! Especially when you are starting a vacation in Honolulu." （当你到达目的地时，什么事能让你露出微笑？当然是好天气！尤其是当你即将开始在火奴鲁鲁度假时），共获得 2329 个点赞。这条消息的具体内容截图如图 2 - 37 所示。

图 2 - 37　南航 Instagram 平台单条点赞量最高图文

3. 南航 Instagram 平台视频最高点击量案例分析

南航也是在 Instagram 平台上单个视频点击量最高的企业。2018 年 8 月 3 日，南航发布了一条视频，视频内容是空乘人员向用户展示航空座位床的调整方式，配文为"My sky bed is being prepared on my recent China Southern Airlines First Class flight from #Guangzhou to #London on their flagship Boeing 787 Dreamliner! Haven't slept that well for a long time."（我的航空座位床在即将从广州飞往伦敦的南航波音 787 头等舱上准备好啦！好久没有睡过这么长时间的好觉了）。南航企业号向关注南航公司 ins 账号的粉丝们展示了飞机起飞前的准备工作，让服务后台区域曝光给用户，也更好地来实现服务功能。得到较多的关注，视频共被播放 6582 次。这条消息的具体内容截图如图 2－38 所示。

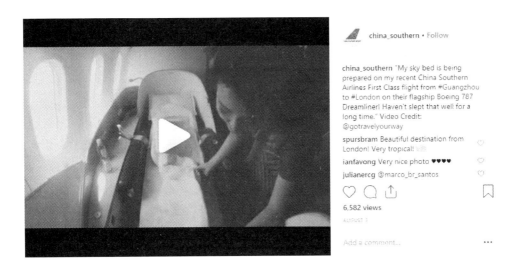

图 2－38　南航 Instagram 平台单条点击量最高视频

（六）南航 YouTube 传播力案例分析

南航是唯一拥有两个 YouTube 官方账号的企业，分别为："China Southern Airlines"全球账号及"China Southern Airlines EU"欧盟地区账号。两个账号的发布内容略有差异，在"China Southern Airlines EU"账号内，南航会发布针对欧盟城市的特定政策和公司企划的宣传视频。如发布视频"20 年来南航公司与阿姆斯特丹的承诺"，具体视频截图如图 2－39 所示。

YouTube 传播力总排行中南航位列第二，其实南航 YouTube 账号的更新频率并不高，1 年内仅发布了 15 条内容，但其发布的视频质量较高，内容有趣且互动性强，用户的回应度也较高。南航发布的视频内容多为公司文化宣传和经营业务的介绍。多从普通人的视角讲故事，很有亲近感。2018 年 10 月 1 日，其发布了一则视频"聚光灯下的使命"，以南航机长的自述展开故事，讲述了"忽视小家为大家"的机长生活，也更好地诠释了南航"为您护航"的企业精神。具体视频截图如图 2 - 40 所示。

China Southern 20 years of commitment to Amsterdam

792 views

图 2 - 39　"20 年来南航公司与阿姆斯特丹的承诺"视频

Mission under the spotlights

327 views

图 2 - 40　南航公司"聚光灯下的使命"视频

除南航外，中国中车集团有限公司（以下简称中车）在 YouTube 平台的表现也很亮眼，是 YouTube 传播力总排行中位列第一的企业，也是单条视频点击量最高的企业。与南航相比，中车 YouTube 平台更新频率要更快，1 年内共发布 52 条视频内容。同时，中车善用新颖的影像形式进行宣传，2018 年 9 月 8 日，其发布了一则介绍"复兴号"高速列车运输过程的视频，通过动画的形式介绍高速铁路技术如何帮助人们生活得更加幸福、便捷，共被播放 1962 次，获 30 个赞。具体视频内容截图如图 2 - 41 所示。

InnoTrans2018 CRRC FUXING highspeed railway train

图 2 - 41　中车集团 YouTube 平台单条点击量最高视频

十一、结论

（一）海外媒体平台建设中，航空、通信、石油等行业的公司整体排名靠前

在 2018 年中央企业海外传播力指数前二十位中，航空、通信、石油行业公司占比高达 55%。在前二十位中航空企业有 5 家，占比达 25%，分别是中国南方航空集团有限公司、中国航空集团有限公司、中国东方航空集团有限公司、中国商用飞机有限责任公司以及中国航空工业集团有限公司，分别位列总分榜第一、第二、第三、第十七以及第十九。在前二十位中通信企业有 3 家，占比达 15%，分别是中国移动通信集团有限公司、中国联合网络通信集团有限公司以及中国电信集团有限公司，位列总分榜第七、第九以及第十一。在前二十位中石油企业有 3 家，占比达 15%，分别是中国石油化工集团有限公司、

中国石油天然气集团有限公司以及中国海洋石油集团有限公司，分别位列总分榜第四、第十二以及第二十。

航空企业在海外社交媒体建设中同样有亮眼表现，国航位列 Twitter 传播力排行榜第一，南航位列 Facebook 传播力排行榜第一、东航公司位列 Instagram 传播力排行榜第一。

（二）同上年相比海外网络传播力排名变化较大，航空业整体相对上升、通信业整体相对下降

在 2017 年与 2018 年两年的调查中，航空企业与通信企业的海外传播力表现都比较突出。但将两年数据比较可以发现，不同行业间的海外传播力排名变化较为明显。在 2018 年的调查中，航空行业排名整体相对上升，通信行业整体相对下降。其中中国南方航空集团公司、中国东方航空集团公司、中国航空集团公司分别由 2017 年的总分榜第一、第二和第五提升至 2018 年的总分榜前三；中国移动通信集团公司、中国电信集团公司的排名分别由 2017 年的第三和第九下降至 2018 年的第七和第十一。

（三）基础建设和军工行业海外传播力排名上升快

基础工程建设行业以及军工行业在 2018 年的海外传播力总排行中表现也较为突出，其中中国交通建设集团有限公司、中国建材集团有限公司排名分别由 2017 年的第二十六和第四十七提升至 2018 年总分榜的第十四和第二十一；中国兵器工业集团有限公司、中国兵器装备集团有限公司排名分别由 2017 年的总分榜第二十一和第六十提升至 2018 年总分榜的第十三和第五十二。

（四）中央企业的海外网络传播力与民营企业和国外企业巨头相比，差距明显

华为技术有限公司是中国民营企业 500 强中的第一名，荷兰皇家壳牌集团是目前世界第一大石油公司，本次调查将两家企业的传播力得分作为中央企业的横向比较参照系，将总得分及各维度下的排名第一同华为公司及壳牌集团海外媒体建设情况进行对比分析，可以发现中央企业的海外网络传播力与民营企业、国外企业相比仍差距较大。2018 年媒体传播力总指数方面，中央企业排名第一的南航与华为公司相差 9 倍，与壳牌集团相差 6 倍。

华为公司的海外媒体平台建设起步较早且发展较快，在各媒体平台发展都很均衡，尤其在 Google 及 Instagram 平台内同中央企业拉开了较大的差距。将各维度下排名第一的中央企业同华为公司进行比较，在 Google 传播力总指数方面，中国第一汽车集团有限公司与华为公司相比相差近 82 倍；Google 新闻搜索量方面，南航与华为公司相差近 1570 倍。在 Instagram 传播力总指数方面，中国东方航空集团有限公司与华为公司相差 12 倍；Instagram 账号粉丝数量方面，中国南方航空集团有限公司与华为公司相差约 21.6 倍。

壳牌集团则在 YouTube 平台上与中央企业拉开了很大的差距，这一点后文会进行详细描述。

（五）中央企业海外社交媒体平台建设力度不均衡，Facebook 平台运营成效明显

在 2017 年调查中大多数企业的海外社交媒体平台还处于休眠状态，而 2018 年中央企业在社交媒体平台上的活跃度整体升高，尤其在 Facebook 平台上的运营成效明显，部分中央企业已形成运营策略，平台账号内容更新较频繁，粉丝量增大，用户回应度高。

从 Facebook 平台粉丝情况看，中央企业账号 Facebook 平台内的平均粉丝数量和最高粉丝数量均出现了大幅增长，平均粉丝数量由 34777 人次上升至 99957 人次，增长约 2.9 倍；最高粉丝数量由 192.5 万人次（南航）上升至 575.3 万人次（南航），增长约 3 倍。从 Facebook 平台运营情况看，信息发布数量由 433 条（中国移动通信集团公司）上升至 468 条（中国航空集团有限公司）。从 Facebook 平台用户回应情况看，单条消息的最高点赞量由 1188 次上升至 94000 次，上涨幅度达 79 倍。Facebook 平台内的领头企业已逐步实现同用户间的良性互动。

而中央企业的 Twitter、Instagram、YouTube 账号建设仍存在明显空白，普及率较低，平台使用频率较低。企业间 Twitter 账户普及率为 20.8%、Instagram 账号普及率为 12.5%、YouTube 账户普及率仅为 10.4%。进一步看账号运营情况和用户情况，中央企业 Twitter 平均粉丝数量为 1123 人次，平均发帖数量为 24 条，Instagram 平均粉丝数量为 4731 人次，平均内容发布数量为 94 条，YouTube 平均粉丝数量为 23.6 人，平均内容发布数量为 0.9 条。三个平台内，大部分企业的账号内容更新不活跃，粉丝数量低，相应的用户参与度与回应度也较低。

（六）中央企业社交媒体的内容发布开始变得活跃，领头企业的发布量较大

从调查中可以看出，壳牌集团的海外媒体建设起步较早且已有成熟的运营策略，所以在粉丝量、转发量、点赞量以及评论量等方面要优于中央企业，但中央企业社交媒体上的内容发布量高于国外企业。可以发现中央企业对海外媒体的重视程度正日益增长，尤其是各平台建设的领头企业为提高自己的海外社交媒体账户影响力而努力增加内容发布量，活跃度日益提升。

在 Twitter 平台上，中国东方航空集团有限公司发布的信息数量最多，为 660 条，超过了壳牌集团（382 条）。

在 Facebook 平台上，中国航空集团有限公司发布的内容数量最多，共发布 468 条信息，高于壳牌集团（112 条）1 年内的发布内容量。

在 Instagram 平台上，中国东方航空集团有限公司发布内容量最多，为 429 条，远高于壳牌集团（42 条）1 年内的发布内容量。

（七）海外企业善用视频传播，中央企业尚有不足

通过海外企业的参照对比发现，壳牌集团善用 YouTube 平台进行视频传播。壳牌集团的 YouTube 指数总得分为 9683716.9，高过排行第一的中车 19 倍。在 YouTube 平台内，

壳牌集团共获得 16 余万用户订阅关注，1 年内共发布内容 305 条，单个视频最高点击率为 197 万次。订阅数量方面，中车与壳牌集团相比相差约 498 倍；单个视频最高点击量方面，中车与壳牌集团相差约 10042 倍。视频传播是一种综合传播方式，将文字、声音、图像和影像动态地连接起来，在传播效果上具有强大的优势，可以做到快速、大范围传播，吸引用户关注企业品牌内容，成为企业粉丝。在 YouTube 平台建设和视频传播方面，中央企业尚有不足且亟待发展。

第三章 2018 中国城市海外网络传播力报告

一、背景

在全球城市化进程日趋加快的今天，各地区的竞争实质上是以城市为单位的综合实力的竞争。各个城市在促进科技、经济等基础实力提升的基础上，纷纷寻求建立品牌形象的方法和途径，积极开展城市品牌传播活动，不断塑造与提升自己的品牌形象以实现可持续发展。与此同时，城市系统也是国家形象建设的重要子系统，城市形象的塑造是推进我国国家形象传播的重要名片。随着中国日益走近世界舞台中央，中国与世界深度融合、相互激荡，讲好中国故事，传播好中国声音，向世界展现真实、立体、全面的中国。[1]城市形象传播策略及其传播力已成为一个值得关注的现实命题。

网络是增强中国城市海外传播力的重要载体。一方面，传统的新闻信息在互联网上汇集；另一方面，普通民众的意见和信息正在社交媒体平台上快速、蓬勃发展，成为全球化的信息大市场。例如，截至 2018 年 5 月，YouTube 平台月活跃用户首破 19 亿，平均每分钟就有 400 个小时的视频正在上传[2]；当年 7 月，Twitter 在全球范围内也已经拥有超过 3 亿的活跃用户。海外网络平台是中国城市形象传播有所忽略的场域，因此加强各城市的海外网络传播力建设对城市自身的发展、对国家文化软实力的提升都有着至关重要的意义。中国城市的海外社交媒体开发与建设成为了各大城市提升国际传播力的重要渠道。

传播力分为三个层次。第一个层次是"在场"，衡量标准是一个国家在互联网场域中的出现频率，操作化定义为提及率；第二个层次是评价，即"在场"内容是正面的还是负面的，需要得到关注和讨论；第三个层次是承认，即互联网世界对一个国家传播内容的

［本章作者］张洪忠、方增泉、王佳鑫、季晓旭、刘旭阳、王者、郑伟、祁雪晶、苏世兰。

[1] 新华社评论员：讲好中国故事，展现中国形象——五论学习贯彻习近平总书记在全国宣传思想工作会议重要讲话［EB/OL］. http：//www.xinhuanet.com//politics/2018 - 08/26/c_ 1123330490. htm.

[2] 搜狐新闻.YouTube：每月已注册用户访问数量稳定在 18 亿以上［EB/OL］. https：//www.sohu.com/a/2303740 52_ 99956743.

价值承认程度，虽然不同意但承认，这是国际传播应该努力达到的现实目标。在三个层次中，"在场"是基础，只有在"在场"前提下，才可能有后面的层次。海外网络传播力的最高目标在于承认，而非认同。

本报告从第一层次的"在场"维度考察我国城市在互联网英文世界中的传播力。在构建中国城市海外网络传播力测量维度时，将 Google 新闻的提及率、社交媒体账号运营情况等作为测量"在场"传播力的维度。

本报告选取了中国 338 个地级以上城市作为研究对象，通过抓取国际搜索网站和大型社交平台数据，设定具体的维度和指标进行比对分析，以期了解我国城市海外网络传播力现状以及增长指数，以完善我国海外网络传播体系建设，进而提升中国的国际传播力。

二、方法

（一）数据采集平台与时间

本报告选取 Google、Twitter、YouTube 3 个海外媒体平台上的传播情况作为中国城市海外网络传播力的考察维度。

Google 作为全球最普及的搜索引擎，提供 30 余种语言服务，在全球搜索引擎平台上占据主导地位。因此以 Google 为平台分析中国城市的新闻内容和报道数量具有较高的研究价值和可信度。

Twitter 为受众提供了一个公共讨论平台，所有信息都可以及时检索。Twitter 在自媒体平台上有着很强的国际影响力，在国际网站 Alexa. com 排名中，Twitter 影响力远远高于论坛、博客等其他自媒体平台。Twitter 平台的数据统计在一定程度上可以反映出中国城市在海外传播的深度与广度。

YouTube 是目前世界上规模最大和最有影响力的视频网站，深受中年和青少年人群青睐，在 YouTube 平台上进行影像视觉传播可以实现快速、大范围传播，吸引用户关注中国城市并形成视觉化印象。YouTube 平台的统计数据在一定程度上也可以反映出中国城市的跨文化传播和沟通能力。

本报告中 Google、Twitter、YouTube 3 个维度的数据采集时间为 2017 年 11 月 10 日至 2018 年 11 月 10 日。同时，采集了 2008 年与 2013 年的数据做趋势分析。

（二）指标与算法

本报告选取 Google、Twitter、YouTube 3 个平台作为考察维度，比重为 0.4 : 0.3 : 0.3。

中国城市海外网络传播力指数具体算法如下：

$$y_j = \left[\sum_{i=1}^{3} a_i \frac{\lg x_{ij}}{\max_{1 \leq j \leq 338} (\lg x_{ij})} \right] \times 100$$

式中，y_j 为任意一个城市的传播力指数。a_i 为指标的权重，$i = 1$，2，3，例如 a_1 代表 Google 新闻数量所占的权重，因此 $a_1 = 40\%$。x_{ij} 为第 j 个城市在第 i 个指标上的数值，例如 x_{12} 表示第 2 个城市在 Google 新闻搜索上的数量。

Google 新闻中通过抽样检测的方法，在总量中筛除了负面新闻。由于算法中使用了对数标准化，因此原始数据中的"0"改成了"1"，这种改变并不影响最终结果。

（三） 分析对象选择

本报告选取了中国 338 个地级以上城市作为研究对象（指中国内陆城市，不包括港澳台地区），在 3 个平台中用对直辖市、省会城市和计划单列市输入带双引号的城市英文名称，对其他地级市采取输入带双引号的"城市 + 所在省份"英文名称的方法进行数据采集（吉林市由于与吉林省英文名称一致，故采用"Jilin city"进行搜索）。

计划单列市包括大连、青岛、宁波、厦门、深圳 5 座城市。

338 座城市的中文名称与英文搜索名称如表 3 - 1 所示。

表 3 - 1   338 座城市中英文名称对照

中文名称	英文搜索名称	中文名称	英文搜索名称	中文名称	英文搜索名称
上海市	"Shanghai"	无锡市	"Wuxi + Jiangsu"	金华市	"Jinhua + Zhejiang"
北京市	"Beijing"	昆明市	"Kunming"	徐州市	"Xuzhou + Jiangsu"
深圳市	"Shenzhen"	大连市	"Dalian"	太原市	"Taiyuan"
广州市	"Guangzhou"	厦门市	"Xiamen"	嘉兴市	"Jiaxing + Zhejiang"
成都市	"Chengdu"	合肥市	"Hefei"	烟台市	"Yantai + Shandong"
杭州市	"Hangzhou"	佛山市	"Foshan + Guangdong"	惠州市	"Huizhou + Guangdong"
重庆市	"Chongqing"	福州市	"Fuzhou"	保定市	"Baoding + Hebei"
武汉市	"Wuhan"	哈尔滨市	"Harbin"	台州市	"Taizhou + Zhejiang"
苏州市	"Suzhou + Jiangsu"	济南市	"Jinan"	中山市	"Zhongshan + Guangdong"
西安市	"Xi'an"	温州市	"Wenzhou + Zhejiang"	绍兴市	"Shaoxing + Zhejiang"
天津市	"Tianjin"	长春市	"Changchun"	乌鲁木齐	"Urumqi"
南京市	"Nanjing"	石家庄市	"Shijiazhuang"	潍坊市	"Weifang + Shandong"
郑州市	"Zhengzhou"	常州市	"Changzhou + Jiangsu"	兰州市	"Lanzhou"
长沙市	"Changsha"	泉州市	"Quanzhou + Fujian"	珠海市	"Zhuhai + Guangdong"
沈阳市	"Shenyang"	南宁市	"Nanning"	镇江市	"Zhenjiang + Jiangsu"
青岛市	"Qingdao"	贵阳市	"Guiyang"	海口市	"Haikou"
宁波市	"Ningbo"	南昌市	"Nanchang"	扬州市	"Yangzhou + Jiangsu"
东莞市	"Dongguan + Guangdong"	南通市	"Nantong + Jiangsu"	临沂市	"Linyi + Shandong"

中文名称	英文搜索名称	中文名称	英文搜索名称	中文名称	英文搜索名称
洛阳市	"Luoyang + Henan"	南阳市	"Nanyang + Henan"	南平市	"Nanping + Fujian"
唐山市	"Tangshan + Hebei"	威海市	"Weihai + Shandong"	齐齐哈尔	"Qiqihar + Heilongjiang"
呼和浩特	"Hohhot"	湛江市	"Zhanjiang + Guangdong"	德州市	"Dezhou + Shandong"
盐城市	"Yancheng + Jiangsu"	包头市	"Baotou + Inner Mongolia"	宝鸡市	"Baoji + Shanxi"
汕头市	"Shantou + Guangdong"	鞍山市	"Anshan + Liaoning"	马鞍山市	"Maanshan + Anhui"
廊坊市	"Langfang + Hebei"	九江市	"Jiujiang + Jiangxi"	郴州市	"Chenzhou + Hunan"
泰州市	"Taizhou + Jiangsu"	大庆市	"Daqing + Heilongjiang"	安阳市	"Anyang + Henan"
济宁市	"Jining + Shandong"	许昌市	"Xuchang + Henan"	龙岩市	"Longyan + Fujian"
湖州市	"Huzhou + Zhejiang"	新乡市	"Xinxiang + Henan"	聊城市	"Liaocheng + Shandong"
江门市	"Jiangmen + Guangdong"	宁德市	"Ningde + Fujian"	渭南市	"Weinan + Shanxi"
银川市	"Yinchuan"	西宁市	"Xining + Qinghai"	宿州市	"Suzhou + Anhui"
淄博市	"Zibo + Shandong"	宿迁市	"Suqian + Jiangsu"	衢州市	"Quzhou + Zhejiang"
邯郸市	"Handan + Hebei"	菏泽市	"Heze + Shandong"	梅州市	"Meizhou + Guangdong"
芜湖市	"Wuhu + Anhui"	蚌埠市	"Bengbu + Anhui"	宣城市	"Xuancheng + Anhui"
漳州市	"Zhangzhou + Fujian"	邢台市	"Xingtai + Hebei"	周口市	"Zhoukou + Henan"
绵阳市	"Mianyang + Sichuan"	铜陵市	"Tongling + Anhui"	丽水市	"Lishui + Zhejiang"
桂林市	"Guilin + Guangxi"	阜阳市	"Fuyang + Anhui"	安庆市	"Anqing + Anhui"
三亚市	"Sanya + Hainan"	荆州市	"Jingzhou + Hubei"	三明市	"Sanming + Fujian"
遵义市	"Zunyi + Guizhou"	驻马店市	"Zhumadian + Henan"	枣庄市	"Zaozhuang + Shandong"
咸阳市	"Xianyang + Shanxi"	湘潭市	"Xiangtan + Hunan"	南充市	"Nanchong + Sichuan"
上饶市	"Shangrao + Jiangxi"	滁州市	"Chuzhou + Anhui"	淮南市	"Huainan + Anhui"
莆田市	"Putian + Fujian"	肇庆市	"Zhaoqing + Guangdong"	平顶山市	"Pingdingshan + Henan"
宜昌市	"Yichang + Hubei"	德阳市	"Deyang + Sichuan"	东营市	"Dongying + Shandong"
赣州市	"Ganzhou + Jiangxi"	曲靖市	"Qujing + Yunnan"	呼伦贝尔市	"Hulunbeier + Inner Mongolia"
淮安市	"Huai'an + Jiangsu"	秦皇岛市	"Qinhuangdao + Hebei"	乐山市	"Leshan + Sichuan"
揭阳市	"Jieyang + Guangdong"	潮州市	"Chaozhou + Guangdong"	张家口市	"Zhangjiakou + Hebei"
沧州市	"Cangzhou + Hebei"	吉林市	"Jilin + Jilin"	清远市	"Qingyuan + Guangdong"
商丘市	"Shangqiu + Henan"	常德市	"Changde + Hunan"	焦作市	"Jiaozuo + Henan"
连云港市	"Lianyungang + Jiangsu"	宜春市	"Yichun + Jiangxi"	河源市	"Heyuan + Guangdong"
柳州市	"Liuzhou + Guangxi"	黄冈市	"Huanggang + Hubei"	运城市	"Yuncheng + Shanxi"
岳阳市	"Yueyang + Hunan"	舟山市	"Zhoushan + Zhejiang"	锦州市	"Jinzhou + Liaoning"
信阳市	"Xinyang + Henan"	泰安市	"Taian + Shandong"	赤峰市	"Chifeng + Inner Mongolia"
株洲市	"Zhuzhou + Hunan"	孝感市	"Xiaogan + Hubei"	六安市	"Liuan + Anhui"
衡阳市	"Hengyang + Hunan"	鄂尔多斯	"Ordos + Inner Mongolia"	盘锦市	"Panjin + Liaoning"
襄阳市	"Xiangyang + Hubei"	开封市	"Kaifeng + Henan"	宜宾市	"Yibin + Sichuan"

中文名称	英文搜索名称	中文名称	英文搜索名称	中文名称	英文搜索名称
榆林市	"Yulin + Shanxi"	安顺市	"Anshun + Guizhou"	鹰潭市	"Yingtan + Jiangxi"
日照市	"Rizhao + Shandong"	黔南布依族苗族自治州	"Qiannan + Guizhou"	广元市	"Guangyuan + Sichuan"
晋中市	"Jinzhong + Shanxi"	泸州市	"Luzhou + Sichuan"	云浮市	"Yunfu + Guangdong"
怀化市	"Huaihua + Hunan"	玉溪市	"Yuxi + Yunnan"	葫芦岛市	"Huludao + Liaoning"
承德市	"Chengde + Hebei"	通辽市	"Tongliao + Inner Mongolia"	本溪市	"Benxi + Liaoning"
遂宁市	"Suining + Sichuan"	丹东市	"Dandong + Liaoning"	景德镇市	"Jingdezhen + Jiangxi"
毕节市	"Bijie + Guizhou"	临汾市	"Linfen + Shanxi"	六盘水市	"Liupanshui + Guizhou"
佳木斯市	"Jiamusi + Heilongjiang"	眉山市	"Meishan + Sichuan"	达州市	"Dazhou + Sichuan"
滨州市	"Binzhou + Shandong"	十堰市	"Shiyan + Hubei"	铁岭市	"Tieling + Liaoning"
益阳市	"Yiyang + Hunan"	黄石市	"Huangshi + Hubei"	钦州市	"Qinzhou + Guangxi"
汕尾市	"Shanwei + Guangdong"	濮阳市	"Puyang + Henan"	广安市	"Guang'an + Sichuan"
邵阳市	"Shaoyang + Hunan"	亳州市	"Haozhou + Anhui"	保山市	"Baoshan + Yunnan"
玉林市	"Yulin + Guangxi"	抚顺市	"Fushun + Liaoning"	自贡市	"Zigong + Sichuan"
衡水市	"Hengshui + Hebei"	永州市	"Yongzhou + Hunan"	辽阳市	"Liaoyang + Liaoning"
韶关市	"Shaoguang + Hunan"	丽江市	"Lijiang + Yunnan"	百色市	"Baise + Guangxi"
吉安市	"Ji'an + Jiangxi"	漯河市	"Luohe + Henan"	乌兰察布市	"Ulanqab + Inner Mongolia"
北海市	"Beihai + Guangxi"	铜仁市	"Tongren + Guizhou"	普洱市	"Puer + Yunnan"
茂名市	"Maoming + Guangdong"	大同市	"Datong + Shanxi"	黔西南布依族苗族自治州	"Qianxinan + Guizhou"
延边朝鲜族自治州	"Yanbian + Jilin"	松原市	"Songyuan + Jilin"	贵港市	"Guigang + Guizhou"
黄山市	"Huangshan + Anhui"	通化市	"Tonghua + Jilin"	萍乡市	"Pingxiang + Jiangxi"
阳江市	"Yangjiang + Guangdong"	红河哈尼族彝族自治州	"Honghe + Yunnan"	酒泉市	"Jiuquan + Gansu"
抚州市	"Fuzhou + Jiangxi"	内江市	"Neijiang + Sichuan"	忻州市	"Xinzhou + Shanxi"
娄底市	"Loudi + Hunan"	长治市	"Changzhi + Shanxi"	天水市	"Tianshui + Gansu"
营口市	"Yingkou + Liaoning"	荆门市	"Jingmen + Hubei"	防城港市	"Fangchenggang + Guangxi"
牡丹江市	"Mudanjiang + Heilongjiang"	梧州市	"Wuzhou + Guangxi"	鄂州市	"Ezhou + Hubei"
大理白族自治州	"Dali + Yunnan"	拉萨市	"Lhasa + Tibet"	锡林郭勒盟	"XilinGol + Inner Mongolia"
咸宁市	"Xianning + Hubei"	汉中市	"Hanzhong + Hubei"	白山市	"Baishan + Jilin"
黔东南苗族侗族自治州	"Qiandongnan + Guizhou"	四平市	"Siping + Jilin"	黑河市	"Heihe + Heilongjiang"

续表

中文名称	英文搜索名称	中文名称	英文搜索名称	中文名称	英文搜索名称
克拉玛依市	"Karamay + Xinjiang"	攀枝花市	"Panzhihua + Sichuan"	德宏傣族景颇族自治州	"Dehong + Yunnan"
临沧市	"Lincang + Yunnan"	阜新市	"Fuxin + Liaoning"	资阳市	"Ziyang + Sichuan"
三门峡市	"Sanmenxia + Henan"	兴安盟	"Xing'an + Inner Mongolia"	阳泉市	"Yangquan + Shanxi"
伊春市	"Yichun + Heilongjiang"	张家界市	"Zhangjiajie + Hunan"	商洛市	"Shangluo + Shaanxi"
鹤壁市	"Hebi + Henan"	昭通市	"Zhaotong + Yunnan"	陇南市	"Longnan + Gansu"
随州市	"Suizhou + Hubei"	海东市	"Haidong + Qinghai"	平凉市	"Pingliang + Gansu"
新余市	"Xinyu + Jiangxi"	安康市	"Ankang + Shaanxi"	庆阳市	"Qingyang + Gansu"
晋城市	"Jincheng + Shanxi"	白城市	"Baicheng + Jilin"	甘孜藏族自治州	"Ganzi + Sichuan"
文山壮族苗族自治州	"Wenshan + Yunnan"	朝阳市	"Chaoyang + Liaoning"	大兴安岭地区	"Daxinganling + Heilongjiang"
巴彦淖尔市	"Bayannaoer + Inner Mongolia"	绥化市	"Suihua + Heilongjiang"	迪庆藏族自治州	"Diqing + Yunnan"
河池市	"Hechi + Guangxi"	淮北市	"Huaibei + Anhui"	阿坝藏族羌族自治州	"Aba + Sichuan"
凉山彝族自治州	"Liangshan + Sichuan"	辽源市	"Liaoyuan + Jilin"	伊犁哈萨克自治州	"Ili + Xinjiang"
乌海市	"Wuhai + Inner Mongolia"	定西市	"Dingxi + Gansu"	中卫市	"Zhongwei + Ningxia"
楚雄彝族自治州	"Chuxiong + Yunnan"	吴忠市	"Wuzhong + Ningxia"	朔州市	"Shuozhou + Shanxi"
恩施土家族苗族自治州	"Enshi + Hubei"	鸡西市	"Jixi + Heilongjiang"	儋州市	"Danzhou + Hainan"
吕梁市	"Luliang + Shanxi"	张掖市	"Zhangye + Gansu"	铜川市	"Tongchuan + Shaanxi"
池州市	"Chizhou + Anhui"	鹤岗市	"Hegang + Heilongjiang"	白银市	"Baiyin + Gansu"
西双版纳傣族自治州	"Xishuangbanna + Yunnan"	崇左市	"Chongzuo + Guangxi"	石嘴山市	"Shizuishan + Ningxia"
延安市	"Yan'an + Shaanxi"	湘西土家族苗族自治州	"Xiangxi + Hunan"	莱芜市	"Laiwu + Shandong"
雅安市	"Ya'an + Sichuan"	林芝市	"Linzhi + Tibet"	武威市	"Wuwei + Gansu"
巴中市	"Bazhong + Sichuan"	来宾市	"Laibin + Guangxi"	固原市	"Guyuan + Ningxia"
双鸭山市	"Shuangyashan + Heilongjiang"	贺州市	"Hezhou + Guangxi"	昌吉回族自治州	"Changji + Xinjiang"

中文名称	英文搜索名称	中文名称	英文搜索名称	中文名称	英文搜索名称
巴音郭楞蒙古自治州	"Bayin + Xinjiang"	金昌市	"Jinchang + Gansu"	山南市	"Shannan + Tibet"
嘉峪关市	"Jiayuguan + Gansu"	哈密市	"Hami + Xinjiang"	临夏回族自治州	"Linxia + Gansu"
阿拉善盟	"Alxa + Inner Mongolia"	怒江傈僳族自治州	"Nujiang + Yunnan"	博尔塔拉蒙古自治州	"Bortala + Xinjiang"
阿勒泰地区	"Altay + Xinjiang"	吐鲁番市	"Turpan + Xinjiang"	玉树藏族自治州	"Yushu + Qinghai"
七台河市	"Qitaihe + Heilongjiang"	那曲地区	"Nagqu + Tibet"	黄南藏族自治州	"Huangnan + Qinghai"
海西蒙古族藏族自治州	"Haixi + Qinghai"	阿里地区	"Ali + Tibet"	和田地区	"Hotan + Xinjiang"
塔城地区	"Tacheng + Xinjiang"	喀什地区	"Kashgar + Xinjiang"	三沙市	"Sansha + Hainan"
日喀则市	"Shigatse + Tibet"	阿克苏地区	"Aksu + Xinjiang"	克孜勒苏柯尔克孜自治州	"Kizilsu + Xinjiang"
昌都市	"Changdu + Tibet"	南藏族自治州	"Gannan + Gansu"	果洛藏族自治州	"Guoluo + Qinghai"
海南藏族自治州	"Hainan + Qinghai"	海北藏族自治州	"Haibei + Qinghai"		

三、中国城市海外网络传播力总得分与排名

（一）中国 338 座城市海外网络传播力得分

本报告整理并汇集我国 338 座城市在 Google、Twitter 和 YouTube 3 个维度上的数据，通过综合模型计算分析得出中国城市的海外网络传播力指数与排名。城市网络传播力总分的计算方法为：海外网络传播力得分最高的城市指数为 100，从而换算出每个城市的海外网络传播力指数，保留 1 位小数位数。

在 338 座城市中，排在前三位的是上海市（100.0）、北京市（96.2）、深圳市

（81.0），其后第四至第十名的依次是广州市（77.8）、杭州市（73.9）、天津市（72.7）、重庆市（71.9）、南京市（70.3）、大连市（69.0）、武汉市（68.6）。

338 座城市的海外网络传播力指数与排名如表 3 - 2 所示。

表 3 - 2　338 座城市海外网络传播力指数及排名

排名	城市	指数	排名	城市	指数
1	上海市	100.0	32	南昌市	52.7
2	北京市	96.2	33	贵阳市	52.7
3	深圳市	81.0	34	三亚市	51.9
4	广州市	77.8	35	苏州市	51.7
5	杭州市	73.9	36	珠海市	51.6
6	天津市	72.7	37	太原市	51.0
7	重庆市	71.9	38	合肥市	50.7
8	南京市	70.3	39	银川市	49.9
9	大连市	69.0	40	张家界市	45.9
10	武汉市	68.6	41	东莞市	45.6
11	西安市	67.0	42	无锡市	45.2
12	成都市	66.9	43	温州市	44.6
13	青岛市	66.8	44	舟山市	44.2
14	厦门市	66.1	45	佛山市	44.0
15	哈尔滨市	65.6	46	南通市	43.3
16	福州市	65.0	47	开封市	43.3
17	济南市	64.4	48	泉州市	43.2
18	昆明市	64.0	49	烟台市	43.1
19	宁波市	62.3	50	桂林市	42.8
20	长沙市	61.9	51	乐山市	42.7
21	拉萨市	61.7	52	潍坊市	42.7
22	沈阳市	60.2	53	运城市	42.5
23	郑州市	59.9	54	绍兴市	42.3
24	长春市	58.0	55	大理白族自治州	42.0
25	海口市	57.9	56	丽江市	41.8
26	兰州市	56.0	57	齐齐哈尔市	41.5
27	乌鲁木齐市	56.0	58	中山市	41.1
28	南宁市	55.6	59	台州市	41.1
29	阿里地区	54.1	60	张家口市	41.0
30	呼和浩特市	53.8	61	扬州市	40.8
31	石家庄市	53.5	62	北海市	40.6

排名	城市	指数	排名	城市	指数
63	九江市	40.6	98	景德镇市	36.6
64	临沂市	40.6	99	西双版纳傣族自治州	36.4
65	衡阳市	40.6	100	海南藏族自治州	36.4
66	常州市	40.3	101	鄂尔多斯市	36.2
67	西宁市	40.2	102	赣州市	36.1
68	江门市	40.1	103	玉林市	36.1
69	洛阳市	39.8	104	张掖市	36.0
70	徐州市	39.8	105	吉林市	35.9
71	汕头市	39.8	106	日喀则市	35.8
72	威海市	39.8	107	酒泉市	35.7
73	淄博市	39.8	108	绵阳市	35.6
74	连云港市	39.3	109	湘西土家族苗族自治州	35.5
75	安阳市	38.4	110	马鞍山市	35.4
76	丹东市	38.4	111	盐城市	35.3
77	金华市	38.4	112	镇江市	35.1
78	湛江市	38.3	113	宣城市	35.0
79	新乡市	38.3	114	大同市	35.0
80	宜宾市	38.2	115	肇庆市	35.0
81	喀什地区	38.1	116	宿州市	34.9
82	柳州市	38.0	117	荆门市	34.9
83	唐山市	37.9	118	包头市	34.8
84	吐鲁番市	37.9	119	延安市	34.7
85	嘉兴市	37.8	120	潮州市	34.5
86	清远市	37.7	121	德州市	34.4
87	株洲市	37.7	122	恩施土家族苗族自治州	34.4
88	惠州市	37.5	123	南充市	34.2
89	邯郸市	37.5	124	芜湖市	34.2
90	湖州市	37.4	125	十堰市	34.1
91	宜昌市	37.4	126	衢州市	34.1
92	南阳市	37.1	127	丽水市	34.0
93	黄山市	37.0	128	日照市	34.0
94	廊坊市	36.9	129	安顺市	33.9
95	保定市	36.8	130	德宏傣族景颇族自治州	33.8
96	济宁市	36.8	131	东营市	33.6
97	泰州市	36.7	132	郴州市	33.5

排名	城市	指数	排名	城市	指数
133	承德市	33.5	168	文山壮族苗族自治州	31.4
134	阿勒泰地区	33.5	169	昌吉回族自治州	31.3
135	赤峰市	33.5	170	毕节市	31.2
136	阳江市	33.4	171	延边朝鲜族自治州	30.9
137	锦州市	33.4	172	迪庆藏族自治州	30.9
138	常德市	33.4	173	黑河市	30.9
139	沧州市	33.3	174	枣庄市	30.9
140	阜阳市	33.2	175	玉溪市	30.9
141	哈密市	33.2	176	雅安市	30.8
142	莆田市	33.2	177	茂名市	30.7
143	龙岩市	33.1	178	红河哈尼族彝族自治州	30.5
144	秦皇岛市	32.9	179	滨州市	30.4
145	湘潭市	32.8	180	淮安市	30.4
146	抚州市	32.7	181	聊城市	29.9
147	钦州市	32.6	182	和田地区	29.8
148	伊犁哈萨克自治州	32.6	183	宁德市	29.7
149	普洱市	32.5	184	自贡市	29.7
150	临汾市	32.4	185	平顶山市	29.7
151	保山市	32.3	186	平凉市	29.6
152	衡水市	32.3	187	山南市	29.5
153	遵义市	32.2	188	信阳市	29.5
154	邢台市	32.2	189	岳阳市	29.5
155	新余市	32.2	190	淮北市	29.2
156	漳州市	32.2	191	焦作市	29.2
157	商丘市	32.2	192	楚雄彝族自治州	29.2
158	阿克苏地区	32.0	193	凉山彝族自治州	29.2
159	昭通市	31.9	194	河源市	29.1
160	襄阳市	31.9	195	营口市	29.1
161	泰安市	31.9	196	揭阳市	29.0
162	铜仁市	31.7	197	固原市	29.0
163	濮阳市	31.6	198	玉树藏族自治州	28.9
164	上饶市	31.6	199	那曲地区	28.9
165	宿迁市	31.6	200	武威市	28.9
166	曲靖市	31.6	201	盘锦市	28.9
167	眉山市	31.5	202	蚌埠市	28.9

排名	城市	指数	排名	城市	指数
203	达州市	28.7	238	驻马店市	25.7
204	锡林郭勒盟	28.6	239	林芝市	25.7
205	铜陵市	28.6	240	邵阳市	25.7
206	大庆市	28.6	241	资阳市	25.6
207	梅州市	28.5	242	六盘水市	25.6
208	淮南市	28.2	243	通化市	25.5
209	菏泽市	28.2	244	儋州市	25.5
210	克拉玛依市	28.2	245	广元市	25.5
211	海西蒙古族藏族自治州	28.1	246	汕尾市	25.4
212	许昌市	27.9	247	天水市	25.4
213	荆州市	27.9	248	云浮市	25.4
214	莱芜市	27.9	249	南平市	25.3
215	百色市	27.7	250	池州市	25.2
216	临夏回族自治州	27.6	251	广安市	25.2
217	滁州市	27.5	252	陇南市	25.1
218	鞍山市	27.4	253	阿坝藏族羌族自治州	24.9
219	嘉峪关市	27.2	254	黄石市	24.8
220	临沧市	27.2	255	牡丹江市	24.7
221	甘南藏族自治州	27.2	256	阿拉善盟	24.6
222	梧州市	27.0	257	朝阳市	24.6
223	泸州市	27.0	258	随州市	24.3
224	吉安市	26.9	259	辽阳市	24.3
225	本溪市	26.9	260	漯河市	24.3
226	松原市	26.8	261	贺州市	24.3
227	遂宁市	26.8	262	吴忠市	24.2
228	怒江傈僳族自治州	26.7	263	通辽市	24.2
229	宜春市	26.7	264	萍乡市	24.1
230	三门峡市	26.4	265	葫芦岛市	24.1
231	益阳市	26.3	266	塔城地区	24.0
232	黔东南苗族侗族自治州	26.2	267	德阳市	24.0
233	三沙市	26.2	268	安庆市	23.9
234	防城港市	26.1	269	三明市	23.6
235	佳木斯市	25.9	270	晋中市	23.4
236	抚顺市	25.9	271	长治市	23.1
237	中卫市	25.9	272	甘孜藏族自治州	22.9

排名	城市	指数	排名	城市	指数
273	晋城市	22.9	306	来宾市	19.1
274	庆阳市	22.9	307	博尔塔拉蒙古自治州	18.8
275	河池市	22.6	308	白山市	18.6
276	怀化市	22.6	309	铁岭市	18.5
277	内江市	22.6	310	鄂州市	18.5
278	金昌市	22.5	311	榆林市	18.4
279	黄冈市	22.5	312	攀枝花市	18.3
280	汉中市	22.4	313	定西市	17.7
281	六安市	22.3	314	黔西南布依族苗族自治州	17.6
282	周口市	22.0	315	白城市	16.9
283	永州市	22.0	316	乌海市	16.0
284	忻州市	21.9	317	海北藏族自治州	15.5
285	白银市	21.8	318	绥化市	15.3
286	贵港市	21.6	319	巴中市	15.1
287	鹰潭市	21.5	320	海东市	14.6
288	娄底市	21.3	321	巴音郭楞蒙古自治州	14.6
289	朔州市	21.3	322	黄南藏族自治州	13.8
290	鸡西市	21.3	323	石嘴山市	13.6
291	咸宁市	20.8	324	安康市	12.9
292	孝感市	20.5	325	渭南市	12.3
293	克孜勒苏柯尔克孜自治州	20.3	326	双鸭山市	12.3
294	阳泉市	20.2	327	果洛藏族自治州	11.1
295	铜川市	20.2	328	呼伦贝尔市	10.6
296	伊春市	19.9	329	鹤岗市	10.2
297	黔南布依族苗族自治州	19.9	330	七台河市	10.2
298	商洛市	19.9	331	亳州市	10.1
299	鹤壁市	19.8	332	咸阳市	9.8
300	崇左市	19.7	333	昌都市	8.6
301	阜新市	19.5	334	兴安盟	7.2
302	宝鸡市	19.2	335	辽源市	6.3
303	吕梁市	19.2	336	大兴安岭地区	3.2
304	四平市	19.2	337	韶关市	2.0
305	乌兰察布市	19.2	338	巴彦淖尔市	1.9

（二）直辖市、省会城市及计划单列市海外网络传播力排名

经过统计与整理我国 36 座直辖市、省会城市及计划单列市在 Google、Twitter 和 You-Tube 3 个维度上的数据，通过综合模型计算分析得出中国直辖市、省会城市及计划单列市的海外网络传播力指数与总体排名。城市网络传播力总分的计算方法为：海外网络传播力得分最高的直辖市/省会城市/计划单列市的指数为 100，从而换算出每个城市的海外网络传播力指数，保留 1 位小数位数。

在 36 座直辖市、省会城市及计划单列市中，排在前三位的是上海市（100.0）、北京市（96.2）、深圳市（81.0），其后第四至第十名的依次是：广州市（77.8）、杭州市（73.9）、天津市（72.7）、重庆市（71.9）、南京市（70.3）、大连市（69.0）、武汉市（68.6）。

直辖市、省会城市及计划单列市的海外网络传播力指数排名如表 3 - 3 所示。

表 3 - 3　36 座直辖市/省会城市/计划单列市海外网络传播力指数排名

排名	城市	排名	城市
1	上海市	19	宁波市
2	北京市	20	长沙市
3	深圳市	21	拉萨市
4	广州市	22	沈阳市
5	杭州市	23	郑州市
6	天津市	24	长春市
7	重庆市	25	海口市
8	南京市	26	兰州市
9	大连市	27	乌鲁木齐市
10	武汉市	28	南宁市
11	西安市	29	呼和浩特市
12	成都市	30	石家庄市
13	青岛市	31	南昌市
14	厦门市	32	贵阳市
15	哈尔滨市	33	太原市
16	福州市	34	合肥市
17	济南市	35	银川市
18	昆明市	36	西宁市

（三）地级市海外网络传播力排名

经过统计与整理我国 302 座地级市在 Google、Twitter 和 YouTube 3 个维度上的数据，

通过综合模型计算分析得出中国地级市的海外网络传播力指数与总体排名。地级市网络传播力总分的计算方法为：海外网络传播力得分最高的地级市的指数为 100，从而换算出每个城市的海外网络传播力指数，保留 1 位小数位数。

在 302 座地级市中，排在前三位的是阿里地区（54.1）、三亚市（51.9）、苏州市（51.7），其后第四至第十名的依次是：珠海市（51.6）、张家界市（45.9）、东莞市（45.6）、无锡市（45.2）、温州市（44.6）、舟山市（44.2）、佛山市（44.0）。

地级市的海外网络传播力指数排名如表 3 - 4 所示。

表 3 - 4　302 座地级市海外网络传播力指数排名

排名	城市	排名	城市
1	阿里地区	28	九江市
2	三亚市	29	临沂市
3	苏州市	30	衡阳市
4	珠海市	31	常州市
5	张家界市	32	江门市
6	东莞市	33	洛阳市
7	无锡市	34	徐州市
8	温州市	35	汕头市
9	舟山市	36	威海市
10	佛山市	37	淄博市
11	南通市	38	连云港市
12	开封市	39	安阳市
13	泉州市	40	丹东市
14	烟台市	41	金华市
15	桂林市	42	湛江市
16	乐山市	43	新乡市
17	潍坊市	44	宜宾市
18	运城市	45	喀什地区
19	绍兴市	46	柳州市
20	大理白族自治州	47	唐山市
21	丽江市	48	吐鲁番市
22	齐齐哈尔市	49	嘉兴市
23	中山市	50	清远市
24	台州市	51	株洲市
25	张家口市	52	惠州市
26	扬州市	53	邯郸市
27	北海市	54	湖州市

排名	城市	排名	城市
55	宜昌市	90	衢州市
56	南阳市	91	丽水市
57	黄山市	92	日照市
58	廊坊市	93	安顺市
59	保定市	94	德宏傣族景颇族自治州
60	济宁市	95	东营市
61	泰州市	96	郴州市
62	景德镇市	97	承德市
63	西双版纳傣族自治州	98	阿勒泰地区
64	海南藏族自治州	99	赤峰市
65	鄂尔多斯市	100	阳江市
66	赣州市	101	锦州市
67	玉林市	102	常德市
68	张掖市	103	沧州市
69	吉林市	104	阜阳市
70	日喀则市	105	哈密市
71	酒泉市	106	莆田市
72	绵阳市	107	龙岩市
73	湘西土家族苗族自治州	108	秦皇岛市
74	马鞍山市	109	湘潭市
75	盐城市	110	抚州市
76	镇江市	111	钦州市
77	宣城市	112	伊犁哈萨克自治州
78	大同市	113	普洱市
79	肇庆市	114	临汾市
80	宿州市	115	保山市
81	荆门市	116	衡水市
82	包头市	117	遵义市
83	延安市	118	邢台市
84	潮州市	119	新余市
85	德州市	120	漳州市
86	恩施土家族苗族自治州	121	商丘市
87	南充市	122	阿克苏地区
88	芜湖市	123	昭通市
89	十堰市	124	襄阳市

排名	城市	排名	城市
125	泰安市	160	揭阳市
126	铜仁市	161	固原市
127	濮阳市	162	玉树藏族自治州
128	上饶市	163	那曲地区
129	宿迁市	164	武威市
130	曲靖市	165	盘锦市
131	眉山市	166	蚌埠市
132	文山壮族苗族自治州	167	达州市
133	昌吉回族自治州	168	锡林郭勒盟
134	毕节市	169	铜陵市
135	延边朝鲜族自治州	170	大庆市
136	迪庆藏族自治州	171	梅州市
137	黑河市	172	淮南市
138	枣庄市	173	菏泽市
139	玉溪市	174	克拉玛依市
140	雅安市	175	海西蒙古族藏族自治州
141	茂名市	176	许昌市
142	红河哈尼族彝族自治州	177	荆州市
143	滨州市	178	莱芜市
144	淮安市	179	百色市
145	聊城市	180	临夏回族自治州
146	和田地区	181	滁州市
147	宁德市	182	鞍山市
148	自贡市	183	嘉峪关市
149	平顶山市	184	临沧市
150	平凉市	185	甘南藏族自治州
151	山南市	186	梧州市
152	信阳市	187	泸州市
153	岳阳市	188	吉安市
154	淮北市	189	本溪市
155	焦作市	190	松原市
156	楚雄彝族自治州	191	遂宁市
157	凉山彝族自治州	192	怒江傈僳族自治州
158	河源市	193	宜春市
159	营口市	194	三门峡市

排名	城市	排名	城市
195	益阳市	230	塔城地区
196	黔东南苗族侗族自治州	231	德阳市
197	三沙市	232	安庆市
198	防城港市	233	三明市
199	佳木斯市	234	晋中市
200	抚顺市	235	长治市
201	中卫市	236	甘孜藏族自治州
202	驻马店市	237	晋城市
203	林芝市	238	庆阳市
204	邵阳市	239	河池市
205	资阳市	240	怀化市
206	六盘水市	241	内江市
207	通化市	242	金昌市
208	儋州市	243	黄冈市
209	广元市	244	汉中市
210	汕尾市	245	六安市
211	天水市	246	周口市
212	云浮市	247	永州市
213	南平市	248	忻州市
214	池州市	249	白银市
215	广安市	250	贵港市
216	陇南市	251	鹰潭市
217	阿坝藏族羌族自治州	252	娄底市
218	黄石市	253	朔州市
219	牡丹江市	254	鸡西市
220	阿拉善盟	255	咸宁市
221	朝阳市	256	孝感市
222	随州市	257	克孜勒苏柯尔克孜自治州
223	辽阳市	258	阳泉市
224	漯河市	259	铜川市
225	贺州市	260	伊春市
226	吴忠市	261	黔南布依族苗族自治州
227	通辽市	262	商洛市
228	萍乡市	263	鹤壁市
229	葫芦岛市	264	崇左市

排名	城市	排名	城市
265	阜新市	284	海东市
266	宝鸡市	285	巴音郭楞蒙古自治州
267	吕梁市	286	黄南藏族自治州
268	四平市	287	石嘴山市
269	乌兰察布市	288	安康市
270	来宾市	289	渭南市
271	博尔塔拉蒙古自治州	290	双鸭山市
272	白山市	291	果洛藏族自治州
273	铁岭市	292	呼伦贝尔市
274	鄂州市	293	鹤岗市
275	榆林市	294	七台河市
276	攀枝花市	295	亳州市
277	定西市	296	咸阳市
278	黔西南布依族苗族自治州	297	昌都市
279	白城市	298	兴安盟
280	乌海市	299	辽源市
281	海北藏族自治州	300	大兴安岭地区
282	绥化市	301	韶关市
283	巴中市	302	巴彦淖尔市

（四）各省份内城市海外网络传播力排名

通过综合模型计算分析得出我国338座城市的海外网络传播力指数，并分省区市来看各城市在其所属省级行政区划内排名情况。

27个省级行政区（不包括港澳台地区）中，浙江省、江苏省、广东省、海南省、福建省等东南部沿海省份的城市海外网络传播力指数整体较高。其中，浙江省内海外网络传播力指数最高的城市为杭州市（73.9）、江苏省内海外网络传播力指数最高的城市为南京市（70.3）、广东省内海外网络传播力指数最高的城市为深圳市（81.0）、海南省内海外网络传播力指数最高的城市为海口市（57.9）、福建省内海外网络传播力指数最高的城市为厦门市（66.1）。而山西省、陕西省、内蒙古自治区、青海省等西北内陆地区的城市海外网络传播力指数整体较低且城市间差距较大。例如，西安市（67.0）是陕西省内海外网络传播力指数最高的城市、咸阳市（9.8）是陕西省内海外网络传播力指数最低的城市，两者间差距达6.8倍。呼和浩特市（53.8）是内蒙古自治区内海外网络传播力指数最高的城市、巴彦淖尔市（1.9）是内蒙古自治区内海外网络传播力指数最低的城市，两者间差距达 28.3 倍。

27 个省级行政区（包括 22 个省及 5 个民族自治区）的城市海外网络传播力指数与排名如表 3 - 5 所示（省份排序按照各省传播力指数平均值由高至低排列）。

表 3 - 5　27 个省级行政区的城市海外网络传播力指数排名

一、浙江省								
1. 杭州市	2. 宁波市	3. 温州市	4. 舟山市	5. 绍兴市	6. 台州市	7. 金华市	8. 嘉兴市	9. 湖州市
10. 衢州市	11. 丽水市							

二、江苏省								
1. 南京市	2. 苏州市	3. 无锡市	4. 南通市	5. 扬州市	6. 常州市	7. 徐州市	8. 连云港	9. 泰州市
10. 盐城市	11. 镇江市	12. 宿迁市	13. 淮安市					

三、广东省								
1. 深圳市	2. 广州市	3. 珠海市	4. 东莞市	5. 佛山市	6. 中山市	7. 江门市	8. 汕头市	9. 湛江市
10. 清远市	11. 惠州市	12. 肇庆市	13. 潮州市	14. 阳江市	15. 茂名市	16. 河源市	17. 揭阳市	18. 梅州市
19. 汕尾市	20. 云浮市	21. 韶关市						

四、海南省			
1. 海口市	2. 三亚市	3. 三沙市	4. 儋州市

五、福建省								
1. 厦门市	2. 福州市	3. 泉州市	4. 莆田市	5. 龙岩市	6. 漳州市	7. 宁德市	8. 南平市	9. 三明市

六、山东省								
1. 青岛市	2. 济南市	3. 烟台市	4. 潍坊市	5. 临沂市	6. 威海市	7. 淄博市	8. 济宁市	9. 德州市
10. 日照市	11. 东营市	12. 泰安市	13. 枣庄市	14. 滨州市	15. 聊城市	16. 菏泽市	17. 莱芜市	

七、河北省								
1. 石家庄	2. 张家口	3. 唐山市	4. 邯郸市	5. 廊坊市	6. 保定市	7. 承德市	8. 沧州市	9. 秦皇岛
10. 衡水市	11. 邢台市							

八、西藏自治区						
1. 拉萨市	2. 阿里地区	3. 日喀则市	4. 山南市	5. 那曲地区	6. 林芝市	7. 昌都市

九、云南省				
1. 昆明市	2. 大理白族自治州	3. 丽江市	4. 西双版纳傣族自治州	5. 德宏傣族景颇族自治州
6. 普洱市	7. 保山市	8. 昭通市	9. 曲靖市	10. 文山壮族苗族自治州　11. 迪庆藏族自治州　12. 玉溪市
13. 红河哈尼族彝族自治州	14. 楚雄彝族自治州	15. 临沧市	16. 怒江傈僳族自治州	

十、江西省								
1. 南昌市	2. 九江市	3. 景德镇	4. 赣州市	5. 抚州市	6. 新余市	7. 上饶市	8. 吉安市	9. 宜春市
10. 萍乡市	11. 鹰潭市							

十一、广西壮族自治区								
1. 南宁市	2. 桂林市	3. 北海市	4. 柳州市	5. 玉林市	6. 钦州市	7. 百色市	8. 梧州市	9. 防城港
10. 贺州市	11. 河池市	12. 贵港市	13. 崇左市	14. 来宾市				

续表

十二、河南省								
1. 郑州市	2. 开封市	3. 洛阳市	4. 安阳市	5. 新乡市	6. 南阳市	7. 商丘市	8. 濮阳市	9. 平顶山
10. 信阳市	11. 焦作市	12. 许昌市	13. 三门峡市	14. 驻马店市	15. 漯河市	16. 周口市	17. 鹤壁市	

十三、辽宁省								
1. 大连市	2. 沈阳市	3. 丹东市	4. 锦州市	5. 营口市	6. 盘锦市	7. 鞍山市	8. 本溪市	9. 抚顺市
10. 朝阳市	11. 辽阳市	12. 葫芦岛	13. 阜新市	14. 铁岭市				

十四、湖南省							
1. 长沙市	2. 张家界市	3. 衡阳市	4. 株洲市	5. 湘西土家族苗族自治州		6. 郴州市	7. 常德市
8. 湘潭市	9. 岳阳市	10. 益阳市	11. 邵阳市	12. 怀化市	13. 永州市	14. 娄底市	15. 韶关市

十五、新疆维吾尔自治区					
1. 乌鲁木齐	2. 喀什地区	3. 吐鲁番市	4. 阿勒泰地区	5. 哈密市	6. 伊犁哈萨克自治州
7. 阿克苏地区		8. 和田地区	9. 昌吉回族自治州		10. 克拉玛依市
11. 塔城地区		12. 克孜勒苏柯尔克孜自治州		13. 博尔塔拉蒙古自治州	

十六、安徽省								
1. 合肥市	2. 黄山市	3. 马鞍山	4. 宣城市	5. 宿州市	6. 芜湖市	7. 阜阳市	8. 淮北市	9. 蚌埠市
10. 铜陵市	11. 淮南市	12. 滁州市	13. 池州市	14. 安庆市	15. 六安市	16. 亳州市		

十七、湖北省							
1. 武汉市	2. 宜昌市	3. 荆门市	4. 恩施土家族苗族自治州	5. 十堰市	6. 襄阳市	7. 荆州市	8. 黄石市
9. 随州市	10. 黄冈市	11. 汉中市	12. 咸宁市	13. 孝感市	14. 鄂州市		

十八、四川省								
1. 成都市	2. 乐山市	3. 宜宾市	4. 绵阳市	5. 南充市	6. 眉山市	7. 雅安市	8. 自贡市	9. 凉山彝族自治州
10. 达州市	11. 泸州市	12. 遂宁市	13. 资阳市	14. 广元市	15. 广安市	16. 阿坝藏族羌族自治州		
17. 德阳市	18. 甘孜藏族自治州		19. 内江市	20. 攀枝花	21. 巴中市			

十九、贵州省						
1. 贵阳市	2. 安顺市	3. 遵义市	4. 铜仁市	5. 毕节市	6. 黔东南苗族侗族自治州	7. 六盘水市
8. 贵港市	9. 黔南布依族苗族自治州		10. 黔西南布依族苗族自治州			

二十、宁夏回族自治区			
1. 银川市	2. 固原市	3. 吴忠市	4. 石嘴山市

二十一、甘肃省						
1. 兰州市	2. 张掖市	3. 酒泉市	4. 平凉市	5. 武威市	6. 临夏回族自治州	7. 嘉峪关市
8. 甘南藏族自治州		9. 天水市	10. 陇南市	11. 庆阳市	12. 金昌市	13. 白银市	14. 定西市

二十二、山西省								
1. 太原市	2. 运城市	3. 大同市	4. 临汾市	5. 晋中市	6. 长治市	7. 晋城市	8. 忻州市	9. 朔州市
10. 阳泉市	11. 吕梁市							

二十三、吉林省								
1. 长春市	2. 吉林市	3. 延边朝鲜族自治州	4. 松原市	5. 通化市	6. 四平市	7. 白山市	8. 白城市	9. 辽源市
二十四、陕西省								
1. 西安市	2. 延安市	3. 汉中市	4. 铜川市	5. 宝鸡市	6. 榆林市	7. 安康市	8. 渭南市	9. 咸阳市
二十五、内蒙古自治区								
1. 呼和浩特	2. 鄂尔多斯	3. 包头市	4. 赤峰市	5. 锡林郭勒盟	6. 阿拉善盟	7. 通辽市	8. 乌兰察布	9. 乌海市
10. 呼伦贝尔	11. 兴安盟	12. 巴彦淖尔						
二十六、黑龙江省								
1. 哈尔滨市	2. 齐齐哈尔	3. 黑河市	4. 大庆市	5. 佳木斯市	6. 牡丹江	7. 鸡西市	8. 伊春市	9. 绥化市
10. 双鸭山	11. 鹤岗市	12. 七台河	13. 大兴安岭地区					
二十七、青海省								
1. 西宁市	2. 海南藏族自治州		3. 玉树藏族自治州		4. 海西蒙古族藏族自治州			
5. 海北藏族自治州	6. 海东市		7. 黄南藏族自治州		8. 果洛藏族自治州			

四、维度一:中国城市Google传播力变化

本报告在调查过程中，在 Google 英文搜索引擎的新闻分类下，采用对直辖市、省会城市和计划单列市输入带双引号的城市英文名称，对其他地级市采取输入带双引号的"城市 + 所在省份"英文名称的方法，采集 2017 年 11 月 10 日至 2018 年 11 月 10 日中国338 座城市的 Google 新闻数量。同时，采集 2008 年与 2013 年的数据做趋势分析。

在 Google 传播力维度中，排名前十的全部为直辖市、省会城市及计划单列市。排名较为靠前的地市级城市包括珠海市、九江市、阿里地区、苏州市、三亚市、丹东市。这 6 所地级城市进入总排名的前四十（我国直辖市、省会城市以及计划单列市共 36 座）。城市间的 Google 新闻数量差异较大，城市间的增速差异较大。

（一）直辖市、省会城市及计划单列市 Google 传播力增长指数及排名

我国共有直辖市、省会城市及计划单列市 36 座，增长指数排名前五位的城市为上海市、北京市、深圳市、广州市、杭州市。36 座城市平均增长指数为 57549.3，约为全部338 座城市平均增长指数的 9 倍。其中增长指数超过 5 万的有 3 座，为上海、北京和深圳，1 万 ~ 5 万的有 14 座城市，另外，有 3 座城市低于1000。说明直辖市、省会城市和计划单列市增长指数整体较大，但城市间依然存在一定差异。2018 年的 Google 新闻数量排

名与增速排名基本保持一致。

36 座直辖市、省会城市及计划单列市的 Google 新闻传播力增长指数排名如表 3 - 6 所示。

表 3 - 6 36 座直辖市、省会城市及计划单列市 Google 传播力增长指数及排名

排名	城市	增长指数	排名	城市	增长指数
1	上海市	826600.0	19	厦门市	7855.0
2	北京市	817450.0	20	郑州市	7768.0
3	深圳市	64557.5	21	拉萨市	7364.5
4	广州市	41405.0	22	济南市	7163.5
5	杭州市	40724.0	23	沈阳市	5788.0
6	福州市	35656.0	24	长春市	4667.5
7	成都市	21980.0	25	昆明市	4489.0
8	南京市	20980.0	26	呼和浩特市	4086.5
9	天津市	20045.0	27	长沙市	3789.0
10	重庆市	18157.5	28	乌鲁木齐市	3731.0
11	海口市	15091.0	29	石家庄市	3616.0
12	青岛市	13573.0	30	南宁市	2776.5
13	大连市	12804.0	31	贵阳市	2086.5
14	哈尔滨市	11501.5	32	南昌市	1830.5
15	宁波市	11132.5	33	太原市	1672.0
16	武汉市	10727.5	34	银川市	979.5
17	西安市	10311.5	35	合肥市	966.0
18	兰州市	8336.0	36	西宁市	114.0

上海市、北京市分别作为我国的经济中心和政治文化中心，在世界上有较高的知名度，会举办各大赛事和国际、国内知名活动，在 Google 上的新闻数量相对较多，与排名第三的城市之间的差异较大。以增速和新闻总量排名第一的上海市为例，2013 年的新闻，涵盖上海的教育排名、上海自贸区的筹备批准、上海大师赛（网球）、上海高温、雾霾治理等方面。2018 年的新闻，包括上合组织峰会、维多利亚的秘密大秀、上海大师赛、UFC 比赛结果等，包含了国际政治性活动、经济政策实施、文体类活动等。可见，上海作为国际化程度较高的城市，一举一动皆吸引了世界目光（见图 3 - 1 和图 3 - 2）。

（二）地级市 Google 传播力增长指数及排名

我国共有 302 座地级市，Google 传播力增长指数排名前十的为珠海市、九江市、阿里地区、苏州市、三亚市、丹东市、淄博市、南通市、运城市、临沂市，与 2018 年 Google

新闻数量排名基本一致。302 座地级市平均增长指数为 203.9，约为 36 座省级城市平均增速的 0.35%。增长指数超过 1000 的有 6 座，占比 2.0%，有 48 座城市介于 301~1000，而在 100~300 这个区间的则有 78 座城市，剩下的 170 座城市增长指数低于 100，占比超过一半。

Shanghai surprise: are China's OECD education ranking scores all ...
The Guardian - 3 Dec 2013
Yet experts say that while **Shanghai's** reputation as an educational powerhouse is
well-deserved – the city topped the last test's rankings as well, in 2009 – it ...
PISA education tests: Why **Shanghai** pupils are so special
International - Telegraph.co.uk - 4 Dec 2013
Opinion: The costs of **Shanghai's** education success story
Opinion - CNN - 9 Dec 2013
Shanghai teens top international education ranking, OECD says
In-Depth - CNN International - 3 Dec 2013
View all

教育

China opens **Shanghai** free-trade zone
The Guardian - 29 Sep 2013
A free-trade zone in **Shanghai** that China's government has billed as a major step for
financial reforms and economic experimentation has formally started.
Experimental Free-Trade Zone Opens in **Shanghai**
New York Times - 30 Sep 2013
China to lift ban on Facebook – but only within **Shanghai** free-trade zone
Highly Cited - South China Morning Post - 24 Sep 2013
Isolated Internet Freedoms in **Shanghai's** Free Trade Zone
International - China Briefing - 24 Sep 2013
View all

经济

BBC Sport

Roger Federer crashes out of **Shanghai** Masters to Gaël Monfils in ...
Telegraph.co.uk - 10 Oct 2013
Coming into **Shanghai**, Federer was hanging on to seventh place in the race to
London – and Andy Murray's official withdrawal from the event on Wednesday ...
Juan Martin Del Potro beats Rafael Nadal in **Shanghai** Masters
BBC Sport - 12 Oct 2013
Angry Djokovic through to **Shanghai** Masters final with win over Tsonga
Daily Mail - 12 Oct 2013
Juan Martin del Potro stuns Rafael Nadal at **Shanghai** Masters
CNN International - 12 Oct 2013
View all

体育

Shanghai sets new all-time record (again) as heat wave bakes eastern ...
Washington Post (blog) - 8 Aug 2013
Shanghai saw its hottest July in 140 years as temperatures soared to 100°F or
higher for 10 straight days between July 23 and August 1. The coastal city ...
'It's Too Hot': **Shanghai** Wilts In Record-Setting Heat Wave
NPR - 7 Aug 2013
View all

生活

图 3–1 2013 年上海的 Google 新闻

Victoria's Secret **Shanghai** Show: more Chinese Angels than ever, a ...
South China Morning Post - 21 Nov 2017
The China debut of Victoria's Secret Fashion Show took place last night at
Shanghai's Mercedes-Benz Arena, which glowed in a pink hue to celebrate the ...
Why Katy Perry and Gigi Hadid were missing from **Shanghai's** ...
BBC News - 20 Nov 2017
33 photos that show how the Victoria's Secret Angels traveled to ...
INSIDER - 19 Nov 2017
Gigi Hadid pulls out of **Shanghai** Victoria's Secret show after causing ...
Telegraph.co.uk - 17 Nov 2017
Victoria's Secret fashion show hits **Shanghai** without Katy Perry and ...
CNBC - 20 Nov 2017
View all

娱乐

Djokovic outguns Anderson in **Shanghai**
Sport24 - 12 Oct 2018
Shanghai - Novak Djokovic will face Alexander Zverev in the semi-finals of the
Shanghai Masters after the 14-time Grand Slam champion beat Kevin Anderson ...
Roger Federer vs Novak Djokovic - An overview of their **Shanghai** rivalry
Tennis World - 12 Oct 2018
Shanghai Masters 2018 | Roger Federer match against Roberto ...
NEWS.com.au - 11 Oct 2018
View all

体育

This Week in Tesla: New Gigafactory Coming to **Shanghai**, Tax Credit ...
Greentech Media - 13 Jul 2018
He finalized an agreement to build a combined car and battery factory in **Shanghai**
designed to produce 500,000 cars a year. Doing so will give Tesla expanded ...
Tesla to build factory in **Shanghai** as auto makers push for new ...
MarketWatch - 10 Jul 2018
Tesla announces deal for **Shanghai** factory
Boston.com - 12 Jul 2018
Tesla will build its 1st factory outside US in **Shanghai**
Deseret News - 10 Jul 2018
Tesla **Shanghai** factory to drive China's electric car dominance
Nikkei Asian Review - 11 Jul 2018
View all

经济

图 3 - 2　2018 年上海的 Google 新闻

302 座地级市 Google 新闻传播力增长指数排名如表 3 - 7 所示。

表 3 - 7　302 座地级市 Google 新闻传播力增长指数及排名

排名	城市	增长指数	排名	城市	增长指数
1	珠海市	5037.5	5	三亚市	1646.5
2	九江市	3824.0	6	丹东市	1099.5
3	阿里地区	2326.0	7	淄博市	960.5
4	苏州市	2230.5	8	南通市	906.5

排名	城市	增长指数	排名	城市	增长指数
9	运城市	824.5	44	徐州市	352.5
10	临沂市	819.5	45	嘉兴市	346.0
11	无锡市	780.5	46	清远市	338.0
12	温州市	756.5	47	北海市	331.0
13	东莞市	724.5	48	张家口市	330.0
14	佛山市	712.0	49	开封市	326.0
15	烟台市	705.0	50	盐城市	325.5
16	舟山市	629.0	51	承德市	320.0
17	日照市	603.5	52	吉林市	306.0
18	景德镇市	593.5	53	宿迁市	300.0
19	唐山市	585.5	54	秦皇岛市	295.0
20	连云港市	583.5	55	黄山市	291.0
21	潍坊市	575.5	56	淮安市	290.5
22	宿州市	574.5	57	惠州市	286.0
23	常州市	567.5	58	莱芜市	277.0
24	威海市	564.0	59	泰州市	276.5
25	衡阳市	557.5	60	保定市	276.0
26	绍兴市	555.5	61	酒泉市	273.0
27	张家界市	548.5	62	大理白族自治州	270.5
28	延安市	548.0	63	平凉市	267.5
29	安阳市	539.0	64	芜湖市	264.0
30	台州市	477.5	65	丽江市	257.5
31	扬州市	465.0	66	十堰市	252.0
32	江门市	460.5	67	廊坊市	251.5
33	湛江市	446.0	68	锡林郭勒盟	240.0
34	邯郸市	429.0	69	滨州市	239.5
35	包头市	424.0	70	宜昌市	236.0
36	桂林市	418.5	71	海南藏族自治州	235.5
37	泉州市	418.0	72	汕头市	231.5
38	湖州市	418.0	73	抚州市	231.0
39	中山市	409.0	74	德宏傣族景颇族自治州	226.0
40	洛阳市	400.0	75	金华市	224.0
41	恩施土家族苗族自治州	392.5	76	新余市	210.5
42	乐山市	376.5	77	荆门市	205.0
43	东营市	372.5	78	濮阳市	200.5

续表

排名	城市	增长指数	排名	城市	增长指数
79	迪庆藏族自治州	196.5	114	德州市	128.5
80	泰安市	192.5	115	红河哈尼族彝族自治州	124.0
81	阜阳市	190.5	116	玉溪市	121.5
82	赣州市	190.0	117	柳州市	120.0
83	莆田市	189.5	118	文山壮族苗族自治州	120.0
84	南阳市	186.0	119	鄂尔多斯市	118.5
85	衢州市	185.0	120	常德市	117.0
86	昌吉回族自治州	184.0	121	茂名市	115.5
87	济宁市	180.5	122	楚雄彝族自治州	113.5
88	新乡市	180.0	123	阳江市	112.5
89	宜宾市	178.0	124	南平市	110.5
90	铜陵市	176.0	125	哈密市	109.5
91	衡水市	174.5	126	沧州市	108.5
92	安顺市	174.0	127	毕节市	105.0
93	齐齐哈尔市	173.5	128	曲靖市	103.0
94	昭通市	173.0	129	吐鲁番市	100.5
95	肇庆市	172.5	130	普洱市	100.0
96	枣庄市	172.0	131	阿克苏地区	100.0
97	固原市	171.5	132	南充市	99.5
98	汉中市	170.5	133	淮南市	95.5
99	邢台市	169.5	134	赤峰市	95.5
100	伊犁哈萨克自治州	167.5	135	眉山市	94.5
101	保山市	164.5	136	巴音郭楞蒙古自治州	91.5
102	钦州市	163.0	137	营口市	89.5
103	镇江市	162.5	138	商丘市	88.0
104	大同市	162.5	139	阿勒泰地区	84.0
105	襄阳市	156.5	140	临沧市	81.5
106	张掖市	152.5	141	池州市	80.0
107	玉林市	150.0	142	铜仁市	75.0
108	黑河市	146.0	143	宁德市	74.0
109	临汾市	145.0	144	六安市	73.5
110	株洲市	137.0	145	儋州市	72.5
111	聊城市	137.0	146	遵义市	72.0
112	淮北市	135.5	147	郴州市	71.0
113	西双版纳傣族自治州	130.5	148	汕尾市	67.5

排名	城市	增长指数	排名	城市	增长指数
149	百色市	67.5	184	怒江傈僳族自治州	45.0
150	漳州市	67.0	185	凉山彝族自治州	44.5
151	岳阳市	67.0	186	防城港市	44.0
152	宣城市	66.0	187	雅安市	44.0
153	蚌埠市	65.5	188	晋中市	43.5
154	湘西土家族苗族自治州	65.0	189	武威市	43.5
155	大庆市	64.5	190	平顶山市	42.5
156	延边朝鲜族自治州	64.0	191	驻马店市	41.0
157	上饶市	63.5	192	牡丹江市	40.5
158	日喀则市	61.5	193	中卫市	40.5
159	抚顺市	60.0	194	临夏回族自治州	40.5
160	自贡市	59.0	195	邵阳市	39.5
161	三沙市	59.0	196	朔州市	39.5
162	湘潭市	56.0	197	锦州市	38.5
163	河源市	56.0	198	葫芦岛市	38.5
164	遂宁市	56.0	199	三门峡市	38.5
165	潮州市	55.5	200	荆州市	37.0
166	梧州市	55.5	201	宜春市	36.5
167	揭阳市	54.5	202	黔东南苗族侗族自治州	36.5
168	朝阳市	54.5	203	佳木斯市	36.0
169	玉树藏族自治州	54.0	204	益阳市	36.0
170	信阳市	53.5	205	通化市	36.0
171	德阳市	53.5	206	甘南藏族自治州	36.0
172	菏泽市	52.5	207	许昌市	35.5
173	焦作市	52.5	208	盘锦市	35.0
174	泸州市	52.5	209	三明市	34.5
175	绵阳市	52.0	210	陇南市	34.5
176	安康市	51.5	211	本溪市	34.0
177	安庆市	50.0	212	滁州市	33.5
178	吉安市	50.0	213	长治市	33.5
179	丽水市	48.5	214	鞍山市	33.0
180	龙岩市	48.0	215	达州市	33.0
181	海西蒙古族藏族自治州	46.5	216	晋城市	32.5
182	山南市	46.0	217	嘉峪关市	32.0
183	克拉玛依市	45.0	218	梅州市	31.0

排名	城市	增长指数	排名	城市	增长指数
219	六盘水市	31.0	254	周口市	16.5
220	庆阳市	31.0	255	通辽市	16.5
221	金昌市	31.0	256	鹰潭市	16.5
222	和田地区	30.0	257	阿坝藏族羌族自治州	16.5
223	阳泉市	29.5	258	铁岭市	16.0
224	贵港市	29.0	259	白山市	15.5
225	黄冈市	28.5	260	来宾市	15.5
226	黔南布依族苗族自治州	28.5	261	娄底市	15.0
227	辽阳市	28.5	262	鄂州市	15.0
228	吕梁市	28.0	263	广元市	14.5
229	那曲地区	28.0	264	随州市	14.0
230	马鞍山市	26.5	265	阜新市	14.0
231	榆林市	26.0	266	鹤壁市	12.5
232	塔城地区	26.0	267	四平市	12.0
233	鸡西市	25.5	268	孝感市	10.5
234	漯河市	25.0	269	怀化市	10.0
235	云浮市	25.0	270	乌兰察布市	10.0
236	萍乡市	24.5	271	黔西南布依族苗族自治州	10.0
237	克孜勒苏柯尔克孜自治州	24.5	272	贺州市	10.0
238	黄石市	23.5	273	渭南市	9.5
239	永州市	23.5	274	白城市	9.5
240	咸宁市	22.5	275	定西市	9.5
241	天水市	22.5	276	攀枝花市	9.0
242	内江市	22.0	277	阿拉善盟	8.5
243	忻州市	22.0	278	海北藏族自治州	8.0
244	松原市	20.5	279	咸阳市	7.5
245	吴忠市	20.0	280	商洛市	7.5
246	资阳市	20.0	281	博尔塔拉蒙古自治州	7.5
247	喀什地区	19.5	282	甘孜藏族自治州	7.0
248	河池市	19.0	283	崇左市	6.5
249	伊春市	18.5	284	石嘴山市	6.0
250	白银市	18.5	285	绥化市	5.5
251	广安市	18.0	286	海东市	5.0
252	宝鸡市	17.5	287	林芝市	5.0
253	铜川市	17.0	288	双鸭山市	4.5

续表

排名	城市	增长指数	排名	城市	增长指数
289	七台河市	4.5	296	兴安盟	1.5
290	乌海市	4.0	297	辽源市	1.5
291	巴中市	4.0	298	巴彦淖尔市	1.0
292	鹤岗市	4.0	299	亳州市	1.0
293	黄南藏族自治州	4.0	300	呼伦贝尔市	0.5
294	果洛藏族自治州	4.0	301	韶关市	0.5
295	昌都市	2.0	302	大兴安岭地区	0.0

珠海市作为增长指数排名第一的地级市，也是 2018 年 Google 新闻数量唯一超过 1 万的地级市，2018 年的新闻多与港珠澳大桥通车有关，港珠澳大桥于 2018 年 10 月 24 日正式通车，首次实现了珠海、澳门与香港的陆路连接，极大地缩短了三地间的距离，对提升珠江三角洲地区的综合竞争力，保持港澳的长期繁荣稳定，打造粤港澳大湾区具有重要战略意义。其建设难度之大、建成意义之重，都为珠海带来了世界目光（见图 3 – 3）。

President Xi Jinping expected to attend opening ceremony of Hong ...
South China Morning Post - 17 Oct 2018
A trip between the Kwai Chung Container Port and **Zhuhai** would be reduced from about ... Xi was expected to visit **Guangdong** as early as this Saturday, several ...

Opening ceremony for HK-**Zhuhai**-Macao Bridge to be held on Oct 23
EJ Insight - 17 Oct 2018

Macao ready for launch of Hong Kong-**Zhuhai**-Macao Bridge
International - Xinhua - 20 Oct 2018

HKZMB | Xi Jinping to visit **Zhuhai** next week, open Delta bridge
International - Macau Daily Times - 18 Oct 2018

View all

珠港澳大桥（一）

'Historic' first day on Hong Kong-**Zhuhai**-Macau Bridge gives top ...
South China Morning Post - 24 Oct 2018
The 55km Hong Kong-**Zhuhai**-Macau Bridge opened for traffic at 9am ... turning the three cities linked together with eight others in **Guangdong** province into an ...

Spectacular Hong Kong-**Zhuhai**-Macao Bridge Officially Opens
Business Wire (press release) - 25 Oct 2018

Spotlight: World's longest cross-sea bridge boosts growth of China's ...
International - Xinhua - 24 Oct 2018

What a new bridge says about Hong Kong's relations with mainland ...
Opinion - The Economist - 25 Oct 2018

View all

珠港澳大桥（二）

4th China-Israel Investment Summit held in **Zhuhai**, S China's ...
Xinhua - 2 Jul 2018
The 4th China-Israel Investment Summit kicks off in **Zhuhai**, south China's **Guangdong** Province, July 2, 2018. (Xinhua/Deng Hua) ...

经济

图 3 – 3　珠海市 Google 新闻

Tennis: Goerges wins WTA Elite Trophy in **Zhuhai**
Channel NewsAsia - 5 Nov 2017
Tennis: Goerges wins WTA Elite Trophy in **Zhuhai** ... women's singles final at the
Zhuhai Elite Trophy tennis tournament in south China's **Guangdong** province.

体育

China seeks revival of 'Silk Road' for cultural exchange, dialogue
pna.gov.ph - 20 Sep 2018
GUANGDONG, China — Chinese officials on Wednesday called for the creation ...
International Communication Forum 2018 at the **Zhuhai** Exhibition Hall here.

Opinion: How 'Great Bay Area' contributes to a wider Maritime Silk Road
CGTN (press release) - 20 Sep 2018
View all

文化

图 3 – 3　珠海市 Google 新闻（续）

关于珠海市的新闻同时也包括网球赛、丝绸之路展览等文化活动以及中以投资峰会等经济活动。由于广东省是最早开始改革开放的省份，开放程度较高，珠海作为较早开放的城市，国际知名度相较于其他地市级市，知名度较高。又毗邻港澳，许多与港澳相关的新闻更容易被报道，故 Google 新闻数量较多且增长指数较高。

五、维度二：中国城市Twitter传播力变化

Twitter 是当下互联网最主流的社交平台，截至 2018 年 7 月 Twitter 在全球范围内已经拥有超过 3 亿的活跃用户，年轻人热衷于在 Twitter 上发布文字、视频等内容。对 Twitter 平台的统计可以在一定程度反映一个城市在社交平台上的传播力。

本报告在调查过程中，在 Twitter 搜索框内进行搜索，采用对直辖市、省会城市和计划单列市输入带双引号的城市英文名称，对其他地级市采取输入带双引号的"城市 + 所在省份"英文名称的方法，检索 2017 年 11 月 10 日至 2018 年 11 月 10 日中国 338 座城市的 Twitter 搜索数量，同时，采集 2008 年与 2013 年的数量做趋势分析，来比较各个城市在Twitter 平台上海外网络传播力的增长幅度。

在 Twitter 传播力维度中，排名前十的依次为上海市、北京市、深圳市、济南市、广州市、大连市、重庆市、杭州市、南京市、武汉市，全部为直辖市、省会城市及计划单列市。总排名前二十中只有运城市、齐齐哈尔市、开封市 3 座地级市（我国直辖市、省会城市以及计划单列市共 36 座）。

中国 338 座城市 3 年平均增速为 111. 62，增速超过 10000 的只有上海 1 座城市，增速

超过 1000 的只有北上广深 4 座一线城市以及济南市，占比 1%，增速超过 5000 的只有上海市、北京市。超过平均增速的城市只有 28 座，城市间的增速差异较大。

（一）直辖市、省会城市及计划单列市 Twitter 传播力增长指数及排名

我国共有直辖市、省会城市、计划单列市 36 座，增速排名前五的城市为上海市、北京市、深圳市、广州市、大连市。36 座城市 Twitter 搜索数量平均 5 年增速为 840.45，约为全部 338 座城市平均 5 年增速的 8 倍。其中增速超过 5000 的只有上海、北京两座城市，介于 1000~5000 的有 5 座城市，另外，有 16 座城市增幅低于 100，占比 44%。拉萨市出现了负增长，是 36 座城市中唯一呈现负增长趋势的城市。直辖市、省会城市和计划单列市增速整体较大，但城市间依然存在一定的差异。

36 座直辖市、省会城市及计划单列市的 Twitter 传播力增长指数排名如表 3-8 所示。

表 3-8　36 座直辖市、省会城市及计划单列城市 Twitter 传播力增长指数及排名

排名	城市	增长指数	排名	城市	增长指数
1	上海市	13081.0	19	沈阳市	125.5
2	北京市	6872.5	20	郑州市	117.5
3	深圳市	1795.5	21	长春市	97.5
4	广州市	1221.5	22	福州市	91.5
5	大连市	733.0	23	南宁市	89.5
6	重庆市	595.5	24	南昌市	84.5
7	杭州市	484.0	25	贵阳市	74.5
8	南京市	422.5	26	海口市	64.5
9	武汉市	417.0	27	石家庄市	63.0
10	济南市	322.5	28	合肥市	61.0
11	天津市	301.0	29	太原市	60.5
12	厦门市	283.5	30	乌鲁木齐市	60.0
13	哈尔滨市	278.0	31	银川市	55.5
14	青岛市	266.0	32	成都市	55.0
15	西安市	241.0	33	兰州市	43.0
16	长沙市	215.0	34	呼和浩特市	43.0
17	宁波市	174.5	35	西宁市	37.5
18	昆明市	130.5	36	拉萨市	-149.0

上海市 Twitter 传播力位居我国第一，这与上海市作为我国直辖市、全国经济中心的地位是相匹配的。上海市同时也是我国常驻外籍人口最多的城市之一，是举办涉外活动、

大型演出较频繁的城市之一，其 2018 年 Twitter 搜索数量也位居所有城市之首，是同年北京市 Twitter 搜索数量的 2 倍（见图 3 - 4 至图 3 - 7）。

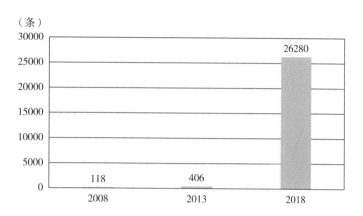

图 3 - 4　上海市 Twitter 搜索数量

图 3 - 5　上海召开的国际会议

Getaway Magazine ✔ @GetawayMagazine · Nov 9
Pictures: **Shanghai**'s new underground and underwater hotel bit.ly/2z1ryxb

◯ 13   ⬆ 195   ♡ 380   ✉

图 3 - 6   上海的城市建设

Josh Feola @joshfeola · Nov 9
here's @ChuiWan_'s new lineup accompanied by epileptic strobes & robot arms,
at an event organized by a **Shanghai** fashion brand.. the band will return to the
studio w/ Rusty Santos (Animal Collective, Panda Bear) in early 2019 for their
fourth studio album

Yin: Beijing Psych Band Chui Wan's Night at the Museum 2 | RADII M...
Psychedelic Beijing quartet Chui Wan unveil a new song, with their freely
floating guitars accompanied by multi-colored strobes and... robot arms?
radiichina.com

◯   ⬆ 1   ♡ 4   ✉

图 3 - 7   上海的文化演出

（二）地级市 Twitter 传播力增长指数及排名

我国共有 302 座地级市，Twitter 传播力增长指数排名前十的为齐齐哈尔市、运城市、开封市、北海市、丽水市、马鞍山市、舟山市、张家口市、郴州市、宣城市。302 座地级市平均增速为 24.74，约为 36 座省级城市平均增速的 2.5%。增速超过 200 的只有齐齐哈尔市 1 座，有 7 座城市介于 100～200，其他城市增幅都低于 100，可见地级市增长较为缓慢。

302 座地级市 Twitter 传播力增长指数及排名如表 3-9 所示。

表 3-9　302 座地级市 Twitter 传播力增长指数及排名

排名	城市	增长指数	排名	城市	增长指数
1	齐齐哈尔市	257.5	30	黄山市	33.5
2	运城市	150.0	31	苏州市	32.5
3	开封市	138.5	32	徐州市	32.5
4	北海市	128.5	33	威海市	32.5
5	丽水市	115.0	34	日喀则市	32.5
6	马鞍山市	113.0	35	汕头市	32.0
7	舟山市	112.5	36	玉林市	32.0
8	张家口市	101.5	37	盐城市	31.5
9	郴州市	99.0	38	柳州市	31.5
10	宣城市	85.5	39	湛江市	31.5
11	衢州市	84.0	40	佛山市	31.0
12	赤峰市	74.5	41	金华市	31.0
13	南充市	67.5	42	扬州市	31.0
14	龙岩市	56.0	43	吉林市	31.0
15	焦作市	52.0	44	南通市	30.5
16	盘锦市	47.0	45	三亚市	30.5
17	东莞市	45.0	46	株洲市	30.5
18	延边朝鲜族自治州	44.5	47	济宁市	30.0
19	平顶山市	44.0	48	淄博市	30.0
20	锦州市	38.0	49	绍兴市	29.0
21	洛阳市	36.0	50	新乡市	29.0
22	大理白族自治州	36.0	51	潍坊市	28.5
23	吐鲁番市	59.5	52	珠海市	28.5
24	台州市	35.5	53	赣州市	28.5
25	乐山市	35.5	54	孝感市	28.5
26	阿里地区	35.0	55	鄂尔多斯市	28.5
27	温州市	34.5	56	河源市	28.5
28	无锡市	33.5	57	大同市	28.5
29	廊坊市	33.5	58	张家界市	28.5

排名	城市	增长指数	排名	城市	增长指数
59	南阳市	28.0	94	曲靖市	24.5
60	阜阳市	28.0	95	秦皇岛市	24.5
61	驻马店市	28.0	96	安阳市	24.5
62	嘉兴市	27.5	97	宜宾市	24.5
63	泰州市	27.5	98	保山市	24.5
64	邯郸市	27.5	99	西双版纳傣族自治州	24.5
65	衡阳市	27.5	100	武威市	24.5
66	江门市	27.0	101	阿克苏地区	24.5
67	商丘市	27.0	102	雅安市	24.5
68	三明市	27.0	103	唐山市	24.0
69	阳江市	27.0	104	岳阳市	24.0
70	日照市	26.5	105	泸州市	24.0
71	保定市	26.0	106	玉树藏族自治州	24.0
72	莆田市	26.0	107	和田地区	24.0
73	鞍山市	26.0	108	烟台市	23.5
74	德州市	26.0	109	中山市	23.5
75	清远市	26.0	110	丹东市	23.5
76	滨州市	26.0	111	连云港市	23.5
77	娄底市	26.0	112	包头市	23.0
78	普洱市	26.0	113	九江市	23.0
79	临夏回族自治州	26.0	114	荆州市	23.0
80	漳州市	25.5	115	湘潭市	23.0
81	遵义市	25.5	116	潮州市	23.0
82	铜仁市	25.5	117	常德市	23.0
83	景德镇市	25.5	118	承德市	23.0
84	楚雄彝族自治州	25.5	119	通辽市	23.0
85	镇江市	25.0	120	临汾市	23.0
86	邢台市	25.0	121	忻州市	23.0
87	宜春市	25.0	122	临沧市	23.0
88	安顺市	25.0	123	随州市	23.0
89	哈密市	25.0	124	吴忠市	23.0
90	惠州市	24.5	125	揭阳市	22.5
91	临沂市	24.5	126	许昌市	22.5
92	芜湖市	24.5	127	宿迁市	22.5
93	信阳市	24.5	128	肇庆市	22.5

续表

排名	城市	增长指数	排名	城市	增长指数
129	毕节市	22.5	164	达州市	20.5
130	绵阳市	22.0	165	自贡市	20.5
131	上饶市	22.0	166	文山壮族苗族自治州	20.5
132	襄阳市	22.0	167	甘孜藏族自治州	20.5
133	黄冈市	22.0	168	伊犁哈萨克自治州	20.5
134	益阳市	22.0	169	喀什地区	20.5
135	抚州市	22.0	170	泉州市	20.0
136	阿勒泰地区	22.0	171	晋中市	20.0
137	沧州市	21.5	172	黄石市	20.0
138	聊城市	21.5	173	濮阳市	20.0
139	东营市	21.5	174	漯河市	20.0
140	遂宁市	21.5	175	六盘水市	20.0
141	茂名市	21.5	176	凉山彝族自治州	20.0
142	黔东南苗族侗族自治州	21.5	177	恩施土家族苗族自治州	20.0
143	眉山市	21.5	178	资阳市	20.0
144	永州市	21.5	179	宁德市	19.5
145	钦州市	21.5	180	佳木斯市	19.5
146	德宏傣族景颇族自治州	21.5	181	牡丹江市	19.5
147	昌吉回族自治州	21.5	182	菏泽市	19.0
148	海西蒙古族藏族自治州	21.5	183	延安市	19.0
149	淮安市	21.0	184	贺州市	19.0
150	淮南市	21.0	185	甘南藏族自治州	19.0
151	衡水市	21.0	186	张掖市	19.0
152	营口市	21.0	187	红河哈尼族彝族自治州	18.5
153	玉溪市	21.0	188	萍乡市	18.5
154	黑河市	21.0	189	酒泉市	18.5
155	迪庆藏族自治州	21.0	190	克拉玛依市	18.5
156	嘉峪关市	21.0	191	新余市	18.5
157	宜昌市	20.5	192	昭通市	18.5
158	滁州市	20.5	193	山南市	18.5
159	安庆市	20.5	194	蚌埠市	18.0
160	枣庄市	20.5	195	泰安市	18.0
161	怀化市	20.5	196	宿州市	18.0
162	十堰市	20.5	197	周口市	18.0
163	长治市	20.5	198	三门峡市	18.0

排名	城市	增长指数	排名	城市	增长指数
199	广元市	17.5	234	攀枝花市	14.5
200	平凉市	17.5	235	朝阳市	14.5
201	阿拉善盟	17.5	236	淮北市	14.5
202	海南藏族自治州	17.5	237	锡林郭勒盟	14.0
203	通化市	17.0	238	伊春市	14.0
204	荆门市	17.0	239	商洛市	14.0
205	本溪市	17.0	240	庆阳市	14.0
206	防城港市	17.0	241	云浮市	13.5
207	湘西土家族苗族自治州	17.0	242	晋城市	13.5
208	中卫市	17.0	243	三沙市	13.5
209	湖州市	16.5	244	常州市	12.5
210	梅州市	16.5	245	池州市	12.5
211	内江市	16.5	246	怒江傈僳族自治州	12.5
212	铜川市	16.5	247	定西市	12.5
213	南平市	16.0	248	吉安市	12.0
214	四平市	16.0	249	辽阳市	12.0
215	鹰潭市	16.0	250	河池市	12.0
216	贵港市	16.0	251	塔城地区	12.0
217	固原市	16.0	252	克孜勒苏柯尔克孜自治州	12.0
218	大庆市	15.5	253	宝鸡市	11.5
219	德阳市	15.5	254	汕尾市	11.5
220	咸宁市	15.5	255	乌兰察布市	11.5
221	丽江市	15.5	256	黔西南布依族苗族自治州	11.5
222	天水市	15.5	257	铜陵市	11.0
223	阜新市	15.5	258	邵阳市	11.0
224	林芝市	15.5	259	鹤壁市	11.0
225	阿坝藏族羌族自治州	15.5	260	朔州市	11.0
226	白银市	15.5	261	广安市	10.5
227	抚顺市	15.0	262	鄂州市	10.5
228	松原市	15.0	263	铁岭市	10.0
229	陇南市	15.0	264	白山市	10.0
230	儋州市	15.0	265	阳泉市	10.0
231	桂林市	14.5	266	呼伦贝尔市	9.5
232	梧州市	14.5	267	乌海市	9.5
233	百色市	14.5	268	白城市	9.5

续表

排名	城市	增长指数	排名	城市	增长指数
269	鸡西市	9.5	286	汉中市	4.0
270	崇左市	9.5	287	双鸭山市	4.0
271	莱芜市	9.5	288	六安市	3.5
272	黔南布依族苗族自治州	9.0	289	榆林市	3.5
273	金昌市	9.0	290	果洛藏族自治州	3.0
274	那曲地区	9.0	291	渭南市	2.0
275	亳州市	8.0	292	鹤岗市	2.0
276	海东市	8.0	293	七台河市	2.0
277	吕梁市	7.5	294	昌都市	2.0
278	来宾市	7.5	295	兴安盟	1.5
279	黄南藏族自治州	7.5	296	辽源市	1.5
280	海北藏族自治州	7.0	297	大兴安岭地区	1.5
281	巴中市	6.5	298	咸阳市	1.0
282	葫芦岛市	5.5	299	韶关市	1.0
283	博尔塔拉蒙古自治州	5.5	300	巴彦淖尔市	0.5
284	绥化市	5.5	301	安康市	0.5
285	石嘴山市	4.5	302	巴音郭楞蒙古自治州	0.5

　　地级市中增速最高的是齐齐哈尔市，齐齐哈尔地处黑龙江省，位于我国最北端，与俄罗斯交流，具有极强的地缘优势，在对外交流联络中与俄罗斯关系密切。2018 年 9 月初习近平总书记视察齐齐哈尔市，多家官方媒体的 Twitter 账号予以报道，一度在 Twitter 上成为热点（见图 3 -8）。扎龙国家级自然保护区地处齐齐哈尔，每年夏秋之际保护区内的丹顶鹤迁徙备受媒体关注。以上因素促成了齐齐哈尔市在 Twitter 搜索指数的增高（见图 3 -9）。

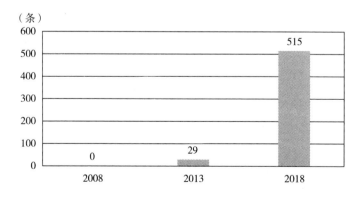

图 3 -8　齐齐哈尔市 Twitter 搜索数量

图 3 – 9　《光明日报》报道扎龙自然保护区丹顶鹤迁徙

六、维度三：中国城市YouTube传播力变化

YouTube 是目前世界上规模最大和最有影响力的视频网站，据 2018 年 7 月 YouTube 官方公布数据显示，YouTube 平台月活跃用户首破 19 亿，总互动数，如点赞、评论和聊天，较上年同期增长了 60%。[①] 作为深受中年和青少年人群青睐的视频网站，在 YouTube 平台上进行影像视觉传播可以做到快速、大范围传播，吸引用户，同时 YouTube 平台的统计数据在一定程度上也可以反映出我国各省份城市的海外网络传播力。

本报告在调查过程中，利用 Google 英文搜索引擎检索来源为 YouTube 的各城市视频。采用对直辖市、省会城市和计划单列市输入带双引号的城市英文名称，对其他地级市采取输入带双引号的"城市 + 所在省份"英文名称的方法，采集 2017 年 11 月 10 日至 2018 年 11 月 10 日中国 338 座城市的 YouTube 视频数量。同时，采集 2008 年与 2013 年的数据做趋势分析。

2018 年中国城市 YouTube 传播力得分前十的分别为上海市、北京市、深圳市、天津市、广州市、成都市、杭州市、昆明市、重庆市、西安市。

总体上，各城市 YouTube 传播力呈上升趋势，338 座城市平均增长指数为 1669.6。但城市间传播力差异较大，在 YouTube 维度中传播力增幅前二十的均为直辖市、省会城市及

---

① YouTube：每月已注册用户访问数量稳定在 18 亿以上 [EB/OL]. 搜狐新闻，https://www.sohu.com/a/230374052_99956743.

计划单列市。同时，调查中也发现有6座城市的 YouTube 传播力呈负增长趋势，分别是呼伦贝尔市、德阳市、安庆市、吉安市、阜新市、吉林市。

（一）直辖市、省会城市及计划单列市 YouTube 传播力增长指数及排名

我国共有直辖市、省会城市、计划单列市共36座，2018 年 YouTube 传播力得分前五的分别为上海、北京、深圳、天津、广州，36 座城市的平均得分为32050。36 座城市中增长指数排名前五的城市为上海、北京、深圳、天津、广州，平均增速为15496，约为全部338 座城市平均增长速度的9.3 倍。其中增速超过10 万的城市有2 座，分别为上海和北京。

36 座直辖市、省会城市及计划单列市的 YouTube 传播力增长指数排名如表 3 – 10 所示。

表 3 – 10　36 座直辖市、省会城市及计划单列市 YouTube 传播力增长指数及排名

排名	城市	YouTube 增长指数	排名	城市	YouTube 增长指数
1	上海市	302650.0	19	济南市	1880.0
2	北京市	123750.0	20	福州市	1637.5
3	深圳市	20964.0	21	沈阳市	1256.5
4	天津市	18827.5	22	宁波市	966.0
5	广州市	14174.0	23	乌鲁木齐市	861.5
6	成都市	9238.0	24	长春市	847.0
7	杭州市	8762.0	25	郑州市	768.5
8	昆明市	8196.0	26	南宁市	579.5
9	重庆市	7043.5	27	呼和浩特市	485.0
10	西安市	5335.5	28	合肥市	406.5
11	武汉市	5242.5	29	兰州市	377.5
12	南京市	4448.5	30	银川市	363.5
13	厦门市	4080.5	31	海口市	330.5
14	拉萨市	3385.0	32	贵阳市	322.5
15	青岛市	3081.5	33	南昌市	301.0
16	大连市	2404.0	34	石家庄市	290.5
17	长沙市	2285.5	35	太原市	250.5
18	哈尔滨市	1981.5	36	西宁市	103.5

直辖市中 YouTube 增长指数排名第一的上海市，是我国的经济中心、长江经济带的龙头城市。在 YouTube 平台上的传播非常多元化，内容涵盖政治信息、文体活动以及旅行信息等方面（见图 3 – 10 至图 3 – 14）。

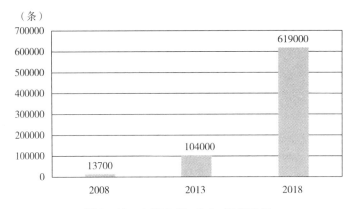

图 3 – 10　上海市 YouTube 视频数量

图 3 – 11　第七届 CTI 中国论坛

图 3 – 12　台风登陆上海

Victoria's Secret Fashion Show Shanghai 2017 Shanghai China Full HD
732,529 views

图 3 - 13 上海维密大秀

Shanghai Tourist Attractions: 15 Top Places to Visit
715 views

图 3 - 14 上海旅行景点推荐

（二）地级市 YouTube 传播力增长指数及排名

我国共有地级市 302 座，2018 年 YouTube 平均传播力得分为 44.4，远远低于 338 座城市传播力得分 3455 的平均值，说明直辖市、省会城市以及计划单列市与地级市的 YouTube 传播力差异分化较为明显。在地级市中有 28 座城市在 2018 年的 YouTube 传播力得分为 0。

302 座地级市的平均增长指数为 21.3，远远低于 338 座城市增幅 1669.7 的平均值，说明直辖市、省会城市以及计划单列市与地级市的 YouTube 传播力增幅差异分化较为明显。在地级市中，YouTube 增长指数排名前十的城市分别为阿里地区、三亚市、苏州市、张家界市、珠海市、喀什地区、桂林市、丽江市、无锡市、东莞市。

302 座地级市 YouTube 传播力增长指数及排名如表 3-11 所示。

表 3-11　302 座地级市 YouTube 传播力增长指数及排名

排名	城市	增长指数	排名	城市	增长指数
1	阿里地区	1206.0	34	徐州市	29.5
2	三亚市	765.0	35	宜昌市	29.5
3	苏州市	481.0	36	西双版纳傣族自治州	29.0
4	张家界市	293.5	37	金华市	29.0
5	珠海市	244.5	38	林芝市	29.0
6	喀什地区	218.0	39	衡阳市	29.0
7	桂林市	185.5	40	那曲地区	29.0
8	丽江市	160.5	41	江门市	27.5
9	无锡市	108.5	42	鄂尔多斯市	23.5
10	东莞市	88.5	43	南阳市	23.5
11	温州市	88.0	44	海南藏族自治州	22.5
12	泉州市	88.0	45	锦州市	21.5
13	乐山市	84.0	46	洛阳市	20.0
14	湘西土家族苗族自治州	83.0	47	舟山市	20.0
15	大理白族自治州	76.0	48	马鞍山市	20.0
16	佛山市	74.5	49	惠州市	19.5
17	烟台市	71.5	50	临沂市	19.5
18	中山市	66.0	51	湖州市	19.5
19	潍坊市	64.5	52	连云港市	19.5
20	常州市	60.0	53	湘潭市	19.5
21	绍兴市	57.0	54	开封市	19.0
22	柳州市	49.5	55	济宁市	19.0
23	汕头市	49.0	56	绵阳市	18.5
24	宜宾市	48.5	57	和田地区	17.5
25	吐鲁番市	43.5	58	威海市	16.5
26	南通市	43.0	59	玉林市	16.5
27	新乡市	40.5	60	清远市	15.5
28	株洲市	39.5	61	荆门市	15.5
29	潮州市	39.0	62	阿勒泰地区	15.0
30	日喀则市	35.5	63	嘉兴市	14.5
31	扬州市	31.5	64	赣州市	14.5
32	张掖市	30.5	65	肇庆市	13.5
33	台州市	30.5	66	安阳市	13.0

排名	城市	增长指数	排名	城市	增长指数
67	酒泉市	13.0	102	丹东市	6.0
68	保定市	12.5	103	凉山彝族自治州	6.0
69	镇江市	12.5	104	阿克苏地区	6.0
70	德州市	12.5	105	钦州市	5.5
71	泰州市	12.0	106	自贡市	5.5
72	张家口市	12.0	107	广安市	5.0
73	湛江市	11.5	108	德宏傣族景颇族自治州	5.0
74	沧州市	11.0	109	芜湖市	5.0
75	廊坊市	10.5	110	曲靖市	5.0
76	漳州市	10.5	111	丽水市	5.0
77	上饶市	10.5	112	景德镇市	5.0
78	常德市	10.5	113	文山壮族苗族自治州	5.0
79	齐齐哈尔市	9.5	114	贺州市	5.0
80	唐山市	9.5	115	伊犁哈萨克自治州	4.5
81	遵义市	9.5	116	莆田市	4.5
82	梅州市	9.5	117	信阳市	4.5
83	大同市	9.0	118	宁德市	4.5
84	阳江市	9.0	119	南充市	4.5
85	邯郸市	8.5	120	运城市	4.5
86	松原市	8.5	121	衡水市	4.5
87	淄博市	8.0	122	临汾市	4.5
88	黄山市	8.0	123	葫芦岛市	4.5
89	宣城市	8.0	124	恩施土家族苗族自治州	4.5
90	阿拉善盟	8.0	125	昭通市	4.5
91	龙岩市	7.5	126	盐城市	4.0
92	哈密市	7.5	127	克拉玛依市	4.0
93	北海市	7.5	128	武威市	4.0
94	铜仁市	7.5	129	揭阳市	4.0
95	山南市	7.0	130	襄阳市	4.0
96	商丘市	6.5	131	大庆市	4.0
97	安顺市	6.5	132	许昌市	4.0
98	眉山市	6.5	133	阜阳市	4.0
99	达州市	6.5	134	泰安市	4.0
100	十堰市	6.0	135	宿州市	4.0
101	雅安市	6.0	136	云浮市	4.0

排名	城市	增长指数	排名	城市	增长指数
137	本溪市	4.0	172	枣庄市	2.5
138	新余市	4.0	173	盘锦市	2.5
139	毕节市	3.5	174	营口市	2.5
140	普洱市	3.5	175	梧州市	2.5
141	蚌埠市	3.5	176	辽阳市	2.5
142	滁州市	3.5	177	三门峡市	2.5
143	保山市	3.5	178	随州市	2.5
144	岳阳市	3.5	179	淮北市	2.5
145	九江市	3.5	180	崇左市	2.5
146	邢台市	3.5	181	昌吉回族自治州	2.5
147	荆州市	3.5	182	塔城地区	2.5
148	邵阳市	3.5	183	临夏回族自治州	2.5
149	玉溪市	3.5	184	包头市	2.0
150	红河哈尼族彝族自治州	3.5	185	天水市	2.0
151	海西蒙古族藏族自治州	3.5	186	赤峰市	2.0
152	甘南藏族自治州	3.5	187	广元市	2.0
153	玉树藏族自治州	3.5	188	铜陵市	2.0
154	怒江傈僳族自治州	3.0	189	聊城市	2.0
155	菏泽市	3.0	190	怀化市	2.0
156	茂名市	3.0	191	佳木斯市	2.0
157	抚州市	3.0	192	黔东南苗族侗族自治州	2.0
158	延安市	3.0	193	黄石市	2.0
159	鞍山市	3.0	194	通化市	2.0
160	平顶山市	3.0	195	六盘水市	2.0
161	东营市	3.0	196	防城港市	2.0
162	河源市	3.0	197	河池市	2.0
163	承德市	3.0	198	迪庆藏族自治州	2.0
164	延边朝鲜族自治州	3.0	199	中卫市	2.0
165	濮阳市	3.0	200	三沙市	2.0
166	百色市	3.0	201	嘉峪关市	1.5
167	黑河市	3.0	202	甘孜藏族自治州	1.5
168	博尔塔拉蒙古自治州	3.0	203	宜春市	1.5
169	郴州市	2.5	204	益阳市	1.5
170	资阳市	2.5	205	通辽市	1.5
171	秦皇岛市	2.5	206	宿迁市	1.5

排名	城市	增长指数	排名	城市	增长指数
207	衢州市	1.5	242	白银市	1.0
208	焦作市	1.5	243	莱芜市	1.0
209	六安市	1.5	244	固原市	0.5
210	日照市	1.5	245	乌海市	0.5
211	汕尾市	1.5	246	鸡西市	0.5
212	泸州市	1.5	247	孝感市	0.5
213	抚顺市	1.5	248	南平市	0.5
214	漯河市	1.5	249	渭南市	0.5
215	萍乡市	1.5	250	晋中市	0.5
216	楚雄彝族自治州	1.5	251	韶关市	0.5
217	商洛市	1.5	252	娄底市	0.5
218	金昌市	1.5	253	咸宁市	0.5
219	遂宁市	1.0	254	铁岭市	0.5
220	吴忠市	1.0	255	鄂州市	0.5
221	陇南市	1.0	256	伊春市	0.5
222	淮安市	1.0	257	吕梁市	0.5
223	驻马店市	1.0	258	双鸭山市	0.5
224	周口市	1.0	259	白城市	0.5
225	榆林市	1.0	260	定西市	0.5
226	滨州市	1.0	261	阳泉市	0.5
227	牡丹江市	1.0	262	巴音郭楞蒙古自治州	0.5
228	内江市	1.0	263	克孜勒苏柯尔克孜自治州	0.5
229	鹰潭市	1.0	264	淮南市	0.5
230	乌兰察布市	1.0	265	阿坝藏族羌族自治州	0.5
231	锡林郭勒盟	1.0	266	兴安盟	0.5
232	鹤壁市	1.0	267	宝鸡市	0.0
233	晋城市	1.0	268	咸阳市	0.0
234	池州市	1.0	269	亳州市	0.0
235	巴中市	1.0	270	长治市	0.0
236	朝阳市	1.0	271	汉中市	0.0
237	绥化市	1.0	272	黔西南布依族苗族自治州	0.0
238	来宾市	1.0	273	贵港市	0.0
239	平凉市	1.0	274	忻州市	0.0
240	庆阳市	1.0	275	巴彦淖尔市	0.0
241	儋州市	1.0	276	海东市	0.0

续表

排名	城市	增长指数	排名	城市	增长指数
277	辽源市	0.0	290	铜川市	0.0
278	大兴安岭地区	0.0	291	黔南布依族苗族自治州	0.0
279	朔州市	0.0	292	永州市	0.0
280	石嘴山市	0.0	293	临沧市	0.0
281	七台河市	0.0	294	四平市	0.0
282	昌都市	0.0	295	黄南藏族自治州	0.0
283	海北藏族自治州	0.0	296	安康市	0.0
284	果洛藏族自治州	0.0	297	呼伦贝尔市	− 0.5
285	黄冈市	0.0	298	德阳市	− 1.0
286	三明市	0.0	299	安庆市	− 1.5
287	白山市	0.0	300	吉安市	− 1.5
288	攀枝花市	0.0	301	阜新市	− 2.0
289	鹤岗市	0.0	302	吉林市	− 3.0

阿里地区地处青藏高原北部羌塘高原核心地带，号称"千山之巅、万川之源"、"西藏的西藏"，虽然不适宜人类居住，但却凭其独特的魅力吸引着一批又一批的游客与探险者。与此相呼应，YouTube 平台中搜索阿里地区也主要是西藏阿里行等观光旅行信息（见图 3 – 15）。

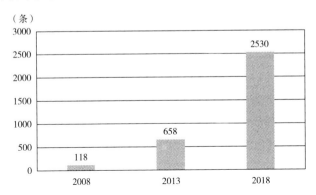

图 3 – 15 阿里地区 YouTube 视频数量

七、结论与分析

（一）中国城市海外网络传播力与 GDP 指数呈现强相关关系，传播力排名前十的城市有 8 个入围 GDP 指数前十

根据 2018 年初国家统计局公布的"全国城市 2017 年经济运行数据"，对中国城市

GDP（经济总量）与海外网络传播力之间的相关系数进行统计分析。数据结果显示，中国城市 GDP 指数与海外网络传播力的相关系数为 0.745，对应的 P 值为 0.000。中国城市的 GDP 指数与海外网络传播力之间呈强相关关系。进一步将 2017 年中国城市的 GDP 指数排行与本次中国城市海外网络传播力的调查结果进行比较，可以发现，2017 年 GDP 指数排在前十的城市与海外网络传播力排名前十的有 8 个城市重合，2017 年 GDP 指数排在前二十的城市与海外网络传播力排在前二十的有 13 个城市重合，2017 年 GDP 指数排在前五十的城市与海外网络传播力前五十的城市中则有 34 个城市重合。城市海外网络传播力排行与 GDP 指数排行呈现高度吻合。

（二）直辖市、省会城市及计划单列市海外网络传播力高于地级市

直辖市、省会城市及计划单列市与地级市海外网络传播力差异显著。在 2018 年中国城市海外网络传播力排名中，前三十中仅阿里地区 1 座地级市。在 Google 新闻增长指数排名中，前三十中仅珠海市、九江市 2 座地级市；在 Twitter 增长指数排名中，地级市表现较好，有 8 座城市进入前三十，分别为齐齐哈尔市、运城市、开封市、北海市、丽水市、马鞍山市、舟山市、张家口市。在 YouTube 增长指数排名中，前三十中有 2 座地级市，分别为阿里地区、三亚市。总体上，以北上广深为代表的一线城市和杭州、重庆、成都等为代表的新一线城市的海外传播影响力明显高于二三线城市。

（三）东部沿海地区城市海外网络传播力增速相对较快

东部沿海地区城市增速整体较快，Google 及 Twitter 平台增速排名前十的城市有 9 座位于东部沿海地区，YouTube 平台增速排名前十的城市有 8 座位于东部沿海地区。我国较早对外开放的深圳、珠海、汕头、厦门、海南 5 个经济特区，大连、秦皇岛、天津、烟台、青岛、连云港、南通、上海、宁波、温州、福州、广州、湛江、北海 14 个沿海港口城市，长江三角洲、珠江三角洲、福建和广西沿海、辽东半岛和山东半岛等经济开放区都位于东部沿海地区，开放程度相较于内陆地区城市更高，也更有利于海外传播。在总体排名前十的城市中，仅有重庆 1 座城市位于我国西南内陆地区。

例如，青岛 2018 年承办上合组织峰会，为其带来了较大的世界关注度（见图 3 - 16）。

（四）海外网络传播力前五位的城市 Google 新闻搜索结果中的高频词汇均与对外开放主题有关

本报告对海外网络传播力得分最高的 5 个城市做了 Google 新闻搜索结果的词频分析，发现这 5 个城市的 Google 新闻搜索结果出现比例最高的 5 个词汇是"Open"（开放）、"International"（国际化）、"New"（新的）、"Trade"（贸易）、"World"（世界），这些词汇都与对外开放有关，体现出的都是城市的开放程度、国际化水平以及更深层次的经济实力。

China Focus: **Qingdao** summit to usher in more dynamic SCO
Xinhua - 6 Jun 2018
by Xinhua writers Li Laifang, Zhang Zhilong. QINGDAO, June 6 (Xinhua) -- With the
forthcoming summit -- the first after a membership expansion to include India ...
Night view of 18th SCO summit host city **Qingdao**(1
International - ecns - 5 Jun 2018

ecns

China Focus: What to expect from SCO summit in **Qingdao**
Xinhua - 4 Jun 2018
BEIJING, June 4 (Xinhua) -- Chinese President Xi Jinping will chair the 18th
Shanghai Cooperation Organization (SCO) Summit, which is scheduled for June 9 ...

Rashid Alimov: **Qingdao** summit to show SCO's growing role in global ...
TASS - 5 Jun 2018
Xi to chair SCO summit on June 9-10 at **Qingdao**
Pakistan Observer - 4 Jun 2018

Charming **Qingdao**, anticipated SCO Summit(1
International - ecns - 4 Jun 2018
View all

图 3 – 16　青岛上合组织峰会

上海市词频出现最高的是"新的"、"开放"、"国际的"、"贸易"、"世界"等词汇，这与其中国经济中心、国际化大都市的地位相匹配，突出了整个城市的经济实力处于中国顶尖水准（见图 3 – 17）。

图 3 – 17　上海市的高频词汇

北京市词频中"贸易"、"新的"、"国际"词汇出现频率非常高。同时词频中还出现了"华盛顿"、"台湾"、"英国"等地名，这些都显示了北京作为中国政治中心的地位，其在各个方面的新闻信息与新闻数量都非常突出（见图 3 – 18）。

图 3 - 18 北京市的高频词汇

深圳市是我国最早的经济特区，同时又是我国的副省级城市，经济发展迅速，是对外开放的先行城市之一，"新的"、"开放"自然成为了深圳市搜索结果中的高频词。同时"体育"、"网球"、"香港"、"早晨"、"海南"等词语也频频出现，体现了深圳这座城市强劲的文化、旅游实力（见图 3 - 19）。

图 3 - 19 深圳市的高频词汇

广州市毗邻深圳市，作为广东省的省会，改革开放的先行城市之一，它的高频词与深圳市十分相似。"新的"、"世界"、"国际化"成为其高频词，体现出广州市极高的国际化水平。同时"广州"与"深圳"互为热词，可见两者之间密切的联系（见图 3 - 20）。

图 3 - 20　广州市的高频词汇

　　排名第五的是杭州市，杭州作为长三角城市带的中心城市，也是浙江省的省会，其互联网产业高度发达。"新的"、"开放"、"国际化"都是它的高频词汇。作为中国宜居城市之一，"城市"也是杭州市搜索结果中的高频词，同时中国的互联网巨头"阿里巴巴"因坐落在杭州市，也成为搜索杭州市时出现的高频词汇（见图 3 - 21）。

图 3 - 21　杭州市的高频词汇

（五）地级市中排名前三的城市均以旅游主题获得较高海外网络传播力

地级市海外网络传播力排名前三的依次是阿里地区、三亚市、苏州市，三者都是我国著名的旅游城市，国际知名度高。

阿里地区 YouTube 传播力位居所有地级市的第一，2018 年视频数量达 2530 条，超过第二名的三亚 1000 条。阿里地区是国际知名的自驾游旅行区，称为"百川之源"，年接待游客超 30 万人次，其中有大量外籍游客。YouTube 上的视频以阿里的自然风光为主，展现了阿里的风土人情（见图 3 – 22）。

图 3 – 22　YouTube 网站上的阿里风光视频

三亚市 YouTube 传播力位居所有城市第二，Google 传播力位居所有城市中的第六。三亚市是海南省第二大城市，是享誉世界的旅游度假胜地，2017 年接待游客达 1830.3 万人次，其国际知名度近年得到大幅提升（见图 3 – 23）。

TOP Things To Do In Sanya, Hainan Island - Brownie on the Go -
brownieonthego.com/top-things-to-visit-in-sanya-hainan-island/ ▾
Jan 26, 2017 - Main city on **Hainan** Island is **Sanya**, which some of you might know because of Miss
World Competition which was held there for several years.

Sanya Hainan Island Tour Operator and Travel Agency in China
https://www.sunnyhainan.com/ ▾
Hainan based travel agency offer tailor made travel packages to **Hainan** Island with hotel, flights,
golfing, transfers and local tours. Visit our website to find out the ...

Sanya Holidays & Luxury Breaks | Thomas Cook Signature
https://www.thomascook.com/holidays/signature/asia/china/sanya/ ▾
Sanya is the Southernmost city on **Hainan** Island in Southeast China, with sandy beaches, tropical
rainforests, botanical gardens and ancient temples, **Sanya** ...

Luxury Sanya Resort | The Ritz-Carlton Sanya, Yalong Bay
www.ritzcarlton.com/en/hotels/china/sanya ▾
Sanya, Hainan, China. Experience the true nature of Southernmost China at The Ritz-Carlton Sanya,
Yalong Bay. With a private beach on Yalong Bay, the ...

图 3 – 23　Google News 中介绍三亚旅游业的相关报道

苏州市是江苏省第二大城市，是吴越文化的发源地、我国的历史文化名城、长三角地区的著名旅游城市。苏州市 YouTube 传播力位居所有地级市城市第三位，Google 传播力位居所有地级市的第五位（见图 3 – 24）。

图 3 – 24　Twitter 上有关苏州博物馆的推文

本章附录

附表 1　直辖市、省会城市及计划单列市 Google 新闻传播力增长指数及排名

排名	城市	2008 年	2013 年	2018 年	Google 增长指数
1	上海市	16800	72500	1670000	826600.0
2	北京市	15100	76200	1650000	817450.0
3	深圳市	885	12100	130000	64557.5
4	广州市	1290	10300	84100	41405.0
5	杭州市	552	7740	82000	40724.0
6	福州市	88	1900	71400	35656.0
7	成都市	740	6030	44700	21980.0
8	南京市	1040	5380	43000	20980.0
9	天津市	4710	7300	44800	20045.0

排名	城市	2008 年	2013 年	2018 年	Google 增长指数
10	重庆市	585	3510	36900	18157. 5
11	海口市	18	5610	30200	15091. 0
12	青岛市	254	1670	27400	13573. 0
13	大连市	292	3000	25900	12804. 0
14	哈尔滨市	297	2380	23300	11501. 5
15	宁波市	135	1180	22400	11132. 5
16	武汉市	245	2600	21700	10727. 5
17	西安市	377	1790	21000	10311. 5
18	兰州市	128	1830	16800	8336. 0
19	厦门市	190	1850	15900	7855. 0
20	郑州市	64	2630	15600	7768. 0
21	拉萨市	571	535	15300	7364. 5
22	济南市	73	1130	14400	7163. 5
23	沈阳市	124	1280	11700	5788. 0
24	长春市	225	575	9560	4667. 5
25	昆明市	132	1670	9110	4489. 0
26	呼和浩特市	17	8	8190	4086. 5
27	长沙市	52	1160	7630	3789. 0
28	乌鲁木齐市	98	668	7560	3731. 0
29	石家庄市	88	395	7320	3616. 0
30	南宁市	57	336	5610	2776. 5
31	贵阳市	17	252	4190	2086. 5
32	南昌市	19	322	3680	1830. 5
33	太原市	16	494	3360	1672. 0
34	银川市	11	102	1970	979. 5
35	合肥市	78	668	2010	966. 0
36	西宁市	9	53	237	114. 0

附表 2 地级市 Google 新闻传播力增长指数及排名

排名	城市	2008 年	2013 年	2018 年	Google 增长指数
1	珠海市	25	1500	10100	5037. 5
2	九江市	2	868	7650	3824. 0
3	阿里地区	138	1770	4790	2326. 0

排名	城市	2008 年	2013 年	2018 年	Google 增长指数
4	苏州市	29	1720	4490	2230.5
5	三亚市	27	247	3320	1646.5
6	丹东市	1	724	2200	1099.5
7	淄博市	9	30	1930	960.5
8	南通市	7	95	1820	906.5
9	运城市	1	13	1650	824.5
10	临沂市	1	47	1640	819.5
11	无锡市	39	116	1600	780.5
12	温州市	7	217	1520	756.5
13	东莞市	91	313	1540	724.5
14	佛山市	6	161	1430	712.0
15	烟台市	40	107	1450	705.0
16	舟山市	2	206	1260	629.0
17	日照市	3	24	1210	603.5
18	景德镇市	3	158	1190	593.5
19	唐山市	39	45	1210	585.5
20	连云港市	3	57	11/0	583.5
21	潍坊市	9	66	1160	575.5
22	宿州市	1	118	1150	574.5
23	常州市	5	83	1140	567.5
24	威海市	2	39	1130	564.0
25	衡阳市	5	613	1120	557.5
26	绍兴市	9	59	1120	555.5
27	张家界市	3	75	1100	548.5
28	延安市	4	27	1100	548.0
29	安阳市	2	50	1080	539.0
30	台州市	8	42	963	477.5
31	扬州市	19	54	949	465.0
32	江门市	2	57	923	460.5
33	湛江市	6	1	898	446.0
34	邯郸市	2	74	860	429.0
35	包头市	2	58	850	424.0
36	桂林市	6	142	843	418.5
37	泉州市	5	65	841	418.0
38	湖州市	1	35	837	418.0

排名	城市	2008 年	2013 年	2018 年	Google 增长指数
39	中山市	10	67	828	409.0
40	洛阳市	6	81	806	400.0
41	恩施土家族苗族自治州	3	66	788	392.5
42	乐山市	5	43	758	376.5
43	东营市	1	7	746	372.5
44	徐州市	0	42	705	352.5
45	嘉兴市	10	173	702	346.0
46	清远市	2	9	678	338.0
47	北海市	4	36	666	331.0
48	张家口市	3	33	663	330.0
49	开封市	5	73	657	326.0
50	盐城市	2	18	653	325.5
51	承德市	1	16	641	320.0
52	吉林市	1	15	613	306.0
53	宿迁市	1	8	601	300.0
54	秦皇岛市	6	24	596	295.0
55	黄山市	28	74	610	291.0
56	淮安市	3	8	584	290.5
57	惠州市	8	49	580	286.0
58	莱芜市	0	2	554	277.0
59	泰州市	4	46	557	276.5
60	保定市	5	82	557	276.0
61	酒泉市	9	81	555	273.0
62	大理白族自治州	9	187	550	270.5
63	平凉市	2	7	537	267.5
64	芜湖市	1	23	529	264.0
65	丽江市	48	24	563	257.5
66	十堰市	1	16	505	252.0
67	廊坊市	2	37	505	251.5
68	锡林郭勒盟	1	6	481	240.0
69	滨州市	1	27	480	239.5
70	宜昌市	5	64	477	236.0
71	海南藏族自治州	11	54	482	235.5
72	汕头市	7	107	470	231.5
73	抚州市	3	36	465	231.0

排名	城市	2008 年	2013 年	2018 年	Google 增长指数
74	德宏傣族景颇族自治州	3	18	455	226.0
75	金华市	1	59	449	224.0
76	新余市	0	42	421	210.5
77	荆门市	0	3	410	205.0
78	濮阳市	0	4	401	200.5
79	迪庆藏族自治州	3	12	396	196.5
80	泰安市	1	2	386	192.5
81	阜阳市	7	33	388	190.5
82	赣州市	1	8	381	190.0
83	莆田市	1	7	380	189.5
84	南阳市	3	38	375	186.0
85	衢州市	1	17	371	185.0
86	昌吉回族自治州	0	8	368	184.0
87	济宁市	2	17	363	180.5
88	新乡市	1	10	361	180.0
89	宜宾市	2	28	358	178.0
90	铜陵市	1	3	353	176.0
91	衡水市	0	7	349	174.5
92	安顺市	2	21	350	174.0
93	齐齐哈尔市	1	6	348	173.5
94	昭通市	1	12	347	173.0
95	肇庆市	1	22	346	172.5
96	枣庄市	2	20	346	172.0
97	固原市	0	2	343	171.5
98	汉中市	1	1	342	170.5
99	邢台市	3	82	342	169.5
100	伊犁哈萨克自治州	7	29	342	167.5
101	保山市	0	8	329	164.5
102	钦州市	1	8	327	163.0
103	镇江市	1	35	326	162.5
104	大同市	5	42	330	162.5
105	襄阳市	0	28	313	156.5
106	张掖市	0	44	305	152.5
107	玉林市	1	26	301	150.0
108	黑河市	0	8	292	146.0

续表

排名	城市	2008 年	2013 年	2018 年	Google 增长指数
109	临汾市	7	81	297	145.0
110	株洲市	1	36	275	137.0
111	聊城市	1	40	275	137.0
112	淮北市	5	64	276	135.5
113	西双版纳傣族自治州	9	43	270	130.5
114	德州市	1	10	258	128.5
115	红河哈尼族彝族自治州	2	34	250	124.0
116	玉溪市	1	69	244	121.5
117	柳州市	5	51	245	120.0
118	文山壮族苗族自治州	0	8	240	120.0
119	鄂尔多斯市	8	110	245	118.5
120	常德市	1	44	235	117.0
121	茂名市	7	16	238	115.5
122	楚雄彝族自治州	2	20	229	113.5
123	阳江市	2	20	227	112.5
124	南平市	1	5	222	110.5
125	哈密市	10	86	229	109.5
126	沧州市	0	1	217	108.5
127	毕节市	1	23	211	105.0
128	曲靖市	2	23	208	103.0
129	吐鲁番市	6	41	207	100.5
130	普洱市	102	42	302	100.0
131	阿克苏地区	3	57	203	100.0
132	南充市	3	19	202	99.5
133	淮南市	1	40	192	95.5
134	赤峰市	3	6	194	95.5
135	眉山市	1	42	190	94.5
136	巴音郭楞蒙古自治州	3	13	186	91.5
137	营口市	0	9	179	89.5
138	商丘市	2	19	178	88.0
139	阿勒泰地区	3	13	171	84.0
140	临沧市	7	60	170	81.5
141	池州市	1	0	161	80.0
142	铜仁市	0	7	150	75.0
143	宁德市	2	89	150	74.0

排名	城市	2008 年	2013 年	2018 年	Google 增长指数
144	六安市	9	8	156	73.5
145	儋州市	0	2	145	72.5
146	遵义市	3	15	147	72.0
147	郴州市	4	4	146	71.0
148	汕尾市	1	20	136	67.5
149	百色市	0	5	135	67.5
150	漳州市	1	49	135	67.0
151	岳阳市	1	15	135	67.0
152	宣城市	1	5	133	66.0
153	蚌埠市	1	7	132	65.5
154	湘西土家族苗族自治州	2	0	132	65.0
155	大庆市	6	72	135	64.5
156	延边朝鲜族自治州	6	24	134	64.0
157	上饶市	2	5	129	63.5
158	日喀则市	7	20	130	61.5
159	抚顺市	1	104	121	60.0
160	自贡市	2	25	120	59.0
161	三沙市	0	16	118	59.0
162	湘潭市	1	24	113	56.0
163	河源市	1	16	113	56.0
164	遂宁市	3	53	115	56.0
165	潮州市	3	13	114	55.5
166	梧州市	1	13	112	55.5
167	揭阳市	1	9	110	54.5
168	朝阳市	0	45	109	54.5
169	玉树藏族自治州	0	55	108	54.0
170	信阳市	1	35	108	53.5
171	德阳市	22	21	129	53.5
172	菏泽市	1	8	106	52.5
173	焦作市	3	19	108	52.5
174	泸州市	1	21	106	52.5
175	绵阳市	156	45	260	52.0
176	安康市	0	52	103	51.5
177	安庆市	2	5	102	50.0
178	吉安市	1	2	101	50.0

排名	城市	2008 年	2013 年	2018 年	Google 增长指数
179	丽水市	1	34	98	48.5
180	龙岩市	1	39	97	48.0
181	海西蒙古族藏族自治州	0	6	93	46.5
182	山南市	2	10	94	46.0
183	克拉玛依市	1	55	91	45.0
184	怒江傈僳族自治州	0	30	90	45.0
185	凉山彝族自治州	7	12	96	44.5
186	防城港市	2	16	90	44.0
187	雅安市	37	295	125	44.0
188	晋中市	1	6	88	43.5
189	武威市	0	10	87	43.5
190	平顶山市	0	43	85	42.5
191	驻马店市	0	6	82	41.0
192	牡丹江市	1	8	82	40.5
193	中卫市	2	2	83	40.5
194	临夏回族自治州	3	12	84	40.5
195	邵阳市	0	49	79	39.5
196	朔州市	0	2	79	39.5
197	锦州市	1	22	78	38.5
198	葫芦岛市	0	2	77	38.5
199	三门峡市	2	35	79	38.5
200	荆州市	2	23	76	37.0
201	宜春市	1	7	74	36.5
202	黔东南苗族侗族自治州	0	7	73	36.5
203	佳木斯市	1	18	73	36.0
204	益阳市	1	7	73	36.0
205	通化市	1	20	73	36.0
206	甘南藏族自治州	3	12	75	36.0
207	许昌市	3	20	74	35.5
208	盘锦市	0	4	70	35.0
209	三明市	1	9	70	34.5
210	陇南市	6	2	75	34.5
211	本溪市	1	15	69	34.0
212	滁州市	4	26	71	33.5
213	长治市	8	40	75	33.5

排名	城市	2008 年	2013 年	2018 年	Google 增长指数
214	鞍山市	0	32	66	33.0
215	达州市	5	7	71	33.0
216	晋城市	0	5	65	32.5
217	嘉峪关市	3	13	67	32.0
218	梅州市	1	19	63	31.0
219	六盘水市	1	6	63	31.0
220	庆阳市	0	5	62	31.0
221	金昌市	0	1	62	31.0
222	和田地区	0	8	34	30.0
223	阳泉市	0	5	59	29.5
224	贵港市	0	2	58	29.0
225	黄冈市	1	5	58	28.5
226	黔南布依族苗族自治州	1	1	58	28.5
227	辽阳市	0	2	57	28.5
228	吕梁市	0	6	56	28.0
229	那曲地区	0	4	56	28.0
230	马鞍山市	1	4	54	26.5
231	榆林市	1	7	53	26.0
232	塔城地区	0	2	52	26.0
233	鸡西市	1	1	52	25.5
234	漯河市	0	37	50	25.0
235	云浮市	1	4	51	25.0
236	萍乡市	3	19	52	24.5
237	克孜勒苏柯尔克孜自治州	2	4	51	24.5
238	黄石市	1	9	48	23.5
239	永州市	2	38	49	23.5
240	咸宁市	0	4	45	22.5
241	天水市	0	30	45	22.5
242	内江市	2	31	46	22.0
243	忻州市	0	3	44	22.0
244	松原市	1	4	42	20.5
245	吴忠市	2	6	42	20.0
246	资阳市	6	18	46	20.0
247	喀什地区	1	11	40	19.5
248	河池市	0	3	38	19.0

排名	城市	2008 年	2013 年	2018 年	Google 增长指数
249	伊春市	0	5	37	18.5
250	白银市	0	6	37	18.5
251	广安市	1	3	37	18.0
252	宝鸡市	1	3	36	17.5
253	铜川市	0	3	34	17.0
254	周口市	1	33	34	16.5
255	通辽市	0	6	33	16.5
256	鹰潭市	0	6	33	16.5
257	阿坝藏族羌族自治州	39	62	72	16.5
258	铁岭市	0	19	32	16.0
259	白山市	0	8	31	15.5
260	来宾市	0	1	31	15.5
261	娄底市	2	30	32	15.0
262	鄂州市	0	4	30	15.0
263	广元市	28	9	57	14.5
264	随州市	1	2	29	14.0
265	阜新市	1	3	29	14.0
266	鹤壁市	1	7	26	12.5
267	四平市	0	4	24	12.0
268	孝感市	1	8	22	10.5
269	怀化市	1	8	21	10.0
270	乌兰察布市	0	1	20	10.0
271	黔西南布依族苗族自治州	0	0	20	10.0
272	贺州市	0	3	20	10.0
273	渭南市	0	2	19	9.5
274	白城市	0	4	19	9.5
275	定西市	0	40	19	9.5
276	攀枝花市	1	5	19	9.0
277	阿拉善盟	0	3	17	8.5
278	海北藏族自治州	0	4	16	8.0
279	咸阳市	1	1	16	7.5
280	商洛市	0	27	15	7.5
281	博尔塔拉蒙古自治州	1	32	16	7.5
282	甘孜藏族自治州	6	29	20	7.0
283	崇左市	1	2	14	6.5

排名	城市	2008 年	2013 年	2018 年	Google 增长指数
284	石嘴山市	1	2	13	6.0
285	绥化市	0	2	11	5.5
286	海东市	0	2	10	5.0
287	林芝市	0	3	10	5.0
288	双鸭山市	0	3	9	4.5
289	七台河市	0	1	9	4.5
290	乌海市	0	8	8	4.0
291	巴中市	0	3	8	4.0
292	鹤岗市	1	3	9	4.0
293	黄南藏族自治州	0	6	8	4.0
294	果洛藏族自治州	0	6	8	4.0
295	昌都市	1	5	5	2.0
296	兴安盟	0	1	3	1.5
297	辽源市	0	1	3	1.5
298	巴彦淖尔市	0	0	2	1.0
299	亳州市	0	7	2	1.0
300	呼伦贝尔市	1	2	2	0.5
301	韶关市	0	1	1	0.5
302	大兴安岭地区	1	1	1	0.0

附表3　直辖市、省会城市及计划单列市 Twitter 传播力增长指数及排名

排名	城市	2008 年	2013 年	2018 年	Twitter 增长指数
1	上海市	118	406	26280	13081.0
2	北京市	103	6673	13848	6872.5
3	深圳市	9	98	3600	1795.5
4	广州市	14	43519	2457	1221.5
5	大连市	5	52	1471	733.0
6	重庆市	41	194	1232	595.5
7	杭州市	12	706	980	484.0
8	南京市	8	2367	853	422.5
9	武汉市	8	797	842	417.0
10	济南市	5	59	650	322.5
11	天津市	54	223	656	301.0

排名	城市	2008 年	2013 年	2018 年	Twitter 增长指数
12	厦门市	14	416	581	283.5
13	哈尔滨市	5	1131	561	278.0
14	青岛市	9	464	541	266.0
15	西安市	0	445	482	241.0
16	长沙市	7	471	437	215.0
17	宁波市	1	54	350	174.5
18	昆明市	28	90	289	130.5
19	沈阳市	7	43	258	125.5
20	郑州市	6	60	241	117.5
21	长春市	1	46	196	97.5
22	福州市	8	74	191	91.5
23	南宁市	9	41	188	89.5
24	南昌市	1	45	170	84.5
25	贵阳市	4	113	153	74.5
26	海口市	7	156	136	64.5
27	石家庄市	1	100	127	63.0
28	合肥市	9	64	131	61.0
29	太原市	8	48	129	60.5
30	乌鲁木齐市	0	61	120	60.0
31	银川市	0	42	111	55.5
32	成都市	41	114	151	55.0
33	兰州市	23	48	109	43.0
34	呼和浩特市	0	1	86	43.0
35	西宁市	5	61	80	37.5
36	拉萨市	435	178	137	-149.0

附表 4 地级市 Twitter 传播力增长指数及排名

排名	城市	2008 年	2013 年	2018 年	Twitter 增长指数
1	齐齐哈尔市	0	29	515	257.5
2	运城市	3	43	303	150.0
3	开封市	0	31	277	138.5
4	北海市	3	267	260	128.5
5	丽水市	1	33	231	115.0

排名	城市	2008 年	2013 年	2018 年	Twitter 增长指数
6	马鞍山市	0	14	226	113.0
7	舟山市	0	51	225	112.5
8	张家口市	0	53	203	101.5
9	郴州市	1	46	199	99.0
10	宣城市	0	22	171	85.5
11	衢州市	0	23	168	84.0
12	赤峰市	0	31	149	74.5
13	南充市	0	21	135	67.5
14	龙岩市	0	43	112	56.0
15	焦作市	0	28	104	52.0
16	盘锦市	0	32	94	47.0
17	东莞市	5	62	95	45.0
18	延边朝鲜族自治州	0	31	89	44.5
19	平顶山市	1	23	89	44.0
20	锦州市	0	42	76	38.0
21	洛阳市	1	51	73	36.0
22	大理白族自治州	10	58	82	36.0
23	吐鲁番市	1	153	120	59.5
24	台州市	1	44	72	35.5
25	乐山市	1	40	72	35.5
26	阿里地区	7	52	77	35.0
27	温州市	1	33	70	34.5
28	无锡市	1	42	68	33.5
29	廊坊市	3	61	70	33.5
30	黄山市	4	46	71	33.5
31	苏州市	3	57	68	32.5
32	徐州市	1	49	66	32.5
33	威海市	0	35	65	32.5
34	日喀则市	0	40	65	32.5
35	汕头市	1	58	65	32.0
36	玉林市	0	307	64	32.0
37	盐城市	0	48	63	31.5
38	柳州市	2	53	65	31.5
39	湛江市	0	48	63	31.5
40	佛山市	6	51	68	31.0

排名	城市	2008 年	2013 年	2018 年	Twitter 增长指数
41	金华市	0	61	62	31.0
42	扬州市	1	47	63	31.0
43	吉林市	1	41	63	31.0
44	南通市	4	31	65	30.5
45	三亚市	15	67	76	30.5
46	株洲市	1	41	62	30.5
47	济宁市	0	40	60	30.0
48	淄博市	2	41	62	30.0
49	绍兴市	0	43	58	29.0
50	新乡市	0	42	58	29.0
51	潍坊市	2	48	59	28.5
52	珠海市	1	40	58	28.5
53	赣州市	0	41	57	28.5
54	孝感市	0	13	57	28.5
55	鄂尔多斯市	2	41	59	28.5
56	河源市	0	28	57	28.5
57	大同市	6	43	63	28.5
58	张家界市	2	1609	59	28.5
59	南阳市	0	54	56	28.0
60	阜阳市	1	54	57	28.0
61	驻马店市	0	18	56	28.0
62	嘉兴市	2	24	57	27.5
63	泰州市	0	38	55	27.5
64	邯郸市	1	38	56	27.5
65	衡阳市	1	40	56	27.5
66	江门市	0	38	54	27.0
67	商丘市	0	25	54	27.0
68	三明市	0	27	54	27.0
69	阳江市	0	55	54	27.0
70	日照市	0	38	53	26.5
71	保定市	2	39	54	26.0
72	莆田市	0	60	52	26.0
73	鞍山市	0	40	52	26.0
74	德州市	1	22	53	26.0
75	清远市	0	21	52	26.0

排名	城市	2008 年	2013 年	2018 年	Twitter 增长指数
76	滨州市	0	59	52	26.0
77	娄底市	0	32	52	26.0
78	普洱市	0	52	52	26.0
79	临夏回族自治州	0	22	52	26.0
80	漳州市	1	36	52	25.5
81	遵义市	1	31	52	25.5
82	铜仁市	0	19	51	25.5
83	景德镇市	1	37	52	25.5
84	楚雄彝族自治州	0	24	51	25.5
85	镇江市	0	27	50	25.0
86	邢台市	0	32	50	25.0
87	宜春市	0	30	50	25.0
88	安顺市	1	45	51	25.0
89	哈密市	2	29	52	25.0
90	惠州市	0	48	49	24.5
91	临沂市	4	58	53	24.5
92	芜湖市	1	59	50	24.5
93	信阳市	0	34	49	24.5
94	曲靖市	0	22	49	24.5
95	秦皇岛市	0	54	49	24.5
96	安阳市	1	24	50	24.5
97	宜宾市	0	29	49	24.5
98	保山市	0	27	49	24.5
99	西双版纳傣族自治州	1	200	50	24.5
100	武威市	0	20	49	24.5
101	阿克苏地区	2	31	51	24.5
102	雅安市	2	2407	51	24.5
103	唐山市	1	46	49	24.0
104	岳阳市	0	34	48	24.0
105	泸州市	1	132	49	24.0
106	玉树藏族自治州	1	33	49	24.0
107	和田地区	8	52	56	24.0
108	烟台市	4	52	51	23.5
109	中山市	0	41	47	23.5

续表

排名	城市	2008 年	2013 年	2018 年	Twitter 增长指数
110	丹东市	0	37	47	23.5
111	连云港市	0	700	47	23.5
112	包头市	0	43	46	23.0
113	九江市	0	42	46	23.0
114	荆州市	2	26	48	23.0
115	湘潭市	1	33	47	23.0
116	潮州市	2	37	48	23.0
117	常德市	0	29	46	23.0
118	承德市	3	156	49	23.0
119	通辽市	0	22	46	23.0
120	临汾市	4	274	50	23.0
121	忻州市	0	87	46	23.0
122	临沧市	0	21	46	23.0
123	随州市	0	8	46	23.0
124	吴忠市	0	25	46	23.0
125	揭阳市	0	31	45	22.5
126	许昌市	0	30	45	22.5
127	宿迁市	0	10	45	22.5
128	肇庆市	1	33	46	22.5
129	毕节市	2	79	47	22.5
130	绵阳市	12	36	56	22.0
131	上饶市	1	25	45	22.0
132	襄阳市	0	30	44	22.0
133	黄冈市	0	2	44	22.0
134	益阳市	0	18	44	22.0
135	抚州市	0	43	44	22.0
136	阿勒泰地区	1	30	45	22.0
137	沧州市	0	53	43	21.5
138	聊城市	0	30	43	21.5
139	东营市	0	34	43	21.5
140	遂宁市	0	26	43	21.5
141	茂名市	0	26	43	21.5
142	黔东南苗族侗族自治州	0	15	43	21.5
143	眉山市	0	9	43	21.5
144	永州市	0	13	43	21.5

排名	城市	2008 年	2013 年	2018 年	Twitter 增长指数
145	钦州市	0	12	43	21.5
146	德宏傣族景颇族自治州	0	18	43	21.5
147	昌吉回族自治州	1	48	44	21.5
148	海西蒙古族藏族自治州	0	15	43	21.5
149	淮安市	0	24	42	21.0
150	淮南市	1	23	43	21.0
151	衡水市	0	19	42	21.0
152	营口市	0	25	42	21.0
153	玉溪市	2	16	44	21.0
154	黑河市	0	23	42	21.0
155	迪庆藏族自治州	1	21	43	21.0
156	嘉峪关市	1	35	43	21.0
157	宜昌市	1	31	42	20.5
158	滁州市	0	47	41	20.5
159	安庆市	0	250	41	20.5
160	枣庄市	0	25	41	20.5
161	怀化市	1	22	42	20.5
162	十堰市	0	58	41	20.5
163	长治市	1	40	42	20.5
164	达州市	1	19	42	20.5
165	自贡市	0	36	41	20.5
166	文山壮族苗族自治州	0	11	41	20.5
167	甘孜藏族自治州	0	125	41	20.5
168	伊犁哈萨克自治州	0	45	41	20.5
169	喀什地区	23	651	64	20.5
170	泉州市	35	98	75	20.0
171	晋中市	0	147	40	20.0
172	黄石市	0	36	40	20.0
173	濮阳市	0	18	40	20.0
174	漯河市	0	31	40	20.0
175	六盘水市	0	30	40	20.0
176	凉山彝族自治州	0	32	40	20.0
177	恩施土家族苗族自治州	0	37	40	20.0
178	资阳市	0	21	40	20.0
179	宁德市	0	29	39	19.5

续表

排名	城市	2008 年	2013 年	2018 年	Twitter 增长指数
180	佳木斯市	0	25	39	19.5
181	牡丹江市	1	115	40	19.5
182	菏泽市	1	31	39	19.0
183	延安市	1	15	39	19.0
184	贺州市	0	25	38	19.0
185	甘南藏族自治州	0	70	38	19.0
186	张掖市	0	1152	38	19.0
187	红河哈尼族彝族自治州	1	50	38	18.5
188	萍乡市	0	5	37	18.5
189	酒泉市	1	37	38	18.5
190	克拉玛依市	0	21	37	18.5
191	新余市	0	39	37	18.5
192	昭通市	0	80	37	18.5
193	山南市	1	18	38	18.5
194	蚌埠市	0	22	36	18.0
195	泰安市	0	23	36	18.0
196	宿州市	0	25	36	18.0
197	周口市	0	18	36	18.0
198	三门峡市	0	34	36	18.0
199	广元市	1	26	36	17.5
200	平凉市	0	5	35	17.5
201	阿拉善盟	0	8	35	17.5
202	海南藏族自治州	0	17	35	17.5
203	通化市	0	9	34	17.0
204	荆门市	0	10	34	17.0
205	本溪市	0	37	34	17.0
206	防城港市	0	12	34	17.0
207	湘西土家族苗族自治州	0	26	34	17.0
208	中卫市	0	32	34	17.0
209	湖州市	1	34	34	16.5
210	梅州市	0	33	33	16.5
211	内江市	0	17	33	16.5
212	铜川市	0	5	33	16.5
213	南平市	0	12	32	16.0
214	四平市	1	12	33	16.0

排名	城市	2008 年	2013 年	2018 年	Twitter 增长指数
215	鹰潭市	0	6	32	16.0
216	贵港市	0	7	32	16.0
217	固原市	0	9	32	16.0
218	大庆市	1	44	32	15.5
219	德阳市	3	36	34	15.5
220	咸宁市	0	17	31	15.5
221	丽江市	13	59	44	15.5
222	天水市	0	34	31	15.5
223	阜新市	0	13	31	15.5
224	林芝市	0	11	31	15.5
225	阿坝藏族羌族自治州	4	262	35	15.5
226	白银市	0	28	31	15.5
227	抚顺市	0	18	30	15.0
228	松原市	0	34	30	15.0
229	陇南市	6	14	36	15.0
230	儋州市	0	95	30	15.0
231	桂林市	8	58	37	14.5
232	梧州市	3	35	32	14.5
233	百色市	0	15	29	14.5
234	攀枝花市	2	21	31	14.5
235	朝阳市	0	120	29	14.5
236	淮北市	0	102	29	14.5
237	锡林郭勒盟	0	1	28	14.0
238	伊春市	0	21	28	14.0
239	商洛市	0	5	28	14.0
240	庆阳市	0	50	28	14.0
241	云浮市	0	9	27	13.5
242	晋城市	0	29	27	13.5
243	三沙市	0	62	27	13.5
244	常州市	3	25	28	12.5
245	池州市	0	7	25	12.5
246	怒江傈僳族自治州	0	15	25	12.5
247	定西市	0	744	25	12.5
248	吉安市	0	17	24	12.0
249	辽阳市	0	8	24	12.0

续表

排名	城市	2008 年	2013 年	2018 年	Twitter 增长指数
250	河池市	0	12	24	12.0
251	塔城地区	0	2	24	12.0
252	克孜勒苏柯尔克孜自治州	0	12	24	12.0
253	宝鸡市	0	2	23	11.5
254	汕尾市	0	21	23	11.5
255	乌兰察布市	0	2	23	11.5
256	黔西南布依族苗族自治州	0	5	23	11.5
257	铜陵市	0	11	22	11.0
258	邵阳市	0	139	22	11.0
259	鹤壁市	0	5	22	11.0
260	朔州市	0	56	22	11.0
261	广安市	4	2	25	10.5
262	鄂州市	0	1	21	10.5
263	铁岭市	0	9	20	10.0
264	白山市	1	18	21	10.0
265	阳泉市	0	46	20	10.0
266	呼伦贝尔市	0	17	19	9.5
267	乌海市	0	16	19	9.5
268	白城市	0	1	19	9.5
269	鸡西市	0	4	19	9.5
270	崇左市	0	11	19	9.5
271	莱芜市	0	5	19	9.5
272	黔南布依族苗族自治州	0	6	18	9.0
273	金昌市	0	10	18	9.0
274	那曲地区	0	25	18	9.0
275	亳州市	0	5	16	8.0
276	海东市	0	2	16	8.0
277	吕梁市	0	3	15	7.5
278	来宾市	0	7	15	7.5
279	黄南藏族自治州	0	3	15	7.5
280	海北藏族自治州	0	2	14	7.0
281	巴中市	1	8	14	6.5
282	葫芦岛市	0	23	11	5.5
283	博尔塔拉蒙古自治州	0	11	11	5.5
284	绥化市	0	95	11	5.5

排名	城市	2008 年	2013 年	2018 年	Twitter 增长指数
285	石嘴山市	0	2	9	4.5
286	汉中市	0	5	8	4.0
287	双鸭山市	0	6	8	4.0
288	六安市	0	2	7	3.5
289	榆林市	0	0	7	3.5
290	果洛藏族自治州	0	0	6	3.0
291	渭南市	0	1	4	2.0
292	鹤岗市	0	13	4	2.0
293	七台河市	0	5	4	2.0
294	昌都市	0	4	4	2.0
295	兴安盟	1	0	4	1.5
296	辽源市	0	2	3	1.5
297	大兴安岭地区	0	1	3	1.5
298	咸阳市	0	3	2	1.0
299	韶关市	0	0	2	1.0
300	巴彦淖尔市	0	0	1	0.5
301	安康市	0	1	1	0.5
302	巴音郭楞蒙古自治州	0	1	1	0.5

附表5 直辖市、省会城市及计划单列市 YouTube 传播力增长指数及排名

排名	城市	2008 年	2013 年	2018 年	YouTube 增长指数
1	上海市	13700	104000	619000	302650.0
2	北京市	15500	54200	263000	123750.0
3	深圳市	772	8450	42700	20964.0
4	天津市	445	4580	38100	18827.5
5	广州市	952	8040	29300	14174.0
6	成都市	624	4690	19100	9238.0
7	杭州市	376	2970	17900	8762.0
8	昆明市	108	974	16500	8196.0
9	重庆市	213	1940	14300	7043.5
10	西安市	529	2920	11200	5335.5
11	武汉市	315	2350	10800	5242.5
12	南京市	763	4680	9660	4448.5

排名	城市	2008 年	2013 年	2018 年	YouTube 增长指数
13	厦门市	329	3170	8490	4080.5
14	拉萨市	1500	7380	8270	3385.0
15	青岛市	237	1550	6400	3081.5
16	大连市	132	1230	4940	2404.0
17	长沙市	59	958	4630	2285.5
18	哈尔滨市	437	1560	4400	1981.5
19	济南市	130	1420	3890	1880.0
20	福州市	155	930	3430	1637.5
21	沈阳市	87	641	2600	1256.5
22	宁波市	78	954	2010	966.0
23	乌鲁木齐市	117	660	1840	861.5
24	长春市	66	371	1760	847.0
25	郑州市	183	1140	1720	768.5
26	南宁市	111	824	1270	579.5
27	呼和浩特市	6	125	976	485.0
28	合肥市	10	587	823	406.5
29	兰州市	39	355	794	377.5
30	银川市	6	69	733	363.5
31	海口市	2	109	663	330.5
32	贵阳市	4	158	649	322.5
33	南昌市	65	303	667	301.0
34	石家庄市	6	154	587	290.5
35	太原市	4	303	505	250.5
36	西宁市	0	157	207	103.5

附表 6 地级市 YouTube 传播力增长指数及排名

排名	城市	2008 年	2013 年	2018 年	YouTube 增长指数
1	阿里地区	118	658	2530	1206.0
2	三亚市	10	426	1540	765.0
3	苏州市	138	713	1100	481.0
4	张家界市	0	179	587	293.5
5	珠海市	1	78	490	244.5
6	喀什地区	10	242	446	218.0

排名	城市	2008 年	2013 年	2018 年	YouTube 增长指数
7	桂林市	7	143	378	185.5
8	丽江市	0	295	321	160.5
9	无锡市	3	7	220	108.5
10	东莞市	4	125	181	88.5
11	温州市	2	119	178	88.0
12	泉州市	1	140	177	88.0
13	乐山市	3	9	171	84.0
14	湘西土家族苗族自治州	0	10	166	83.0
15	大理白族自治州	7	178	159	76.0
16	佛山市	4	156	153	74.5
17	烟台市	2	8	145	71.5
18	中山市	1	77	133	66.0
19	潍坊市	0	49	129	64.5
20	常州市	1	9	121	60.0
21	绍兴市	5	24	119	57.0
22	柳州市	0	79	99	49.5
23	汕头市	1	82	99	49.0
24	宜宾市	1	1	98	48.5
25	吐鲁番市	12	81	99	43.5
26	南通市	0	8	86	43.0
27	新乡市	0	21	81	40.5
28	株洲市	1	3	80	39.5
29	潮州市	1	9	79	39.0
30	日喀则市	10	138	81	35.5
31	扬州市	3	7	66	31.5
32	张掖市	3	12	64	30.5
33	台州市	1	59	62	30.5
34	徐州市	0	10	59	29.5
35	宜昌市	0	9	59	29.5
36	西双版纳傣族自治州	4	48	62	29.0
37	金华市	1	61	59	29.0
38	林芝市	1	8	59	29.0
39	衡阳市	0	1	58	29.0
40	那曲地区	0	2	58	29.0
41	江门市	6	4	61	27.5

续表

排名	城市	2008 年	2013 年	2018 年	YouTube 增长指数
42	鄂尔多斯市	4	53	51	23.5
43	南阳市	0	2	47	23.5
44	海南藏族自治州	3	9	48	22.5
45	锦州市	0	3	43	21.5
46	洛阳市	4	58	44	20.0
47	舟山市	0	4	40	20.0
48	马鞍山市	0	2	40	20.0
49	惠州市	0	7	39	19.5
50	临沂市	0	10	39	19.5
51	湖州市	0	1	39	19.5
52	连云港市	0	0	39	19.5
53	湘潭市	0	0	39	19.5
54	开封市	7	26	45	19.0
55	济宁市	1	5	39	19.0
56	绵阳市	2	1	39	18.5
57	和田地区	2	16	37	17.5
58	威海市	0	6	33	16.5
59	玉林市	0	3	33	16.5
60	清远市	2	1	33	15.5
61	荆门市	0	0	31	15.5
62	阿勒泰地区	4	7	34	15.0
63	嘉兴市	0	8	29	14.5
64	赣州市	0	0	29	14.5
65	肇庆市	0	39	27	13.5
66	安阳市	1	5	27	13.0
67	酒泉市	0	0	26	13.0
68	保定市	2	6	27	12.5
69	镇江市	2	3	27	12.5
70	德州市	0	2	25	12.5
71	泰州市	1	6	25	12.0
72	张家口市	1	1	25	12.0
73	湛江市	1	2	24	11.5
74	沧州市	2	9	24	11.0
75	廊坊市	1	2	22	10.5
76	漳州市	0	4	21	10.5

排名	城市	2008 年	2013 年	2018 年	YouTube 增长指数
77	上饶市	0	1	21	10.5
78	常德市	0	5	21	10.5
79	齐齐哈尔市	1	0	20	9.5
80	唐山市	0	3	19	9.5
81	遵义市	0	1	19	9.5
82	梅州市	0	6	19	9.5
83	大同市	1	5	19	9.0
84	阳江市	0	1	18	9.0
85	邯郸市	3	3	20	8.5
86	松原市	0	1	17	8.5
87	淄博市	2	5	18	8.0
88	黄山市	2	7	18	8.0
89	宣城市	0	0	16	8.0
90	阿拉善盟	0	1	16	8.0
91	龙岩市	2	2	17	7.5
92	哈密市	2	5	17	7.5
93	北海市	0	4	15	7.5
94	铜仁市	0	4	15	7.5
95	山南市	1	10	15	7.0
96	商丘市	1	8	14	6.5
97	安顺市	1	0	14	6.5
98	眉山市	0	1	13	6.5
99	达州市	0	0	13	6.5
100	十堰市	1	4	13	6.0
101	雅安市	1	18	13	6.0
102	丹东市	0	3	12	6.0
103	凉山彝族自治州	0	2	12	6.0
104	阿克苏地区	0	3	12	6.0
105	钦州市	0	3	11	5.5
106	自贡市	0	8	11	5.5
107	广安市	2	5	12	5.0
108	德宏傣族景颇族自治州	2	14	12	5.0
109	芜湖市	0	3	10	5.0
110	曲靖市	0	1	10	5.0
111	丽水市	0	18	10	5.0

续表

排名	城市	2008 年	2013 年	2018 年	YouTube 增长指数
112	景德镇市	0	7	10	5.0
113	文山壮族苗族自治州	0	8	10	5.0
114	贺州市	0	11	10	5.0
115	伊犁哈萨克自治州	2	2	11	4.5
116	莆田市	0	2	9	4.5
117	信阳市	0	1	9	4.5
118	宁德市	0	4	9	4.5
119	南充市	0	3	9	4.5
120	运城市	0	2	9	4.5
121	衡水市	0	5	9	4.5
122	临汾市	0	6	9	4.5
123	葫芦岛市	0	2	9	4.5
124	恩施土家族苗族自治州	0	2	9	4.5
125	昭通市	0	1	9	4.5
126	盐城市	1	0	9	4.0
127	克拉玛依市	1	0	9	4.0
128	武威市	1	0	9	4.0
129	揭阳市	0	2	8	4.0
130	襄阳市	0	2	8	4.0
131	大庆市	0	3	8	4.0
132	许昌市	0	0	8	4.0
133	阜阳市	0	2	8	4.0
134	泰安市	0	1	8	4.0
135	宿州市	0	1	8	4.0
136	云浮市	0	0	8	4.0
137	本溪市	0	3	8	4.0
138	新余市	0	0	8	4.0
139	毕节市	2	1	9	3.5
140	普洱市	2	9	9	3.5
141	蚌埠市	1	3	8	3.5
142	滁州市	1	0	8	3.5
143	保山市	1	0	8	3.5
144	岳阳市	0	1	7	3.5
145	九江市	0	5	7	3.5
146	邢台市	0	2	7	3.5

排名	城市	2008 年	2013 年	2018 年	YouTube 增长指数
147	荆州市	0	6	7	3.5
148	邵阳市	0	5	7	3.5
149	玉溪市	0	2	7	3.5
150	红河哈尼族彝族自治州	0	5	7	3.5
151	海西蒙古族藏族自治州	0	1	7	3.5
152	甘南藏族自治州	0	2	7	3.5
153	玉树藏族自治州	0	3	7	3.5
154	怒江傈僳族自治州	2	8	8	3.0
155	菏泽市	1	3	7	3.0
156	茂名市	1	1	7	3.0
157	抚州市	1	1	7	3.0
158	延安市	1	6	7	3.0
159	鞍山市	0	3	6	3.0
160	平顶山市	0	3	6	3.0
161	东营市	0	4	6	3.0
162	河源市	0	0	6	3.0
163	承德市	0	4	6	3.0
164	延边朝鲜族自治州	0	0	6	3.0
165	濮阳市	0	1	6	3.0
166	百色市	0	5	6	3.0
167	黑河市	0	2	6	3.0
168	博尔塔拉蒙古自治州	0	0	6	3.0
169	郴州市	1	0	6	2.5
170	资阳市	1	1	6	2.5
171	秦皇岛市	0	3	5	2.5
172	枣庄市	0	4	5	2.5
173	盘锦市	0	0	5	2.5
174	营口市	0	0	5	2.5
175	梧州市	0	1	5	2.5
176	辽阳市	0	0	5	2.5
177	三门峡市	0	1	5	2.5
178	随州市	0	0	5	2.5
179	淮北市	0	0	5	2.5
180	崇左市	0	1	5	2.5
181	昌吉回族自治州	0	1	5	2.5

排名	城市	2008 年	2013 年	2018 年	YouTube 增长指数
182	塔城地区	0	0	5	2.5
183	临夏回族自治州	0	1	5	2.5
184	包头市	4	4	8	2.0
185	天水市	4	1	8	2.0
186	赤峰市	2	17	6	2.0
187	广元市	1	3	5	2.0
188	铜陵市	0	0	4	2.0
189	聊城市	0	3	4	2.0
190	怀化市	0	4	4	2.0
191	佳木斯市	0	0	4	2.0
192	黔东南苗族侗族自治州	0	2	4	2.0
193	黄石市	0	1	4	2.0
194	通化市	0	1	4	2.0
195	六盘水市	0	0	4	2.0
196	防城港市	0	0	4	2.0
197	河池市	0	0	4	2.0
198	迪庆藏族自治州	0	1	4	2.0
199	中卫市	0	1	4	2.0
200	三沙市	0	1	4	2.0
201	嘉峪关市	4	3	7	1.5
202	甘孜藏族自治州	2	1	5	1.5
203	宜春市	1	1	4	1.5
204	益阳市	1	1	4	1.5
205	通辽市	1	1	4	1.5
206	宿迁市	0	4	3	1.5
207	衢州市	0	3	3	1.5
208	焦作市	0	3	3	1.5
209	六安市	0	0	3	1.5
210	日照市	0	4	3	1.5
211	汕尾市	0	2	3	1.5
212	泸州市	0	0	3	1.5
213	抚顺市	0	2	3	1.5
214	漯河市	0	5	3	1.5
215	萍乡市	0	2	3	1.5
216	楚雄彝族自治州	0	0	3	1.5

续表

排名	城市	2008 年	2013 年	2018 年	YouTube 增长指数
217	商洛市	0	3	3	1.5
218	金昌市	0	1	3	1.5
219	遂宁市	1	0	3	1.0
220	吴忠市	1	1	3	1.0
221	陇南市	1	0	3	1.0
222	淮安市	0	1	2	1.0
223	驻马店市	0	2	2	1.0
224	周口市	0	1	2	1.0
225	榆林市	0	0	2	1.0
226	滨州市	0	3	2	1.0
227	牡丹江市	0	0	2	1.0
228	内江市	0	0	2	1.0
229	鹰潭市	0	1	2	1.0
230	乌兰察布市	0	0	2	1.0
231	锡林郭勒盟	0	0	2	1.0
232	鹤壁市	0	0	2	1.0
233	晋城市	0	0	2	1.0
234	池州市	0	0	2	1.0
235	巴中市	0	0	2	1.0
236	朝阳市	0	2	2	1.0
237	绥化市	0	0	2	1.0
238	来宾市	0	0	2	1.0
239	平凉市	0	1	2	1.0
240	庆阳市	0	0	2	1.0
241	儋州市	0	1	2	1.0
242	白银市	0	4	2	1.0
243	莱芜市	0	5	2	1.0
244	固原市	2	0	3	0.5
245	乌海市	1	0	2	0.5
246	鸡西市	1	1	2	0.5
247	孝感市	0	0	1	0.5
248	南平市	0	1	1	0.5
249	渭南市	0	0	1	0.5
250	晋中市	0	1	1	0.5
251	韶关市	0	0	1	0.5

续表

排名	城市	2008 年	2013 年	2018 年	YouTube 增长指数
252	娄底市	0	0	1	0.5
253	咸宁市	0	0	1	0.5
254	铁岭市	0	1	1	0.5
255	鄂州市	0	0	1	0.5
256	伊春市	0	0	1	0.5
257	吕梁市	0	0	1	0.5
258	双鸭山市	0	0	1	0.5
259	白城市	0	0	1	0.5
260	定西市	0	0	1	0.5
261	阳泉市	0	0	1	0.5
262	巴音郭楞蒙古自治州	0	0	1	0.5
263	克孜勒苏柯尔克孜自治州	0	0	1	0.5
264	淮南市	2	3	3	0.5
265	阿坝藏族羌族自治州	2	3	3	0.5
266	兴安盟	0	5	1	0.5
267	宝鸡市	0	0	1	0.0
268	咸阳市	0	0	0	0.0
269	亳州市	0	0	0	0.0
270	长治市	0	0	0	0.0
271	汉中市	0	0	0	0.0
272	黔西南布依族苗族自治州	0	0	0	0.0
273	贵港市	0	0	0	0.0
274	忻州市	0	0	0	0.0
275	巴彦淖尔市	0	0	0	0.0
276	海东市	0	0	0	0.0
277	辽源市	0	0	0	0.0
278	大兴安岭地区	0	0	0	0.0
279	朔州市	0	0	0	0.0
280	石嘴山市	0	0	0	0.0
281	七台河市	0	0	0	0.0
282	昌都市	0	0	0	0.0
283	海北藏族自治州	0	0	0	0.0
284	果洛藏族自治州	0	0	0	0.0
285	黄冈市	0	1	0	0.0
286	三明市	0	1	0	0.0

排名	城市	2008 年	2013 年	2018 年	YouTube 增长指数
287	白山市	0	1	0	0.0
288	攀枝花市	0	1	0	0.0
289	鹤岗市	0	1	0	0.0
290	铜川市	0	1	0	0.0
291	黔南布依族苗族自治州	1	2	1	0.0
292	永州市	1	2	1	0.0
293	临沧市	2	3	2	0.0
294	四平市	0	2	0	0.0
295	黄南藏族自治州	0	2	0	0.0
296	安康市	0	9	0	0.0
297	呼伦贝尔市	2	4	1	-0.5
298	德阳市	3	0	1	-1.0
299	安庆市	3	0	0	-1.5
300	吉安市	11	250	8	-1.5
301	阜新市	4	2	0	-2.0
302	吉林市	19	11	13	-3.0